北京古籍叢書

# 畿輔人物考

（清）孫奇逢 著
向農 陳巧媚 點校

北京出版集團公司
北 京 出 版 社

本書出版得到國家古籍整理出版專項經費資助

**圖書在版編目(CIP)數據**

畿輔人物考 / (清) 孫奇逢著 ; 向農,陳巧媚點校. — 北京 : 北京出版社, 2011.12
(北京古籍叢書)
ISBN 978-7-200-08559-4

Ⅰ. ①畿… Ⅱ. ①孫… ②向… ③陳… Ⅲ. ①歷史人物—生平事迹—北京市—明代 Ⅳ. ①K820.48

中國版本圖書館 CIP 數據核字(2010)第254769號

北京古籍叢書
畿輔人物考
(清)孫奇逢 著 向農 陳巧媚 點校

北京出版集團公司
北京出版社 出版
北京北三環中路六號
郵政編碼:一〇〇〇一二〇
北京出版集團公司總發行
新華書店經銷
北京畫中畫印刷有限公司印刷
大三十二開 二百零八千字 十點八七五印張
二〇一一年十二月第一版
二〇一一年十二月第一次印刷

ISBN 978-7-200-08559-4
定價:38.00圓
質量監督電話:010-58572393

# 出版前言

李洪波

《畿辅人物考》一書是記載明代畿輔地區（以北京地區爲中心包括今河北、天津一帶）人物事跡的著作。撰者爲明清之際著名學者孫奇逢。

孫奇逢（1584—1675），字啓泰，號鍾元，明清之際保定容城（今屬河北）人。年十七，中萬曆庚子科舉人。與左光斗、魏大中、周順昌相尚以氣節，光斗等被璫禍，奇逢傾身營救，當時與鹿正、孫承宗合稱「范陽三烈士」，盛德亮節，久爲世所欽服。清兵入關圍容城，率衆鄉親禦城堅守。晚歲移居河南輝縣之夏峰，故學者稱爲夏峰先生。奇逢之学以慎獨爲宗，初主陸九淵、王守仁，晚年更和通諸子之説，既强調慎獨，又主张體認天理，在清初深孚衆望，湯斌、魏象樞、魏裔介等皆曾向其問學。自明及清，前後十一徵不起。康熙十四年卒，年九十二。奇逢著述頗富，如《四書近指》、《讀易大旨》、《聖學録》、《甲申大難録》、《理學宗傳》、《中州人物考》等，流傳甚廣。

《畿輔人物考》一書，爲孫氏晚年所輯，散録未及成帙。其九世孫世玟搜索裒輯，數閱寒暑，始成完書，於同治己巳（八年）付梓。孫氏此書，以類繫人，分理學、經濟、節義、清直、方正、武功、隱逸七科，後有「補遺」，全書凡八卷，時間跨度從洪武十六年至崇禎甲申，共二百七十七年，系統而完整地記述了明代畿辅地區的名人事跡及其所歷時代的風雲變幻。

此書「以畿輔人紀畿輔人物，見聞皆得自身親」，「無濫取，無浮收，無失事實」（戴襄清序）。雖然孫氏本意在表彰鄉賢，但其客觀求實的立意，使此書相对於一般的地方人物志来說，少有「親故阿比之私」，所以史料價值也更高一些。王軺序曰：「聞見廣則無所遺，識力定則無所濫，好惡端則無歧情，情面破則無私見，務使迪德者無或湮，而後来者有可法。」可謂知言。

孫氏自序曰：「據案頭諸書暨夙昔所聞見者次第之，類分例議。」這也是本書的一個重要的特點。每類前有叙，言其分類之原則、標準；各傳後以「歲寒老人曰」發爲議論，微言大義，切中肯綮，不爲無病之呻吟，亦不虚美鄉賢，實爲有感而發，頗能警醒世人。對於研究孫夏峰本人的思想來說，也是非常重要的資料。

本次整理《畿輔人物考》，以清同治己巳（八年）刻本爲底本點校。在點校過程中，參考了《明史》、《國朝獻徵錄》等書的相關内容。顯係底本錯誤者逕改。不能確定者酌加校語。書中避諱之字逕改。爲方便讀者，異體字也多直接加以改正。此外，原書中的附傳或單列條目，或附於相關人物傳後，整理時儘量保留原貌，未予統一。郭春煦序與孫氏自序原題作「畿輔人物考序」，今改作「序」，與前後文統一。

由於點校者的水平所限，書中錯誤之處不可避免，還望方家指正。

二〇一一年十月

# 畿輔人物考序

世有體道之人而道存，世有明道之人而道益存，蓋識大識小，莫不有道。非有明道者爲之論述而表章之，則泯滅無傳者不知凡幾矣！故春秋有孔子，而史魚之直、子文之忠、陳文子之清、子産之恭敬惠義，以及生長宗邦者，如臧武仲等之知廉勇藝，皆得著聞於當時，而爲法於後世。傳其人也，實傳其道也。夏峰先生生於燕，終於豫，當明季世，身任道統，既輯《理學宗傳》，以明道之會歸，並成《中州人物考》，以見道之散殊。又以畿輔爲首善之區，桑梓之地，教澤涵濡，久而親切，人材蔚起，不亞中州。隨所見聞，集而録之，以爲《畿輔人物考》，俾生長斯世者亦得聞風興起而懦立頑廉。何其嘉惠後學之心，有加無已也！善與先生九世孫世玟交好有年，得盡讀先生著述。丁卯春，又出是編示予，將付剞劂，因益嘆先生之道之歷久而彌光也，是爲序。

時同治八年十月上旬　鄉後學沙邱鄭元善敬識

# 序

憶丁卯春，士佩攜《畿輔人物考》稿本商付剞劂，清檢閲數過，闕略頗多。鹿奉常爲先生髫年心交，迨至屬纊，猶惓惓於江村，當非尋常傾慕。孫閣部持節關門，介茅止生，聘先生參謀帷幄，直以張仲孝友待之，知己之感深矣。嗣閤門殉節，先生爲志墓文，傷悼之餘，倍深景仰。至范景文甲申殉國，在二十四人之列，彪炳史册，先生曾爲立傳。張元美昆仲閤門殉保定之難，既爲元美立傳，復爲仲美銘墓，均非采訪未及。又路見白建節淮上經濟甚偉，而册中均未載列。清是以疑係先生手訂未成之書，妄擬將褚公傳志補，用副先生原敘，再爲考入之遺意。迨次年冬月，士佩來晤，備述避亂共城，在其族叔瑤峰家得是册全本，又以所存册讎校增益之，是書乃完備，因急與同志君子廣籌雕鐫之資。清同年戴覍川暨其哲嗣虞卿極力輔成之，方冀二百餘年未梓之書流傳有日也。己巳中秋，士佩復來，既慰以工將告竣，旋出《孫世家乘》見示。竊嘆先生之祖運判公，父肯軒公，兄崇我、相我公，弟武城公，治跡品學卓有可傳，先生表彰先哲，而先生之祖父昆季未得表彰，後生者深滋愧矣。因擬將各傳列入卷末，俾咸知先生爲一代偉儒，其家學淵源纘承有自，並以志士佩善繼先志也。謹述其梗概如此。

時同治八年八月上浣　鄉後學武汝清敬書於清暉書院之治經廔

# 序

《畿輔人物考》，孫徵君成而未刊之書也。徵君曾著《中州人物考》，已刊刻行世。緣徵君籍隸直隸容城，晚讀書於輝縣之百泉，遂家焉。是直、豫皆託處之區，見聞較確，賴豫省諸君先將《中州》一書付諸剞劂，所以表遺徵、敦鄉誼，甚盛事也。至《畿輔人物考》，則存稿未刻。順德鄭松峰中丞與徵君之裔孫士佩君善，令搜索此書，並出資以爲之倡。考前明三百年，其間能培士氣、育人材者，已不數數覯。自正、嘉以還，崇信奸回，屠戮正士，迨黨禍既興，賢士大夫幾於一網打盡，而諸君子砥節礪行，遏而彌光。非有扶翼世運，百折不回之氣，何足動景行於既往，留遺澤於來兹，俾徵君操如椽之筆，中丞付攻木之工也哉！聞中丞始得此書，類多散佚，經士佩君蒐輯，甫獲全稿付刻，與《中州》之書並傳。此固見徵君之片語單詞久爲鬼神阿護，亦可徵諸君子在天之靈實式憑之，不肯使嘉言懿行、豐功偉績共淪湮没，所以歷二百年而筆墨如新。豈如文人學士弄月吟風，其存也，聽之，其不存，亦聽之耶？時有達宦某喜刻諸書，或語士佩君曰：「曷求之，板價易集也。」作而辭曰：「先徵君既著此書，自有異代同心樂爲助刊者，何能漫不加擇，竟同沿門托鉢計乎？」卒不往。葆謙側聞此事，愈信徵君流澤孔長，賢子孫守正不阿，克承先志，亦信解囊倒篋、得附驥尾，以共成此書，尤爲一時之深幸也夫！

同治己巳桂月上浣　後學渤海張葆謙謹序

# 序

聞之「同言而信，信其所親；同命而行，行其所服」。今使秦人適越，而舉其鄉之善者以語人曰：「吾鄉某某，行誼彪炳若是，是可宗也，宜信奉之。」然而應之者鮮。又試語於人曰：「吾鄉某某，行誼彰彰若是。吾鄉大儒某，蓋嘗筆之於書，是吾人圭臬也，曷遵行之？」然而應之者卒鮮。夫語人以善，且舉大儒之撰述以爲之徵，其誘掖豈不甚摯？而人顧莫之應者，地隔則聞善而疑，以非耳目所親也，地隔則雖大儒，肎越視之，以非夙昔所服也。若容城孫徵君先生，少壯立義聲於天下，已而以先聖之道隱居蘇門教授，學者仰若尼山，至今配享至聖廟庭，天下無異議。是先生之爲人，匪獨畿輔人親之，則固舉世之人所心悅而誠服也。余自童年就傅，即知吾鄉先賢首推先生，長而讀《理學宗傳》諸書，愈知先生實能承宋、元、明諸儒，以上接尼山道統。生平著書甚富，其裔孫士佩已刊十餘種行世。晚年著有《畿輔人物考》一書，散錄未及成帙，士佩搜索裒集，數閱寒暑，始成完書。將付梓，屬余爲序，余惟井蛙不可以語海，是書義蘊灝博，鄙儒烏能發其萬一？顧屢辭不獲，乃勉爲之説，曰：畿輔人物散見於郡縣各志，統彙於《畿輔通志》，其紀載已賅備無遺，是書疑若贅設者。庸詎知《通志》概取諸郡縣志，而郡縣爲志，蒐採務廣，善善從長。操觚之士苟非生於其地，恒苦聞見不真；而生於其地者，又或存親故阿比之私，至於濫取浮收，臚陳失實。以故書成不足傳信，而閱之者心滋不服。夫不服其人，不信其書，則雖嘉言懿行羅列盈紙，人且鄙夷之，其一能宗尚之乎？人且弁髦之，其能圭臬之乎？是書以畿輔人紀畿輔人物，見聞皆得自身親，且載筆爲先生，人必不以阿比疑之。蓋先生盛德亮節，久爲世所欽服，而共信其爲大賢，則是書所紀諸賢行誼自必信。其無濫取，無浮收，無失事實，由是遵而行之，不啻親承面命。他日者爲理學，爲經濟，爲忠節、清直、方正，以至爲武功，爲隱逸，各以其性之所近爭自琢磨，將見碩輔純儒比肩接跡，赫赫乎比烈前賢。而畿輔爲首善之區，四海聞風，轉相慕效，且將胥天下而勉爲善良，則皆是書發之也，豈若秦人語越人者之格格不入哉？

同治己巳月重九日　鄉後生渠梁戴襄清端肅頓首謹序

# 序

《畿輔人物考》者，先儒孫夏峰先生之遺書也。先生家直之容城，後遷輝縣，故有《中州人物考》，又有《畿輔人物考》，均於所居而考之也。前明壬子，先生在京師教讀，與煦九世祖宗伯蘇門公、大參孟諸公嘗有緒論。後四十年，先生遷居共城南夏峰村，村以先生而名也；煦祖居孟莊，莊以孟諸公而名也，兩地相隔有一里之遥。及煦十世祖公望公、十一世祖隱君襄臣公，號蘆隱，諱贊熙，又與交莫逆焉。先生凡有作述，莫不手爲鈔錄，故《畿輔人物考》理學、經濟、忠節、清直四科，煦襄臣公手抄，先生手批。祖傳五世，什襲藏之，越二百餘年，片紙隻字並無殘缺，珍重之意於斯見矣！此書係先世手抄，不遇真知，決不輕以示人。本朝壬戌歲，先生裔孫世玟訪求此書，將付剞劂，因出以相授，使得於《中州人物考》並傳焉。憶畿輔之勳名節義不減於中州，而先生之表彰不遺餘力，其有功於名教，此爲大矣！兹將付梓，因記其巔末云。

共城後學温齋郭春煦謹識

# 序

予考中州人物，規模略具。有燕趙士過視夏峰者曰：「吾鄉勳名節義，不減中州，豈可無述？」因據案頭諸書暨夙昔所聞見者次第之，類分例議，一如中州。因思予生於明代，長於明代，垂老於明代，本朝故典人物，宜與有聞焉。按：自洪武戊申十六年傳至崇禎甲申，二百七十七年，有開國靖難之功臣，有遜國之節臣。正統己巳之變去戊申八十餘年，於時死綏授命之士視建文時何如哉？說者曰：「高皇作人之化，既歷三紀，世變風移，故得養士之報。而遜國諸忠，殺戮太慘，未免干和。」此言不知有當否。高皇之制，中官不得干預政事，而逆瑾、逆賢輩相繼煽亂，屠戮忠良。夫賢人者，國之寶也。人之云亡則邦家未有不殄瘁者。蓋爲善者誅，則人相懲而不爲善；人相懲而不爲善，則何所不至矣？瑾、賢二案，士大夫以節見者亦不少，然士大夫何樂乎以節見也？甲申大難，先帝即鋭意有爲，而元氣銷鑠殆盡，愈速瘳，適以促之速亡耳。平時危言潔行與臨難抗節死忠，原非二致。而神京昭没，死社稷者僅二十餘人，以視建文時，又何如哉？嗚呼！人才關氣運之盛衰，士氣係人才之隆替，而其原本總造於大君之一心。予述明代二百七十七年來歷幾成案，案各有人，人各有事。畿輔爲京師首善之地，更不可缺。第愧衰遲寡陋，聞見不博，敬俟後之君子再爲考入。

順治五年八月朔日　歲寒老人孫奇逢題於夏峰之兼山草堂

# 序

孫夏峰先生者，明代道學之宗也。其輯《理學宗傳》也，取薛、王、羅、顧四子列之正統，而以曹靖修以下六十三人附之，固已舉一代之道脈而彙其要矣！而又念性道之發見於斯人者，不盡此也，於是分爲七科，以考當代之人物。移家共城，遂取中州人物而考之，共得若干卷。而此編者，則又先生桑梓所在，見聞較多，固宜其有倍詳於中州者也。統而觀之，大約聞見廣則無所遺，識力定則無所濫，好惡端則無歧情，情面破則無私見，務使迪德者無或湮，而後來者有可法。其有關於世道人心者，功甚鉅也。《中州考》久已流傳，而此編以稿本遺失，未曾授梓，知者憾之。同治己巳，先生九世孫士佩搜訪得之，亟謀付之剞劂，以廣其傳，而屬輅爲序。輅於道無所見，雖曾竊讀先生之書，且多未能了然者，又安敢輕發於言乎？然竊念性道之在斯人，天甚愛護之，則必生一人焉以保存之。三代以上之道脈，發端於唐帝，而集成於孔子；有宋之道脈，發端於元公，而集成於朱子；有明之道脈，發端於薛子，而集成於先生。其列於《宗傳》者，固足以彙其要，而此編及《中州考》，則又先生隨其託身之所在，零星收拾，細大無遺，將孟氏所謂「存幾希者」，端在於此，又豈可不爲之一揭其旨也乎？抑又思之，先生之學以時習爲宗旨，固孔門之的傳也，隨所處而無不習，即隨所處而無非學。其解「識大識小」之説曰：「一入夫子之心，則各分其一節者，自統見其全體。」讀斯編者，儻移此語以觀先生，則於先生之所得，亦庶可以略有所窺矣！是爲序。

時同治八年歲次己巳二月上浣　武陟後學王輅薰沐敬書

# 紀事

先徵君自移家共城後，編考中州有明一代之人物，遂取畿輔人物而並考之。兩書先後告成，載在年譜者，固甚明矣。《中州考》於甲辰年發刻，而此編以稿本遺失，未獲授梓。同治丙寅歲，玟因事赴直謁鄭松峰、武酌堂兩先生，皆切詢以此編未刻之故，且令趕緊搜詢。玟旋里後，徧爲訪問，於世誼孟城郭氏家得一稿本，殘闕不全，僅存四科。因即命工開雕，以待續訪。刻未成，瑤峰族叔聞之，謂玟曰：「此事何不相聞，稿本在余家耳。」取出觀之，前有《凡例》，七科俱全，校對之下，與郭氏本文多不符，乃知彼係初稿，此爲完璧。即命工重加刊刻，遂於戊辰年十月開雕，於己巳年十月蕆事。因念此書爲畿輔之地一代英靈所萃，儻非瑤峰族叔慎爲收藏，鄭、武兩先生力爲催督，則漸就滅没，爲咎不淺。賴天之佑，克成其事，固此編之英靈不容終湮，抑亦玟之厚幸也夫。

同治八年歲次己巳八月上浣　九世孫世玟謹識

# 助刻姓氏

高陽 李鴻藻 蘭孫 軍機大臣 户部侍郎

寧河 李永清 香圃 刑部郎中

良鄉 果漢源 文闌 吏部員外

寧河 苗厚田 魯生 户部主事

祁廷璐

逯廼疆

王天慶

段松齡

大興 沈桂芬 經笙 軍機大臣 左都御史

河間 包應豐 中麗 刑部員外

高陽 王金臺 曉雲 户部主事

朱蕡 茂卿 國子監助教

李錡

王必恭

徐肇文

通州 程垣 前磁州訓導

寧河 陳鴻翊 仲鸞 工科給事中

大名 顏崇善 樂堂 刑部主事

永年 李汝霖 雨人 户部主事

寧河 戴襄清 鳧川 磁州學正

郭春瀛

通州 詹桂 提舉銜成縣教諭

趙錫泰

崔五行

寧河 靳登瀛 仙樵 刑部郎中道 銜郎選府

李庭蕚 棣廷 刑部員外

永年 郭家修 月舫 户部主事

寧河 戴彬元 愚卿 户部主事

王慶潮

羅繼勛

玉简

任其泰

清暉書院　賈肇修　張敍典　程淥
張照　李永和　黃鶴姿　曰湘浦
王念津　汪雁堂　薛玉森　薛鳳森
王夢熊　張壬林　高浩然　□城馬俊卿前磁州學正
申逢原　崔永昌　隆陽書院　趙瑛
郭祥　和恩綬　王金芝　楊作舟
蘇琴堂　祁九齡　丁登瀛　張成瀚
李模　和其家　谷鳴球　楊百壽
游觀第　張玉麟　田穟　高儒林
劉秉哲　翟清臣　李得中　綸恩雨香河南彰衛懷兵備道
白駿毅　水安瀾少泉河南河內縣知縣　灤城張涫候選教諭　李文璧
寧河張琨東明縣訓導　夏彝教諭　獻縣陳慷清豐縣教諭　百泉書院

香河　馬宗周　磁州訓導

獻縣　劉肇域　大名府教授

武澄清

河間　趙錡　廣平縣訓導

定州　王楷　元城縣訓導

張占魁

獻縣　陳樸齡　候選教諭

路璜　漁賓　河南洛陽縣知縣

楊步雲

黃金詒

# 畿輔人物考目錄

卷二

卷三

卷四

卷五

卷七

卷八

# 凡例

予叙《中州考》有七科，《畿輔》因之，語載《中州》者，不必重復。慮其聞見不博，慮其或遺也；識力不定，慮其或濫也。慮其濫，則有鄭重之心；慮其遺，未免有將就之意，二者交譏，而濫爲甚。或曰：「昔人録名臣而遺遜國諸忠，以爲發幾自近始；録理學而遺陽明、見素諸儒，以爲公是公非，弗久弗定。此之遺也，夫豈小失？」予曰：「此正其識力不定耳。」

古人每成一書，須先端其好惡，破其情面，方可俟後世之知我、罪我。如好惡不端，而逞知任臆，其咎也；偏情面不破，而溢美失真，其咎也。私寧直人，非難逭鬼，責可不慎諸？

吾鄉理學以静修爲開山，《考》起自明代，静修以元儒不及叙列。大道悠悠，不絶如綫，稽諸典籍，皆叙理學於名臣後。余謂學術不明，勳名節烈，總霸術冒竊者耳，故以理學爲首科。

《考》中所輯勳業乃均天下國家之事，節烈乃蹈白刃之事，隱逸乃辭爵禄之事。其均也，非行不義而殺不辜；其蹈也，非輕身命而獵名譽；其辭也，非痼烟霞而忘兼善。

此即中庸之行也，非學不辨。《考》中經濟、武功屬功，餘五科皆立節士也，功非開復、利賴百世者不錄，而節則韋布之士，奮勇一朝而流馨千古者急錄之，蓋草莽有隱微之行，而朝宇無榛隰之搜，野乘詎可忽諸？

嘉、隆以前多有成傳，隆、萬以後未經前人纂輯，故倣《名臣言行錄》，逐款開列。黄梁位不必八座，生不必百年，只於此七科中一件足色，其精神便與天地相終始，得喪青史，是非、賢愚、好醜自有定評。或曰：「事亦有前人所取而後人駁之者，有前人所棄而後人收之者，烏在其有定評也？」予曰：「襲取可以僞定於一時，終難昭揭於永久。予不敢謂今日所錄之人盡確，别出手眼，另爲去取，亦俟後之君子。」

# 畿輔人物考卷之一

## 理學

敘曰：理學者，以理定宗，所謂志聖人之志而學聖人之學者也。能隨事立功，而不以經濟名；能成仁致命，而不以節義名。此理不明，處乏真儒，而出鮮名世，非腐則僞耳。腐與僞之病道，遂令以節義事功自豪者唾而棄之，然非學之咎也。畿輔理學以静修爲開山，文章、節義爲有元一代大儒。嗣後衍薪傳之緒，大約皆宗静修。遞至鹿、金兩忠節，俱以理學而成節義，非慕節義也，時至事起，不得不以節義見耳！鹿忠節主陸王而不謬於程朱，金忠節遵程朱而不謬於陸王，總之以孔聖人爲歸宿而已矣！

### 宋文恪公訥

訥，字仲敏，滑縣人。父崇禄，元陝西行臺侍御史，追封魏郡公，謚忠肅。訥性持重，不安言笑，讀書記問該博。登元至正癸卯進士。仕鹽山縣尹，遭亂隱居。洪武二年，中書省徵儒士十八人纂修《禮》、《樂》，訥與焉。事竣，不仕而歸。五年秋，過元故宫，盡焉傷之，作詩以寓《黍離》之感。誦訥詩者，知其明於《春秋》華夷之辨也。十三年，四輔官杜斆薦訥才堪任用，召至京。上與語，大悦之，授國子助教，横經發難，擊蔀廓塞，學者如客得歸。同諸儒應制，撰諸敕文，操筆立成，雅稱上意，超拜翰林院學士。有上《治平策》者，上覽之，顧謂侍臣曰：「此人論治而不及用賢，天下之大，乃欲朕一人理之乎？蓋獨智自用，則所見者狹；資賢而用，則所及者廣。」訥對曰：「誠如聖諭。但賢才之在天下，人主豈能周知？必賴群臣薦舉。得賢與否，繫夫舉之者何如耳。」上然其言。改文淵閣大學士。年逾七十。太學初成，中外歲貢生徒日衆，適巽儒者掌之，師生相奸，教尼不行。十六年，命訥掌國子監祭酒，嚴立學規，諸生皆知敬畏。訥慮功臣子弟有不服樸罰者，上命曹國公李文忠兼領監事，由是，貴胄肅然。十八年二月，久雨，求直言，獻《安邊策》，略云：「備邊固在乎兵食，足食在乎屯田。漢本始年，匈奴爲寇，趙充國將四萬騎分屯沿邊九郡，單于聞之引去。夫以四萬騎分屯九郡，而充國統制其間，則當時之籌畫區分，概可想見。諸將中勇智謀略，豈無如充國者哉？宜選數人，每將以東、西五百里爲制，隨其遠近高下，立法分屯。率五里屯一將，布列沿邊之地，遠近相望，首尾相應，耕作以時，訓練有法，遇敵則戰，寇去則耕，此長久安邊之策也。」上嘉納之，遂令邊軍皆屯田，且耕且守，著爲令。乙丑、戊辰兩科，上策進士，魁選恒在太學，召訥褒賞。學錄金文徵畏其教範嚴厲，嗾吏部尚書余熂移文以年老致仕。比訥陛辭，上訊知其故，以熂蔽賢擅權，并文徵等皆誅之，賜諭慰訥，居位如故。訥寢食恒在廂房，未始一日宿於家。二十三年春正月，有疾，上遣醫來治。二月乙未朔，疾革，子麟等托諸監官，懇辭歸家。訥厲聲曰：「是何風雲氣少、兒女情多？況在丁、社兩祭齋戒中耶？」丁酉祭畢，乃就舁歸，口不及家事。卒，年八十。上自製文，遣官致祭。迨發柩時，再遣祭。舟車之費，一出於官。後太學生有連舉大魁者，上思訥曰：「此宋祭酒訓迪之功也！」凡諸生守官稱職，多出訥門。上每舉訥爲教國子者楷法。自次子復祖服闋，上召爲國子司業，進而諭之曰：「若尚思繼武若翁也。」其始終眷注。自開國以來，文臣未有其比。所著《西隱集》二十卷。

歲寒老人曰：公非醇於理學者也，然躬修迪德，淑世作人，開明代理學之傳者，實始於公。故不得以節義名，不得以清直名，不得以方正名，而亦節義，亦清直，亦方正，乃所以爲理學之宗也。

## 附秦教授公亨

亨，字子真，大名郡庠生。究性理之學，通五經，尤長於《易》。以《易》學見知於文皇帝，授以密旨。永樂初，遣使召至京師，欲處以顯職。力辭，願就教，乃除茌平教諭。調利津縣，尋陞四川永寧府教授。初至，訓迪有方，弟子多有成績。已而，從尚書黄福征交阯，多贊畫功。乞休歸，學者猶質問經史。正統間，疾卒。郡守李瓚睹其遺文，知學有本源，舉以配祀劉忠定祠。

歲寒老人曰：學必有本源。本源者何？《易》也。只此便是頭腦。惜未得其詳，不能不憾於文獻之無徵耳。

## 黄御史公潤玉

潤玉，字孟清，世爲鄞人。十三歲，永樂改元，命江南富民實北京，其父當行。公詣官請代，官少之，對曰：「父去，日益老；兒去，日益長。」官異而從之。踰年，抵京，授廛北城外十里所，沙漠寒沍，茫無人烟。公與同役築室成比閭，傾貲給徭賦，墾圃鬻蔬以爲生，人不堪其劬瘁，公安之。稍隙，輒肆力於學，以己心爲嚴師，而期造於賢聖。擇然後語，確不可易焉；揆然後動，端無所苟焉。京有富翁，僅一女，招公寓宿其家而同賈，公辭。或問之，曰：「瓜田不納履也。」其慎行如此。補郡庠生，魁京闈會試，授建昌府訓導。丁父憂，改訓南昌，拜行在交趾道監察御史，出按湖廣。平生著述甚富，以朱子嘗欲編《禮記》附《儀禮》，乃取《儀禮》析爲四卷，而以《禮記》比類附之，不類者附諸卷首末，亦各有意義。又以五禮獨缺軍禮，因取《周官》「大田禮」

補之，而以《禮記》諸篇載田事者附焉，別爲一卷，通五卷，皆爲之注釋，總曰《儀禮載記附注》。以小學、四書、諸經注家或遺或誤，撰《經書補注》。以《大學》、《中庸》旨皆淵奥，撰《學庸通旨》。以《禮記·深衣》「制十有二幅」鄭氏誤注爲「裳」，而《玉藻》「長中繼掩尺」注亦誤，撰《考定深衣古制》。以《四明新志》蕪穢，撰《寧波簡要志》。以《道德經》、《陰符經》古注皆昧，各爲之注。嘗因安遠侯柳溥問古兵法，爲注《孫子》。其他備論理事曰《南山錄》，雜著、詩文曰《南山稿》，皆藏之家。家居二十載，壽八十九而卒。

歲寒老人曰：讀孟清傳，儼然有道之儒也。鄉里中得一功業之士猶不易，得一道德之士難之難矣！予心重之，恨相得之晚。有腐生者曰：「此博洽之士，旁及《道德》、《陰符》，便非儒者事。」予曰：「子過矣！夫子嘆老氏『其猶龍乎』，居常與及門籌足兵，郟谷之會，具左右司馬以從。漢文帝得黄老之術，庶幾三代。注《道德》、《陰符經》之昧，正大儒用世之機權，孟清豈崇二氏之説而襲《陰符》之譎者乎？」

## 李助教公伸

伸，字希直，初安次人。宣德七年鄉試，授館陶訓。矜嚴師道，整理學規，有司憚擇然後語，揆然後動，其著述自不草草，腐儒正未可語此。

之，罔敢怠忽。陞論容城，以元劉静修爲一代大儒，應祀孔廟。章數上，雖未允，然立祠享祭，多其力焉。陞國子助教。祭酒邢公極爲推重，曰：「精專之學，範乎諸生；清白之操，孚於六館。」後乞骸歸里，籍於容城，與弟都御史侃同日得旨。私淑静修之學，以範及門士。又嘗請薛文清從祀，蓋潛心理學者。

歲寒老人曰：公與其門人張紹烈，俱以静修之學爲學，請從祀者疏各數上，雖未遂所請，然静修之學久而愈明，當不以一时之顯晦論也，周元公從祀獨後於諸子，豈其學劣於諸子耶？

## 附門人張處士公紹烈

紹烈，字希古。先世係出江右，有宦容者，遂占籍容城。雅慕静修先生，以爲孟軻復起。業師李伸卒，紹烈負土編墓，告除廩餼二十七月以養其師母。廬於師之墓側，編輯遺文，於進取泊如也。成化年，謝諸生籍，益肆力静修先生業，數上疏請静修從祀。又感憤時事，疏請潔犧牲、御經筵、抑奔競、去淫祠、息異端、遵正道、崇先儒、興學校、修馬政、御夷狄，前後二十餘條，奉旨准行。正德時，上不入宫，宦官番僧群小弄柄。紹烈復上疏，上頗嘉納，敕賜官帶，命徵用。紹烈甘隱林泉，有《辭詔詩》云：「衰朽累辭天上詔，鶴鳴何幸日邊來。林泉頤兑終徐算，信是東風唤不回。」慕陳白沙之爲人，訪之京師，與談學。逆瑾專權，紹烈先縉紳彈劾，侃侃數千言，犯權奸毒鋒，被法司禁錮。有門弟子解援，得脱歸里，七日不食。臨終與生徒輩講《易》「厲薰心」一爻，衣冠正座而卒。王侍郎寅，紹烈門人也，期以亭午過舍，斷不敢遲一刻。八座大老侍講之時，無異童稚。卒，年七十三。

歲寒老人曰：處士孤直果敢，獨行一意。其言人所不能言、不敢言，人視之爲迂、爲怪，彼率之爲性、爲常。其生平與其師皆篤信静修，故其殁皆得配饗静修，固理學之宗也。

## 劉參議公誠

誠，字敬之，世家廣平之雞澤。賦質明粹，幼知向學，不煩督勸。弱冠登天順丁丑進士，擢翰林院檢討，輔導德王。尋陞秀王府左長史，從王之國，賜四品章服。王薨，改寧國府同知，仍食正四品俸。在郡有賢聲，遷湖廣布政司右參議。童時喪父，悲哀毁瘠，如成人。事母以孝聞，家貧，爲童子師，資束脩爲養。既仕，凡俸禄所入，悉歸於母，錙銖不入私室。每有賓客讌會，先具甘旨進母，然後出以待客，終身以爲常。嘗以公事蒞施州，久不見母。一日方治文書，忽潸然不自勝。從吏請其故，誠曰：「吾思吾母，不得見耳。」兄早喪，事寡嫂，敬而有禮。其孝友，蓋天性也。少從國子丞閻子與學

《易》。既登第，窮探力索，務求四聖之旨。嘗謂焦贛《易林》，專取納甲、飛伏，非聖法，迺作《周易衍辭》。其文奥雅，深於《易》者韙之。又取漢、唐、宋詔誥章表可爲訓者，作《典謨遺旨》。楚漢以降，詞人之作散見諸書，採其得「三百」之旨者，作《風雅遺音》。邵子《皇極經世》，自鄱陽傅氏後，知之者鮮，誠深究其理，欲加之訓釋，而未就也。蔡氏《洪範皇極内篇》揲法不傳，精思潛翫，遂得其法，且爲補其釋數之缺。蓋其立志，直欲與濂、洛、關、閩諸儒同歸，不欲以文詞名也。其爲長史，以禮輔王，多所啓沃。作《千秋日鑒録》以獻，王嘉納之。及王就國汝寧，在途淹留，上章懇諫，王即兼程以進。既抵國，群小欲毁孔子廟以廣王宫，力諫不可，廟得不毁。嘗講《書·西伯戡黎》，誠主吴氏説，曰：「戡黎者，武王也。」右長史趙鋭主孔氏説，曰：「戡黎者，文王也。」誠曰：「紂都朝歌，黎在畿内，豈有人臣伐畿内之國，尚能退就臣位乎？此乃孟津之兵首事於黎耳。」相與辨於王前，王解之曰：「二先生皆先皇所選以輔予，經義未明，不嫌往復，何遽見於辭色，其思寇、賈交歡之義乎？」誠頓首謝。其在寧國，凡所設施，務在安利其民，不恃聲威以徼時譽。上官或非之，自若也。及在湖南，所至教民築陂塘以備旱潦，嚴保伍以防盜賊。其化民振俗，嘗引古誼諭之，不加笞罰。或譏其迂，誠曰：「吾道如是也。」居官廉，俸禄之外，毫不妄取。成化十六年，疽發於背，慮遺母憂，有問者，輒曰：「無傷也。」疾亟，以手拊床，曰：「我死不足惜，第念老母不獲終養耳！」遂卒，享年四十有八。卒之日，囊無寸帛，幾不能殮。賴僚屬相率致賻，乃克歸其喪。

歲寒老人曰：世鮮知學，間有開端之士，終乏竟説之人，故其人多湮滅而不傳也。即當日偶有著述，或失於兵火之焚燒，或遺於子孫之流落。尋端緒於百年之後，文不足徵而獻無可考，縱其人是，夫誰信之敬之？居家孝友，爲政廉明，此便得四書之旨。與濂、洛、關、閩諸儒同歸，「雖曰未學，吾必謂之學矣」，況作《周易衍辭》、《典謨遺旨》、《風雅遺音》、《千秋日鑒》，深究《皇極經世》者乎！

## 賀給事公欽

欽，字克恭，别號醫閭先生，世居定海。其先戍廣寧後屯，爲遼西人。少穎敏，沈厚好學。偶得《近思録》，朝夕翫讀。成化二年，舉進士。爲户科給事中。見白沙論學，嘆曰：「至性不顯，寶藏猶霾。世即我用，而我奚以爲用？」即日上疏，解官去。執弟子禮事白沙，既别，肖其像懸室中，事之甚謹。泰陵初，薦授陝西參議，撫治商洛。以老病母憂，上疏懇辭，且陳四事：一曰資真儒以講聖學。二曰薦賢才以輔治道。謂新會縣歷事監生陳獻章天性高明，學術純正，誠當世之大賢，爲士大夫之矜式，宜以非常之禮起。或任内閣，俾參大政；或任經筵，使養君德。三曰遵祖訓以處内官。謂内府、監司、局庫、衙門載之祖訓，内官條其職掌，不過灑掃供養、關防出入等事而已。近如王振、喜寧、舒良、王誠、曹吉祥、牛玉、汪直、尚銘、梁芳、陳喜輩，或陷主沙漠，身叛賊境；或主易儲君，禁錮南内；或謀爲不軌，賄易后妃；或邀功啓釁，流毒邊徼；或恃寵招權，納賄不貲；或引用左道，蠱惑上心；或導進淫巧，盜虛府庫。此其陷君誤國，蠹政殃民，昭昭在人耳目。宜深鑒已往之弊，内不可使職掌奏牘，得預大政；外不可使鎮守地方，掌握兵權。則非惟國家無疆之福，亦宦官無疆之福也。四曰興禮樂以化天下。謂陛下紹基之初，舉行朱子喪葬之禮。但初政之施，方發其端，而頹敗之俗尚仍其舊，禮讓之化未行，淫穢之風日甚。乞申明正禮之當行，革去教坊之俗樂。疏入，報聞，允公辭。正德四年，逆瑾括田，東人驚疑思亂。義州以守臣貪故，遂先發，聚衆縱火，劫財大擾，然相戒曰：「毋入東街驚賀黄門。」公聞，往諭之曰：「渠輩既知悔，即不殺人可解。鎮城當有人至，爾輩直拜跪求生，慎無殺人！」已而，撫鎮人果至，須臾有言「軍至且剿」者，衆復呼譟曰：「賀黄門無謾語！」又趨跪公里門。公曰：「城中擾亂至此，鎮城焉得不發？兵雖至，爾等第不殺人，必宥爾，無恐！」衆遂定，城中不復一人。公不務博覽，專讀五經、四書、小學，静思默識，返身實踐，冠、婚、喪、祭，遵用家禮。每教人讀《白鹿洞規》、《小學》，鄉人由是興於行義。老更好《易》，究心象數，手不釋卷。卒，鄉人祠之凌溪釣臺。子士諮，鄉貢士，博學篤行，嘗陳十二事論王政，不報，辭疾歸，終身不仕。

歲寒老人曰：余嘗讀《白沙集》，知克恭爲高弟，近從《輿地考》始知公隸萬全衛，深幸爲吾鄉得此真儒。且白沙推重公，形諸寤寐，兼稱其有子，故亟收之，詳其生平，以俟後考。

## 劉知縣公大寧

大寧，字汝功，完縣人。倜儻有大志，淳樸如愚，恂恂雅飭。自幼天姿穎異，讀書寒暑不倦。博極群書，淹貫經史，尤邃《太極圖說》，以理學名。成化十九年，領鄉薦，授隴西知縣，改廣陵，調安陸，皆有政聲。

歲寒老人曰：「博極群書，淹貫經史，尤邃《太極圖說》」，只此十四字，便是真正理學。北方數經兵燹，文獻無徵，惜公僅存此數語，然猶幸尚存此數語也。

## 鹿忠節公善繼

鹿善繼，字伯順，號乾嶽，直隸定興人。祖久徵，御史，以諫言謫。父正，逆閹時傾身急左、魏諸公難，所謂「鹿太公」者也。善繼端方謹慤，歸然如斷山。少以祖父爲師，小章句，薄温飽。讀王文成《傳習錄》而契之，慨然有必爲聖賢之志。每與同儕談說經旨，曲折盡變，動中妙理，同儕謂其能記憶也。善繼曰：「只是要醒得，如何要記得。醒得如何是我，則由我而周程，而孔孟，而湯文堯舜，無不覿面以相質。六經四書皆我注脚，夫豈有疑於心乎？」自是而論交日盛。萬曆丙午，舉於鄉。癸丑，成進士。與吴郡周順昌襆被蕭寺，鷄鳴風雨，以節義相期勉。選户部山東司主事，職鹽法，與同舍郎某爬搔利病，洞悉源委。丁内艱，毁，幾滅性。歸，而遠邇來學者，舍不能容，鄰居僧院幾無閒室。服除，補户部主事，署廣東司事。遼左方闕餉，善繼輒發金花餉遼，神宗震怒，得謫。一時省臺諸忠直大列，無不爲公訟言者。解官歸，門人日益進，每拈尋樂大旨，爲及門談柄。光廟御極，首復其官，典新餉，廉直介立，清操絶俗，尋改兵部職方主事，題覆章奏。時遼陽初陷，中外洶洶。善繼爲大司馬草疏，請逮某、斬某，以伸國法。會王象乾以大司馬行邊，因用廢弁，與職方郎耿如杞左，職方持之力，首揆葉福清擬司官不得違阻之旨。善繼上書福清曰：「邊疆之壞由於債帥，中外諸貴人入其債而請求於職方，職方自愛其官，不得不徇諸貴人之請。今幸得一憂國奉公、不徇情面之人，反奉不得違阻之旨。胥天下以職方爲市，永無不債之帥者。自此一言，始勿謂能違阻之司官爲易得，勿謂去能違阻之司官爲小失也。」福清謂其刺己也，怒，已而屈服焉。歲壬戌，孫高陽以閣臣理部事，請置逃臣熊、王於法，善繼舉手加額。迄高陽自請督師，善繼請從。適吏部缺司官，群欲挽善繼。善繼不可，曰：「軍中無苦樂，但問所從誰。相公一日在師中，某當一日在幕中。」高陽嘗云：「予居東，拓地四百里，敵退七百里，無一不出伯順經畫。」而口不言功，功亦不及，僅以久次轉員外，陞武選司郎中。而忌高陽者百計阻之，遂與高陽同歸。家居四年，學力日充，痛除將就冒認影響浮游之病，而一言一動，觸處逢源。《說約》一編，日與同人諄復口授。崇禎初御，起爲尚寶司卿。無何，陞太常寺少卿，管光禄寺丞事，細大兼營，到處修明。職掌未三載，復請告歸。先是，神廟末年，高景逸、馮少墟、鄒南皋講學京師，同志者邀公聽講，既而聞相戒不言朝政，不議職掌。公曰：「離職掌言學，則學爲無用之物，聖賢爲無用之人矣。」遂不往。後數年，與景逸偶遇於朝房，辨析疑義，景逸恨相見之晚，具疏薦佐高陽。丙子秋七月，東兵攻定興。是時公移疾江村，無城守之責，毅然于望風奔潰臣節之掃地也，援兵登陴，死守七日而城陷。東兵挾刃逼公，公不爲動，遂死之。當事者以殉義聞，詔贈嘉議大夫、大理寺卿，廕一子入監讀書，專祠賜謚，予祭葬。生平應事接物，一意認真，學以認理爲主，而言理即在事上，故其言曰：「讀有字書却要識無字理，則其自得可知矣。」所著有《四書說約》、《認真草》、《三歸草》若干卷行世。子化麟，舉辛酉鄉試第一，伏闕頌父忠，不勝喪死。

歲寒老人曰：公之死也，以節著，人謂足見公。而予四十年交公，知公之志，知公之學，方與公定交忠愍祠下。固慨然有殺身不悔之意，登第後，遺周忠介詩，有云

「寰中第一非吾事，好向椒山句裏尋」，猶津津以節義共勵。至榆關四載，出入戎馬之場，病苦死生，只家常事。蓋認理明徹，故能全體通靈。孫高陽哭公云：「予向覘伯順之一窮通、齊得喪、忘毁譽、渾成虧也，乃今親覘其不二死生乎？」此言蓋得於目擊心識之餘，意密神傾之後，公真聞道之士也歟！恤刑郎胡向化疏云：「善繼生爲理學名臣，死爲封疆著節。視居城中、城破而不得不死者不同。」時以爲知言。

## 金忠節公鉉

鉉，字伯玉，先武進人，後籍順天。少有慧質，讀書目數行下。天啓丁卯，順天鄉試第一，戊辰，成進士。乞教授爲讀書地，授揚州。教諸生，先德業而後文藝，燕居言行，俱有規格，諸生凛凛，事之若耆宿。轉國子監博士。辛未，陞工部都水司主事，命修理安定四門軍器。時中官張彝憲總理户、工二部錢糧，令建公署，侍郎高弘圖罷去。憲向諸司官索儀注，鉉疏力請止之，謂：「廉耻不可不維，浮費不可不惜。公署既建，勢必强司屬匍匐於獨踞之庭。即諸臣矯矯自好，當亦不爲内臣屈，而其中保無暮夜多慚、寡廉鮮耻以自行其私者乎？」不報。彝憲上任，移檄令兩部司官行謁見禮。公具《監臣移檄非體》一疏，極言彝憲「亢顔昧心，妄自尊大，以皇上迪簡之臣子，而令其磬折傴僂，將置自有之堂，屬别行誣妄之儀。臣委質聖朝，自矢無玷，斷不敢匍匐刑餘之庭，致羅交結之條也」。得旨：「各官遇有職事相關，自當禮見，其餘不必通謁。」彝憲益銜公，適部差抽分杭州，公告病回籍。彝憲以驗放火器炸損誣參，竟落職。公有《自訟》一疏。閉門讀書，究心物理性命之學，悉取五經、四子書暨諸儒語錄，研思博覽。《毛詩》、《春秋》、《周禮》俱有解，於《易》更有所窺，有悟即筆記之。嘗言「善《易》者，不談《易》」也。劉宗周爲少司空，嘗就公論學，與陳龍正、史可法、朱之馮，道德經濟互相勸勉。公貧約自甘，所居不蔽風日，中外有以起廢言者，公絶不問。誦讀之外，輒静坐，每謂人曰：「人苦不學，學則未有不曰進者。」性至孝，父病，衣不解帶者數月。辛巳，父卒於丹陽，號泣奔喪，僅存皮骨，即葬於武進祖塋。癸未，當路交章推轂，得旨起用，公以服未闋力辭。甲申二月三日，服除，四日，即補兵部車駕司主事，巡視皇城，職司禁門守軍。先是，皆中使虛冒，公下令嚴禁，「代者懲，不到者革」，中使畏其剛直，相戒勿犯。逆闖勢迫，陷大同，公疏：「請撤宣府中官監視，恐於中掣肘，不無憤事之虞。專任撫臣，必賊騎不敢窺宣也。」不報。未幾，内監迎賊，宣撫朱之馮城頭盡節。公聞馮殉難，擬抗疏請聖駕南遷，以時迫不果。謂其弟曰：「宣鎮陷，都城不守矣。我死，分也，惟無以處母，目不瞑。」弟欲奉母隱，母不允，曰：「我受皇恩爲命婦，決無生理，宅中井可入也。」城陷，易朝服拜母而哭，曰：「兒職在皇城，他非死所。」趨至御河邊，賊入，公指賊大駡，解牙牌付長班劉元，向闕拜。元牽衣不釋，公髮指目裂，以手捶責，衣冠躍入水中死。母章知公殉御河，即投井死，妾王氏從之。弟諸生鍒自縊，爲家人解救，痛母、兄殉，後數日亦投井死。公屍不可復識，弟鏡僅認髮與綱，殮以衣冠，葬於御河邊。南渡，贈太僕少卿，謚忠節，母贈恭人，仍建坊旌表。公殉難時，年僅三十有五。生平弱不勝衣，訥訥然如不出口。篤志力行，不蹈文人之習氣，節士之矜激。處困能亨，在險能動，而義之所在，有千萬人不可奪之志，真所謂學道人歟？有《宋儒四子》合刻行世，殁後仲弟鏡梓其《遺集》八卷。

歲寒老人曰：余初於甲戌識公，公被放里居時也。公每一事思退，嘗云：「《易》三百八十四爻，未聞有退凶者。」閉户十二年，讀書窮理。甫起官，即以致命遂志，人遂以爲節士。不知理學、忠節未始有二，不窮理而甘蹈白刃者有之，未有能窮理而不能致命遂志者也。吾鄉以理學爲忠節者二，公與定興鹿氏。鹿之學近陸王，公之學守程朱，至「居敬致知」四字，又能發程朱未發之藴。聞朱勉齋氏嘗與公論學曰：「盡人倫，體天理。」公極服其知。要公之自得深矣！

李知府公天麟

天麟，字仲仁，燕人。於萬曆壬寅爲關南守。發明理學，言簡而盡，醇而不雜。《平談》一帙，楚門人楊修齡較而刻之。其論孔門宗旨：只是求仁，舍仁之外更無別法。孔子求仁之旨，惟顔、曾獨得其宗。顔淵領復禮之訓，至於三月不違。曾子曰：「仁以爲己任，不亦重乎？死而後已，不亦遠乎？」曾子生平全副精神都用在仁。故《大學》一書，自「格致誠正」以及「修齊治平」，渾然一仁也。曾子傳之子思。《中庸》一書，始自「天命」而歸于「位育」，終自「立心」而遡於「天載」，亦渾然一仁也。子思傳之孟軻。軻曰：「仁，人心也。學問之道，求其放心。」七篇中無非此仁。顔、曾、思、孟而後得道統者，惟四大儒。周子《太極》一圖，分明畫出一個仁來。程明道曰：「學者先要識仁，仁者渾然與物同體，義、禮、智、信皆仁也。識得此理，以誠敬存之心而已。」張子厚《西銘》一篇，形容仁者「天地萬物一體」，可謂曲盡，朱晦菴「以仁爲學、以敬爲存之」之道，都是孔門家法。若舍求仁之外，别立宗旨，恐非孔子與顔、曾、思、孟授受之真詮。周、程、張、朱，所爲願學孔子者也。故有《立志》等篇十二則，又繼之以《體驗功課》二十則，所繇以適於仁之路者其在斯！

歲寒老人曰：予輯《理學宗傳》，自董江都而下以至鹿江村，皆所稱「學道人」而各分尼山之一派者也。晚得仲仁，若素相孚契者然，故急收之。嘗恨吾鄉理學一脈寥寥，其人若仲仁者，名雖不著，而北方之學者莫之或先，殆實勝而不求聞達者乎？

## 宋知縣公學道

學道，字仲明，永年人。幼喪母，廬於墓側三年，人稱其孝。早有慕道之志。萬曆庚戌，登進士。筮仕晉之長子縣。講學育才，文風丕變，以孝友禮讓教民。調封邱，塞河有功，民尸祝之。嘗上宰相書二千餘言，謂「東事之壞，皆由於宰相之不能用人」。語甚剴切，故當路薦疏以「古君子儒，今循良吏」稱之。辛酉，丁繼母艱，家居。構興學社一區，與生徒格致精一之旨，士類景從。著《中語》、《心語》、《廣道詮根》、《心解》、《興學社編》等書，行於世。號哲揚先生。丙寅卒，年六十有三。嘗云：「今學士所稱文『雕蟲篆刻，壯夫不爲』。必也，先立其誠乎？恂慄翼翼，文中也；徽懿郁郁，文儀也；詞章燦燦，文言也；事業彪彪，文政也。亶其文矣！稱禹文而譏仲尼，墨翟之敝于見也；述仲尼而非思孟，荀氏之魔其說也。訓詁頓蒙聖教之真，漢人之過也；學士不明《大學》之義，宋儒之失也。」或問遠悔之道，曰：「精之以誠，鎮之以默，恒之以不息，其入聖之方乎？羨先民之賢而甘自棄也者，吾耻焉。必也，思齊乎？」或曰：「古人可學而能與？」曰：「去非不勇，執德不固，雖曰『能之』，末由也已。」其立言多類此。

歲寒老人曰：「學」之一字，世人諱且疑，即有不甚諱者，亦迂爲緩著。故仲明之學，人皆罕稱焉。《中語》諸刻，具在學者。試觀之，果有詭於聖人之道否？

## 喬通判公中和

中和，字還一，内邱人。生有慧性，讀書能參入己所見。爲不是者，即衆人之所是，而不謂然也，必求慊獨知而後已。由貢士初仕爲令尹，吏無緣飾。遷別駕，屬無隱賢。才未得盡其用，急致政而還，所謂「有道一見」云爾。與人處，融融自將，岸崖不立，周人以急，無求後償。絶影形於公府，守令爭羨，謂「名可聞而人不可得見」也。寇至，則導鄉丁保要害，人服其禦侮之略。其設科也，不擇人而施誨，不束涇而立方。闢小、大二塾，育遠近來學者，寒暑不倦，學誨相因。晚年學《易》獨出心解，爲《說易》一編，其言曰：「或說『昔人所曾說余不任襲』，或說『昔人所未說余不任創』。理自在天地間，見如是，故如是說耳。」其他著述多闡前人所未發，大抵以太極爲則，以陰陽爲端，不出《說易》大旨。崇禎戊寅，巡方使者李模序而刻之，以行於世。

歲寒老人曰：從來注疏家未有如《周易》之多者，逐日注，逐日不能盡。後之人以前人爲稃而舂之，後之人復以後人爲稃而舂之，遞相舂，以至於無盡，而義以愈精，理以愈出。道體之無窮，固如是也。公二十年攻苦，獨抒所見，不傍人口吻。《凡例》數則，俱見大旨，夫豈謂「遂盡後人之說」？今而後使天下知有「還一」之說，亦聖門之功臣也。予嘗以理學爲諸科之總途，謂其全體大用，無有格而難行之事。然燕趙間，悲歌慷慨、仗節死義者或不乏人。至理學，君子倡者殊少，故和者益稀，出俗難，獨立而出俗尤難。以上三士，猶在人疑信之間，故附之卷末，以俟後之君子考衷焉。

按：《曹月川年譜》載：「永樂十二年，保定王綱來學。洪熙元年，河間趙本來學。」綱，祁州人，父坦，官給事中，聞先生風，遣子就學。本，字致用，寧津人。綱與本皆孝廉，從遊大儒，其生平定有可見，惜無傳之者。又祁州傅鳳者，嘗從祁州牧徐曰仁遊，又從曰仁謁王陽明於京師，陽明携之南，有《贈傅生序》，今亦無可考，統附於此。

# 畿輔人物考卷之二

## 經濟

敘曰：經濟者，經理天下之務，斡屯濟否，生民倚賴，此等人，天下無事當儲，以爲有事之備。而一值有事，四顧徬徨，急不得一人而用之，坐視其事之敗壞決裂，不可收拾，此其咎將誰問耶？從古不乏有用之才，而患無用才之人，令才人不得竟其用。兵農禮樂工虞教養，必待兼才而用之，此固必不得之數也。設有其才矣，而用與其人相左，適足以露其短。故凡成事之人，必其用之者有一段深相符契，始克有濟。孔孟之不遇，蓋無用孔孟之人耳，豈其才之咎哉？

### 楊忠敏公善

善，字思敬，大興人。由鴻臚寺序班歷官至右都御史，贈興濟侯，謚忠敏。少補諸生，不甚通經術，而性沈敏，能爲人策事。時年甫十七，文皇起義兵，已知善名，署典儀所引禮舍人。後進爲卿。善偉丰儀，工舉止，音吐如洪鐘。家都城，以積著起貲，治居第郭外，有園亭花木之屬，諸公休沐有所宴賞，則視善家若歸。卿之十二年滿考，進禮部左侍郎。從北征至土木，師潰，間行達京師。時已六十五矣，足胝，不爲倦。虜犯京師，善以都察院右都御史佐于謙，營九門外郭，以與虜角，數有功。是時，上皇在漠北，元旦故事，自朝正出即相率於朝房投謁稱賀，善獨流涕曰：「此何時也，太上皇帝何所，而我曹稱賀邪！」時遣使漠北，若王復、王榮、李實等皆以庶僚假卿佐往，皆不得其要領。李實得一見太上，頗倨而其辭戇。虜始挾太上請賂，不甚讎，欲奉之還，而朝意更緩。至是，以虜酋責王復等非大臣，故遣善再往，然絕不爲奉迎計，亦不予善一錢。善乃悉其貲，不足則貸之中貴人，悉益市綺繡、女紅、線釦之類。既至，也先所使館伴者來與飲帳中，詑善曰：「土木之役，爲何六師抑何弱也？」善曰：「當是時，六師之勁悉南往，而中貴人振欲邀太上幸故里，初不爲戰備。今者，南征之士悉歸，可二十萬，又募中外材官技擊，得三十萬。悉教以神鎗砲火弩射，命中百步之外，洞人馬腹透七札。又用言者計，沿邊要害皆隱金椎三尺，所值蹄立穿。刺客林立，夜度營幕若猿猱。而皆已矣，置之無用矣！」問：「何言無用？」曰：「和議成，則歡飲若兄弟，又何用也？」因賂之，其人悉以語也先。次日善入謁，又大賂也先，也先喜。坐定，善乃前責之，曰：「太上皇帝朝，太師所使使必三千人，歲必再，即稚子亡弗賚者，金帛器服絡繹載道。太師乃背盟好而見攻，何也？」也先曰：「然則奈何削我馬價，又與帛時有剪裂、幅不足者？」善曰：「非敢削馬價也。太師之馬歲益增，價亦不繼，而不忍拒，是以微損之。太師自度價所得比前孰多？」也先曰：「者者。」胡語「是」也。善復曰：「帛有一二剪裂、幅不足者，諸通事爲之也，事露而誅矣。即太師所使進馬有劣弱，而貂皮敝，豈太師意邪？」也先又曰：「者者。」善因復進曰：「太師之攻我兩矣，所磔殺刳剔以數十萬計，而太師之部曲寧無有血吾刀者？上天好生，太師獨好殺，夫是以數有雷警。今者能奉太上歸我，和好不絕，器幣溢於穹廬，而黎庶彼此俱逸，不亦快乎？」也先益喜曰：「者者。」因謂善：「歸而太上皇帝，有重寶來購乎？」善曰：「太師得重寶而歸我太上皇，天下後世謂太師貪重寶也。歸我太上皇而不貪重寶，天下後世以太師貴信義而賤貪黷，令名奕奕。何況我之德太師無已，而重寶以漸繼也。」也先大悅，曰：「者者。」遂以善見太上皇，善再拜，進醪糒，問萬壽，侍立不敢坐。也先數目太上皇，太上皇謂善：「太師與汝坐，則坐。」善頓首，辭曰：「君臣之禮，雖草野寧敢廢哉？」也先嗑指顧其下曰：「咄咄，汝曹中國禮乃若此！」遂以輕騎奉太上皇與善歸。歸而上以非初遣旨，薄其賞，僅遷左都御史，仍領寺事，而大司馬謙心許之。時太上皇在南宮，元旦朝正出復修投謁，善復泫然曰：「太上皇不受賀，何我曹乃相賀也？」識者益稱之。善始善中貴人振，後善中貴人吉祥等，而與石亨比。會景帝病，善知亨、吉祥有迎太上皇謀，遂與之合，而發南宮錮。太上皇即位，論善功，特進光祿大夫、柱國，封興濟伯，歲禄一千二百石，予誥券，世世承襲。有四子。嘗薦李賢入内閣，而定襄伯郭登亟疏善使虜功，請位之三公。於是，亨、吉祥忌之，稍稍間於上，漸疏絀。卒，年七十五歲。孫增，尚公主。

歲寒老人曰：忠敏生平無不可相與之人，一圓熟者流耳。而歸上皇一事，則忠懇淋漓，作用敏妙，天生此人，總爲上皇故。論安社稷之功，于忠肅爲首，而歸上皇之功，則楊忠敏第一，各完一大件事而已。全副精神分用，則雜兩家船、兩頭馬，不止誤人，且成自誤耳！說者曰：「景泰君臣絶無迎上皇之意，故上皇得以無意而歸之。」惟景泰君臣爲無意，乃見忠敏真有意之人哉！

## 王忠毅公驥

驥，字尚德，束鹿人。永樂四年進士。爲兵科給事中。使山西，蠲除溝鹽虧課二十餘萬，陞山西按察副使。召入尹順天。宣德二年，陞行在兵部右侍郎。坐事，縛下獄，尋復任，陞尚書。正統二年，阿臺、朵兒只伯數入塞寇掠甘凉，公總諸軍，與便宜，敕西征。至軍中，大會諸將轅門，問將校：「畏敵不畏軍令者誰最甚？」諸將伏地，仰面齊應曰：「都指揮安敬。」公立縛敬，斬轅門，遂大閲士伍，定更番、減輸輓，飽士調馬，養鋭待虜。虜至莊浪，授方略出戰，稍捷，虜引去。未幾，虜復至。驥馳至甘州，簡副將蔣貴率精騎追擊，戒貴曰：「努力破賊樹功名，否，無相見！」貴遇虜石城兒泉，戰，敗虜。虜尚數窺邊近，驥曰：「虜未大衄，不畏我，不退去，我罷于奔命。」遣諜知虜巢所在，復用貴先鋒，驥率兵與都督任禮等分道出塞，期會夾攻。轉戰二千餘里，俘虜人畜數千。上勞以金幣，兼大理卿，支二俸。還京。六年，雲南思任發叛木麓川。木麓川本百夷僻遠，不當中國一郡。驥統兵十五萬，轉餉半天下，至雲南，大暑，衆請且按兵。驥曰：「戰方熾毒吾民，行不可緩，敢阻軍者斬！」部署至金齒，分三道抃上江。上江者，賊巢也，攻三日不下。會大風，縱火焚賊栅，乘勢力戰，斬首五萬，賊退走，保險拒我。我兵深入，破連環七砦于沙木籠山，又破其象陣馬鞍山，思任發遁。移兵討韋郎羅，韋郎羅者，維摩賊，僭稱王號。驥遣偏師抵賊境，言王尚書大軍且至，賊黨潰，韋郎羅走安南。傳檄且入安南追賊，安南人懼，斬其首，并縛其妻子來獻。七年，班師還京，封靖遠伯，食禄一千二百石，世指揮同知。未幾，思任發自緬甸復反，驥督征，發卒轉餉三十萬人擊思任發緬甸。思任發遁革麓川。宣慰司設隴川宣撫司于隴把，加禄三百石。是年，巡寧夏甘凉塞。十三年，木麓川賊孽思機發反孟養，驥又督軍至金沙江，賊堅栅西峰拒我。驥潛渡破賊栅，思機發遁。苗富蟲者僭稱剗平王〔二〕。驥、征蠻將軍討

〔二〕富蟲，《明史》卷一七一云「剗平王蟲富」。

之，獲俘獻京師，加禄一百石。景泰元年，與世券。行在兵部右侍郎柴車言：「虜性譎詐，叛服靡常，脱脱帖木兒者，永樂初隨其部長把都帖木兒等來歸，未幾，叛去，迨今三十年，又復來歸，安知異日不叛？况京儲漕運不易。請因其初來，分處江南衛所。」下兵部，驥言：「永樂間，來降達官柴永正等分住真定等府。乞如例遣送河間、德州等處，授田廬，俾耕牧自便，著此爲例。」上從之。尋改南京兵部，總督軍務。三年，罷。天順元年，復兼兵部尚書，加禄一百石。尋請老。四年卒，年八十三，贈侯，謚忠毅。公沈毅宏偉，有文武才，遇事果剛，用法嚴明。子瑺嗣侯，成化七年卒。子添嗣，十五年卒。子憲嗣，正德元年卒。子瑾嗣。

歲寒老人曰：三軍畏敵而不畏軍令，百戰百敗；三軍畏軍令而不畏敵，百戰百勝。千古爲將之道，不出於此。公沉毅宏偉，克昌厥後，享有其年，是必節制之師。

王忠肅公翱

翱，字九臯，鹽山人。永樂十三年進士，特改庶吉士，授大理左寺正，詿誣遷行人。宣德元年，西楊薦，陞行在山東道御史。十年，陞僉都。正統元年，鎮守江西。未幾，巡浙江，拊善摧奸，吏民畏愛。四年，松潘用兵不效，公出贊理。六年，鎮陝西。七年，東虜殺掠吏民，師出輒北，遼東西震動，且撼漁陽。公提督軍務，留撫遼東。十二年，出塞破虜有功，陞右副都。十四年，陞左。是年秋，虜分寇廣寧，清野，困之，虜退去。景泰三年，召還臺，尋加太子太保。是年建州酋李滿住上番，書乞留公遼東，不許。會南蠻寇兩廣，兩廣副總兵董興、武毅觀望不肯戰，巡撫侍郎揭稽、李棠不相統，賊益熾。于少保請用安遠侯柳溥總督兩廣軍務，「如溥未可，出臣謙及户部尚書金濂、王翺，乞用一人」。上用公。明年，蠻平，召還臺。是年夏，吏部何尚書下獄致仕，公以太子太保兼吏部尚書。初，公入四川，專布恩信，招懷降附，出賜金市牛酒慰犒。番酋商巴等十八寨來歸，不煩兵力，松潘遂定。遼東法令久弛，不復知有朝廷賞罰，以故虜至不敢戰，戰亦不力。公至，諸將庭參，責其翫寇喪師，失律當斬。軍中股慄，頭搶地，言：「自今效死用命。」得釋。公即出巡邊，起山海抵關原，繕濬墉溝，五里爲堡，十里爲屯，烽燧斥堠，千里相望，虜見嗌指走。公益簡練卒伍，賑賙窮乏，偶配鰥寡，人情大悦。邊塞孤遠，軍興輒匱，緣俗立法，細大收贖。十數年間，得金穀馬牛羊數十萬，邊用充饒，器械明利，士皆飽暖，願得一戰報王公。踰年，督諸軍出塞，大破虜，斬首千級。比至嶺南，亦用收贖法。時公威望已著，諸蠻聞公來，大懼。公略兵威，推誠撫諭，盜賊止息，酋長信向。公嘗言「蠻戍撫捕，各有機宜」，以故四川、兩廣得免繹騷之患。公初入吏部，佐王文端公。天順初，進太子太保。文端公致仕，專任公，公嚴考察。公銓注，抑奔兢、杜請寄，一時任使並稱得人。南陽爲石亨逐去，裕陵召見公，問：「賢何如人？」公力言賢才，得復留内閣，益見倚任。南陽在内閣，亦左右公。上進退大臣，時時召公，面可否，稱公「先生」。屢乞休，不允，公以故得行其志。天順五年，加太子少保。上嘗諭南陽曰：「今六部尚書庶皆得人，但慮吏部王翺老耳。」時公年七十八。南陽對曰：「臣聞禄命之説，翺壽最高，尚有十年。」上喜，曰：「如此無慮。」又曰：「如户部年富不易得。」南陽對曰：「若繼翺吏部，非富不可。」上曰：「然。」茂陵即位，免公雨雪朝。成化元年，復太子太保。三年，致仕。卒，年八十四，贈太保，謚忠肅。公善知人，文武大吏施聚、焦禮、范信、耿九疇、軒輗、年富、李秉、程信，皆公薦用。公本北人，嘗因召見，裕陵曰：「北人質直雄偉，文章藻飾似不及南人，顧緩急得力。」以故公推轂北人爲多，至姚夔又反公，往往在南人。清譽稍不及公，功名損於禮部時。公端方强毅，清白儉約，立心制行，循守禮法，惕厲憂勤，仰思待旦，居第三十餘年，不改於舊。上特命有司起第縣西。公餘退宿朝房，唯朔望時令歸謁先祠。曹賊亦知重公，不忍加害。南陽嘗曰：「皋陶言九德，王公行其五，亂而敬，擾而毅，簡而廉，剛而塞，强而義。」彭惠安公贊公「淡然無欲，不識姜姬，而况苞苴？莫我敢施，古三不惑，於公見之」。人皆以爲確論。子竚，世官錦衣副千户。

歲寒老人曰：忠肅，其古之大臣與？有才有餘而品不足者，有品有餘而才不足者，故肅百僚、馭三軍，各有能、有不能，然皆忠肅之所能也。其見賢能舉，更是大臣識量。

## 李都御史公琦

琦，元氏人。洪武末年，以文學授滄州訓導，坐事謫戍雲南。革除，中以經明行修授監察御史，尋遷大理寺副，復謫雲南。永樂初，上書陳情，召試御史。會安南侵廣西地，命琦往。琦援引趙佗、呂嘉逆順禍福之理，凛然可懼，安南感悟，遂罷兵，歸侵地。比還，實授監察御史。宣德元年，陞行在禮部侍郎。後占城與安南交惡，復命琦往諭之，兩國遂和。自是，西洋諸番有事，悉令往焉，所至無不款服。後陞湖廣布政使，甚得士民心，陞行在都察院都御史，掌院事，尋卒於官。

歲寒老人曰：人之才品各不同，有宜於腹裏，授之以邊方，則束手矣；有宜於邊方，授之以外國，則又束手矣。公於殊俗異域，到處無不貼服就理，此古班定遠一流人，未可等閒視之也。

## 馬都御史公謹

謹，字守禮，新樂縣人。宣德丁未進士。官御史。正色立朝，慨然以功業自期。按浙，貪猾屏跡。時楊文貞輔政，重其廉介，特贈詩，至以「冰霜鐵石」比之。正德壬戌，改吏部驗封郎中。秉公不阿勢要，凡用人，悉遵常格，無敢越者。乙丑，陞湖廣右布政使。至官，敦德化，剗宿弊，吏民悦服。時所屬多淹獄，久弗決，御史閻寬以謹精於法律，奏同審錄，平反甚衆。己巳，邊郡隆里等處苗賊生發，攻圍城寨，殺虜官軍。朝廷以謹歷練多謀，特敕同參將張善、御史侯爵往總軍事，兼督糧餉。至沅浪，衆議分兵勦殺之，謹曰：「苗之叛逆，非苗罪也，有司横征暴斂以至斯耳。盡殺之，徒傷國家好生之德。盍先傳檄申諭，降者安輯，使得其所。彼負固弗庭，然後分兵討之，未晚也。」衆皆稱善。及期諭之，來降者數千，悉分布郡縣，給糧賑之。冥頑不服者督兵谿沅州、綏寧等處，四出截殺，攻破淇溪等寨，斬首百餘，奪回被擄男婦三百有奇，頭畜千餘。景泰庚午，復與張善等攻破洞賊千餘，馘斬至四百有奇，奪回被擄男婦、頭畜倍之。捷聞，賞賚獨厚。已而，青龍渡、馬楊山等處賊猖獗，檄謹同參將李震等由溏口進奪浪江，破賊擒斬，餘賊奔潰。甫回靖州，而石壁等寨賊復乘隙出掠，遂督衆奮擊，擒斬千餘。既而東山賊寇復出，仍督官兵追殺，擒獲。捷聞，獎賚尤厚。辛未，武岡、城溪、平水等處賊通廣西蠻寇，團聚青肺山，陸梁滋蔓。謹謂震曰：「今用兵累勝，勢同破竹，苟玩愒歲月，則刀鈍節堅，雖進，不可得也。」於是，督兵攻破賊寨，死者無算，而扶城等寨聞風悉降，乃奏凱班師。當時會議平苗之功，與震等同冒鋒鏑，而其運謀制勝、糧餉不絶，謹之力居多，進階正奉大夫、正治卿。景泰元年，陞左布政，後論平賊功，陞二品俸。乙亥，召至，陞都察院左副都，巡撫河南。明年，奉敕奏覆所屬官吏，凡貪墨無狀者，悉黜罷之，允愜公論。以老致仕，居家十有餘年，享年七十有七。

歲寒老人曰：公不獨長於兵事，至「苗之叛，非苗罪，有司横征暴斂以至」，斯仁人之言，當與益贊於禹同意。静言思之，果天下皆循吏，天下之民誰肯甘心作叛逆乎？

## 崔莊敏公恭

恭，字克讓，廣宗人。正統元年進士。爲户部主事，有能譽，出督延綏邊儲，南陽薦知萊州府。府庫故歲入漕海布數萬，輒浥爛，守者率破家。公請量留漕海布，餘並爲軍餉。不踰年，布盡，歸守庫者八百家。十三年，萊大旱、蝗，乞免下邑逋租。明年，虜犯京師，集兵數千，躬率勤王。在萊六年，吏畏民懷。景泰三年，陞湖廣右布政使，盡革諸吏弊。苗民侵武岡，督餉訓民兵剿賊，賊皆聽撫。調左江西，囊中惟律比圖書，衣數襲。省有廣濟庫者，庫官吏乾没五十萬，公發其奸贓，竟置之法，郡邑肅然。制爲役法，調輕重，任一歲之勞，得九年之逸。天順二年，陞右副都御史，巡撫蘇、松諸郡。所至，進耆老，詢利害，爲興革。會都督徐恭請浚儀真漕河，公役夫六萬人，程工贍廪，民不告勞。又浚常鎮河，避江險。四年，鹽山薦爲吏部左侍郎。成化五年，代李秉爲尚書。不久，罷歸。九年，起爲南京吏部尚書。卒，贈太子少保，謚莊敏。公寬平坦易，中無芥蔕，臨事剛而不亢，柔而不褻。其在吏部，慎惜人才，獎拔後進，廉靖自居，人知嚴憚。

歲寒老人曰：莊敏撫定叛亂，兩竣河工，人多其幹濟之才，我欽其廉靖之品，殆王忠肅一流人。

## 馬恭襄公昂

昂，字志高，滄州人。以鄉舉入國子監，授序班。正統二年，薦陞監察御史，整飭大同兵備。八年，刑部失囚，堂上官下獄，陞公刑部右侍郎。改副都御史，參贊甘肅軍務，劾都督王喜，喜坐罪戍遼東。守臣貢駝馬，赤斤蒙古、罕東諸蕃掠劫，公出戰，擒大酋鎖南奔。景泰初，病乞還朝，勒致仕。四年，薦起總督軍務，代鹽山，兼巡撫兩廣，擒僞將軍周鐵等三人，陞右都御史。七年，平斗峒賊，轉左都。天順元年，致仕，入見，復留命巡視山西。還院。二年，陳汝言坐贓下獄論死，代爲兵部尚書。五年，虜寇陜西，公總督軍務，懷寧侯孫鏜西征。師且出，會曹欽反，與鏜擊賊，賊誅，加太子少保，仍掌部事。裕陵每召公對，詢將官短長，用邊鎮巡撫，亦令南陽、鹽山與公議。公質直，肯任事，曉暢軍務，選擢將校，多得其人。茂陵即位，改户部尚書，與都御史林聰簡十二營軍。公在户部，亦欲理財裕國用，顧曲算闒狹，會計非其所長，功名損於兵部時。四年，御史以星變劾公，請致仕。卒年七十八，贈少保，謚恭襄。録子忠國、子生、子恕錦衣，世百户。

歲寒老人曰：治水教穡，明刑弼教，五臣亦未必易地皆然。能使之各盡其長，而勿露其短者，全在用人者之妙，有權衡耳。會計非其所長，功名損於兵部時，顧不獨一恭襄也。

## 白恭敏公圭

圭，字宗玉，南宫人。正統壬戌進士。由御史歷官尚書。先世磁州人，祖徙南宫。自幼天資英偉，識度過人。登進士即授御史，自圭始。持憲秉律，恒存大體。按察陝西，司多滯獄，鞫得其情，悉斷遣之。陞浙江布政使，浙自葉宗流亂後，民多凋瘵，餘賊有伏草莽者。圭宣明德意，捕誅逋孽。因歲大饑，奏蠲其租賦，發廪勸貸而賑濟之。天順改元，湖廣、貴州苗賊弗靖，陞都察院右副都御史，巡撫其地。時賊據險，我兵不能討，乃多爲疑兵，分道進攻。賊不能支，遁去，擒其渠魁斬之，餘黨悉平。在湖三年，興利除害。嘗有敕督造戰艦甚急，衆議賦材於民，圭持不可，請於藩府，得以抽分木代造，民德之。爲兵部侍郎，參贊戎務。至陝，適總戎失利，虜勢甚熾，乃按不戰。至固原，值虜奄至，從騎僅百人，令悉下馬，結陣以待。虜疑有伏兵，乃引去。躡之，獲十餘騎及牛羊以歸。既而花馬池海納都入侵，連戰皆捷。荆襄賊嘯聚，攻劫州縣，上命撫寧伯朱永總兵，圭提督軍務，往討之。至南陽，分兵爲五路，圭與撫寧由南漳入，遇賊誘之，臨城擊破之。乘勝進兵，賊退入窠穴，犯險冒雨，恒先士卒而登，賊憑險爲拒。時諸路兵會已二日，攻之不能下，圭命裨將率卒千餘，由間道出賊後，焚其營，而自以大軍臨之。賊衆迎敵，顧其營火起，遂驚駭躁亂走，斬首數萬級，生擒首賊劉千斤等，獻俘京師。賊黨石和尚、劉長子脱走，深入岩險，復聚千餘，燒劫巫山、大昌縣治，圭誘而執之。論功加太子太保兼兵部尚書。陝西土達滿四反，總兵官伏羌伯戰没，餘將俱北，關中震動。圭違衆議，特舉都督劉玉可用，卒以成功。勞勩成疾，上數遣中貴及御醫視之，以滿三載進階資德大夫、正治上卿。丁母喪，詔葬畢復任，辭，不允。還家數月卒，年五十六，贈少傅，謚恭敏，仍官其子錦衣百户。圭孝友勤慎，度量優弘，處邊務動中機宜，然每以師出糜費，害及地方，感傷天和，不敢輕言兵事。

歲寒老人曰：恭敏不敢輕言兵事，有臨事而懼，好謀而成之意，其師中之丈人乎！凡事不可輕言，至行師何等關係，乃取快於口頰也。

## 附子文裕公鉞

鉞，字秉德。成化庚子，京兆第一，甲辰，舉禮部廷試第二人。由編修歷官禮部尚書。卒年五十，贈太子太保，謚文裕。鉞以公卿子習聞朝廷典故，加之問學博涉强記，詞翰清美，見稱於時。而久戢文字，專典禮樂，爲朝望所推。著有《怡情稿》若干卷。

## 程襄毅公信

信，字彦實，河間衛人，其先徽州籍。正統壬戌進士。繇給事中歷官兵部尚書，贈太子少保，謚襄毅。官吏科時，英廟北征，偕廷臣上疏諫止，不報。已而，師潰土木，虜遂南侵。京師戒嚴，命守西城，上言五事，皆見采納。也先進薄都城，都督孫鏜禦之失利，乞領衆入城，信堅不可。躬督軍，自城上以火鎗礮石爲鏜援，虜引去。景泰紀元，命册封華陽王，凡王府饋遺悉却之。英廟還居南宫，復上中興固本十事，惓惓以天象示警，請景皇帝隆孝友之實，以答天心之仁愛，聞者壯之。陞山東右參政，總理遼東糧餉。時巡撫奏管倉官吏卒盗糧幾石以上者死，乃造新斛，視舊加二寸，付信，信立碎而火之，曰：「使彼真盗，死不足惜。今故爲此斛，置人於死地，豈情也哉？」以憂去。轉四川分巡，所至，問民疾苦。松藩夷人作亂，偕侍郎羅綺進攻，破其黑虎諸寨。天順丁丑，英廟復辟，奉表入賀，時方録景泰間上言之人，遂留爲太僕卿。二年，陞巡撫遼東左僉都。遼守將海寧伯董興姻聯曹欽，信一切裁之以正，又[一]造戰車，創義倉，行贖罪法，設月輪簿凡百，號令一新。建州酋董山潛結朝鮮，乃使土官佟成，授之以成算，往廉之，得朝鮮「授董山中樞院使」制書以還。上疏曰：「乘其未發，急遣二使問之，可伐其謀。」朝廷迺命一給事往朝鮮，一錦衣譯者往建州西，酋不肯承，出制書示之，咸相顧愕然，各貢馬謝罪。虜酋孛來聚衆，欲入寇，信自率師巡邊三月，得風濕之疾。五年，召陞刑部右侍郎，尋以憂還河間。憲宗即位，起兵部，又轉左。成化丁亥，四川、貴州都掌蠻賊，據大壩箐之險，破合江以上九縣，勢甚猖獗。陞信尚書，提督軍務，與襄城伯李瑾統番、漢兵討之。信至永寧，自督大軍入金鵝地[二]。又分四路兵，期會於大壩。將士依其方略，連破二十餘寨，獲銅鼓數十，斬首五千級，生擒二千，餘賊復走入深洞。又命軍士以土石塞其門，以兵圍之。月餘，賊死洞中，臭聞十餘里。又陰察土遼附賊者，還師撲之，未及一載，都掌悉平。又布置衙門以定邊防，凱還，進兼大理卿，有金幣、襲衣之賜。營大壩凡兩月，淫雨瘴癘，舊恙復作，四疏請老，俱不允。辛卯春，上以雨

[一]「又」，原作「人」，據《畿輔人物志·程信傳》改。
[二]「地」，《明史》卷一七二作「池」。

雪不降求言。上言兵事可更張者四，兵弊可伸理者五，詔下所司，執政者難之。未幾，三邊有事，悉如所料。應城伯孫繼先多不法，事覺，有詔下議，多請貰之者。信執手奮然曰：「侯伯乃武臣領袖，懲一戒百，正在於此。」遂盡發其貪尅諸事，繼先坐免，黨與皆謫戍嶺表，軍府肅然。北虜潛伏黃河套中，歲爲西患，輔臣請師十萬，以大同守將楊信總制剿之。信力言：「河套地曠，遠無水草，興師十萬則餽運者加倍。自古禦戎，來者拒之，去者弗追，此不易之法。」而楊信亦止請三萬巡邊。信曰：「此舉繫國勢之强弱，以三萬人搜套則少，巡邊則多，且關隘連歲受兵，今勝形未具，而先自困，豈謀國之道？」衆服信言，卒與二萬人巡邊，而罷搜套之議。七年，諸大臣薦信參贊南京機務。彗星見，信率六卿上興利除害三十餘事，多見施行。四載，乞休，敕還鄉。明年，還休寧里第。又四年，卒，壽六十有三。信性資剛果，六籍、諸子無不涉獵，爲詩文略不經意而雄渾可傳。事親孝，少時力耕以養。居憂，廬墓側有芝産之瑞。敦子弟嚴而有方，待内外親族恩義兼盡，遇故人子矜恤振拔，惟恐不及，玩物無一好。爲諫官時，知無不言，言必達大體，而疾惡太嚴。佐兩藩及法司，必以敬慎方正輔其長，不隱忍坐視以爲賢，又能任怨。南京守臣或欲預錢穀詞訟，信曰：「參贊機務，所以謹非常，若此，乃有司之事也。」征川、貴時，詔以便宜之權付之，自祭兵至凱還，不爵一人，不殺一人。同事者爲言，信曰：「刑賞，人主之大柄，懼閫外事不集而假之人，若幸而事集，又竊弄之，豈人臣之道耶？」有《晴川釣者集》若干卷，藏於家。

歲寒老人曰：事之墮也，咎在當事者不任怨而市恩，顧職分不勝其徇情面。間有能任怨者，又慮其以刻薄寡恩之行，而事之裂也滋甚。襄毅既舉其大，又不遺其細，能任怨矣。而不爵一人，不殺一人，又不竊弄人主之大柄。洵矣！古之名臣。

## 李文正公東陽

東陽，字賓之。曾祖以戎籍隸金吾，遂家京師。公四歲能作大書，景帝召見，命書麟、鳳、龜、龍十餘字，上喜甚，抱置膝，賜賚甚優。六歲、八歲復兩召試，講《尚書》大義，命入順天府學。天順壬午，十六舉鄉試，甲申登進士，選庶吉士。成化元年，授編修，陞侍講。癸卯，進侍讀學士。弘治二年己酉，遷左庶子。辛亥，陞太常寺少卿，仍兼前職。甲寅，擢禮部侍郎兼侍讀學士。乙卯，命兼文淵閣大學士，預機務。時安南侵占城，國王奏請命官往。問公，曰：「《春秋》，王者不治夷狄。安南雖奉正朔、修職貢，然恃險負固，積歲已久。今若遣官至其國，海島茫茫，徒掉寸舌，小必掩過飾非，大或執迷抗命。若置而不問，損威已多，即問罪興師，貽患尤大，宜勿聽。」武岡知州劉遜逮繫，科道具奏，上震怒，并下科道於獄。公疏救，得釋。戊午，加太子太保，禮部尚書。清寧宮火，公上疏切諫，大要謂：「以邪妄之術、姑息之謀，終成誤國而慢天也。」時中官李廣以燒煉齋醮被寵，故公言及之，又力止召能仁寺僧入大內慶讚。十七年甲子，命祀孔子於闕里。還，上《時政疏》，切中窾要。乙丑，上不豫，召入受顧命。武宗登極，加少傅。元年丙寅，上不親政，公同劉健等上疏曰：「先帝顧命，惓惓以陛下爲託。邇者詔令廢格，變易殆盡，憂在於民生國計若罔聞，知事涉於近倖貴戚牢不可破。或旨從中出，略不與聞，或有所議擬，徑行改易。」不報。會府部科道公請誅瑾，瑾遂矯詔逐劉健、謝遷，加公少師。丁卯，尚寶卿崔璿、御史姚祥、主事張偉爲邏卒誣執，荷校長安門，公上疏救。給事安奎、御史張彧忤瑾荷校，又上疏救。都御史楊一清逮繫至，又力救。是夏，蚤朝罷，委文書一卷於丹墀，皆錄瑾等罪狀。上退坐東角門，傳旨令百官跪，瑾等面詰：「何人所爲？」衆冒暑忍飢久跪，隨有仆地曳出而死者數人。申刻一時，三百餘人俱下詔獄。公極力論救，乃得釋。瑾於文臣，凡有錯誤各罰米輸邊，多至千五百石。公委曲開導，瑾執不從。瑾欲天下司府州縣設預備倉，公言：「各官罰米，即在原籍交納，使天下陰受其福。」未幾，事止。四川鎮守太監羅籥請便宜行事，瑾主之，公力言不可，謂：「祖宗設官定制，未有一人專治一方者。恐鎮守一人亦自擔當不起。」事乃止。陳俊得罪瑾，因以及漕運平江伯陳熊，遂致大獄，議革爵，公力爭，瑾謂：「不宜姑息。」公曰：「陳瑄在太宗朝開濟寧河道，通南北漕運，每歲四百萬石至京師，誠國家萬年之利也。」遂止革熊爵。會寘鐇之變，詔告天下，內一款「取回各處差出官校」。瑾怫然曰：「此係累朝舊例，如何可革？」公曰：「舊例，行事官校止在京城。今差四外，聲勢赫奕，驚疑天下，奸詐之徒因而矯托，真僞莫辨。近已累犯，煩朝廷處分，若真者取回，則僞者無所容矣。」因以天順元年舊稿示之，瑾乃語塞。未幾，太監張永自寧夏回，密奏瑾十七事，上夜執瑾，使人送永疏至閣，公曰：「此聖政也，天下望此久矣！」擬旨下瑾極刑，天下快焉。籍瑾家，得諸交通者書狀，奏請燒燬，以滅其跡，使人心安帖。上以爲然。以反正功特進左柱國，廕從子兆蕃尚寶丞。公上疏奏謝，陳保治之謨，上褒嘉。七年，巨寇劉六等衆至數十萬，王師出德州，當局者倡爲撫，公憤然主剿。賊平，廕一子錦衣衛指揮，上疏力辭。有獻密計者言：「京軍不習戰陣，欲調宣府三千人入衛，而以京軍如數戍邊，每歲春秋番換，如班操制。」上遣内臣谷大用等至閣議，公力以爲不可。往返再四，復具揭陳説，極言其不便有十。翌日，内降不待票擬行之。公杜門乞休。十一年，卒於家，壽七十。贈太師，謚文正。所著《懷麓堂稿》，前後百餘卷。公之祠在禁籞西大僕街，公召對時衫履存焉。公之墓在阜城門外畏吾村，後人式微，麗牲之石無復有存者。

歲寒老人曰：公立逆瑾之朝，劉、謝被逐而公獨加官，此處自難解於人言。然公能用瑾，委蛇而不失其正，其所維挽大矣！楊一清稱公「孝友天植，其素行金完玉粹，名滿天下，而自視欿然。雖位極人臣而樂善如不及，履常應變，恒介持不易所守。

蓋其文章與功業並懋，斷乎有以立於世者」。嗚呼！可謂知公者矣。

## 王襄敏公越

越，字世昌，濬縣人。博涉書史，爲詩歌文章，援筆立就。饒勇力，善騎射，好談說，經濟大略，睥睨顧盼，有天下志。二十六舉進士。方對策大廷，忽旋風起，攝其策雲表，已而不見，皆怪異之。及秋，而朝鮮貢使附越策來，景皇帝謂吏部曰：「識之，此當任風憲。」於是得監察御史。英宗復辟，日視朝，越進止奏對，出人意表，擢山東按察使。尋大同有虜警，當置巡撫。吏部乃徵越，召見便殿。越故偉服而短其袂，上熟視良久，曰：「非故快御史耶？可使弁而將也。」遂擢右副都御史以行。飭兵政、繕甲器、簡士伍、修堡寨，爲經久計。尋以病告，召還京。明年，協理院事。久之，以總督視師延綏，輕騎襲破虜於崖窯川，遷左副都御史。又破之於黄草梁，進右都御史。前是，文臣視師者多從大將軍後，出號令行賞罰而已，至越而始多選驍勇跳蕩武騎爲腹心，將而與虜搏，始能與虜鋒相角，間設伏邀虜破之。越復諜知滿都魯、孛羅忽〔一〕等三酋自河套渡，分寇西路，而其妻子營於紅鹽池，乃率總兵許寧等以精騎五千襲之。兩晝夜行三百

〔一〕「羅忽」原脱，據《明史》卷一七一補。

三十里，分兵千餘爲十伏，而身與寧等分兩哨薄其營，遂破之。擒斬三百餘級，獲其女穉、駝馬、器械無算，焚其廬帳而還。時滿都魯等剽至韋州，頗有所獲，而遇諸鎮兵邀敗之。賊既已失利矣，歸而廬産妻子皆蕩盡，乃相顧慟哭，遠徙，不敢復居河套。捷聞，再賜璽書褒諭。召還京，加太子少保。時上所寵信中貴人汪直，方領西廠，得伺察中外事，威福傾一時，而年少好言兵，越亦與之好。直以酋虜西犯邊，召保國公永爲平虜將軍，率師西討。越爲總督，直仍監其軍。令永將大兵由南路，越與直將輕騎由宣府、大同，俱會於榆林。既至大同，諜虜帳在威寧海，則選二鎮之勁騎二萬餘，分道乘風雪薄之。虜狼狽出戰，遂破虜，斬虜甚衆。捷聞，進封威寧伯，歲禄千二百石，予誥券，子孫世襲保國公。永師至榆林，甫三日，召還。尋復命越等出師至大同。適虜從東山等墩入境剽掠，越縱兵擊之，斬首百級，獲馬七百匹，詔進越太子太傅，增歲禄四百石，復禄一子官。是役也，斬級少，於法僅下賞，而封拜横溢，則上以直在事，欲貴重之。越於是改掌前軍都督府，總督五軍十二營兵馬。蓋越以文臣，爵不得侯，改右班或可得侯也。而汪直亦爲其儕所忌惡，遂復命越爲平胡將軍，直仍監其軍。駐宣府，調度擊虜。虜已退，越等請班師，不許，遂巡延綏。而虜入寇河西清水營等處，越等使游擊劉寧敗之於塔兒山，參將支玉敗之於大竅梁，延綏總兵許寧敗之於三里塔，斬首虜三百餘，虜亦愴懼不敢近邊。而捷聞，僅加禄五十石，汪直賞亦薄。尋改越征西將軍，鎮大同，猶與直共一鎮。大學士萬安等請移越帥延綏以離之，而命延綏帥許寧鎮大同。言者以寧、直不相能，遂改直於南京御馬監。既行，則姦事大露，給事御史糾直八罪，因併糾越。詔削越官爵，追詔券，徙置安陸州，而盡奪其諸子錦衣都指揮使管官。越之敗由汪直，然直尚得爲奉御，一時朝士大夫雖快越之去，而有謂「其罰太重」弗平者。越最名能知人，其在臺所旌拔御史屠滽、侶鍾等皆爲同列，而故吏將佐多鼎貴，時時稱越才。弘治初，赦還家，尋上書自列冤狀，會有左右之者，得復左都御史，致仕。越居常喜奢華，自奉若諸侯王。而其御軍恤下，籠罩豪傑，人皆願爲之死。機事百端，閃倏變幻，出没若鬼神。一夜襲虜帳，將至，風暴起，塵翳目，衆惑欲歸。一老卒前曰：「天贊我也。去而風，使虜不覺。歸而卒遇虜入掠者還，而我據上游，皆是風也。」越不覺下馬拜。功成，推卒功以爲千户。越之在安陸與還濬時，射獵帳飲，聲樂如故。家近京，得通於中貴人李廣，爲上言之。中旨召掌都察院事，爲臺諫所論阻。時西虜犯邊急，兵部言宜得一重臣。時屠滽爲吏部，德越，而中貴人廣諛之，以越名上，上遂許。陛見，慰喻有加，進太子太保，仍兼左都御史，總制甘肅、寧夏、延綏軍務，諸鎮守巡撫而下，悉聽節制，仍許便宜行事。越至，即擣賀蘭山之别部行剽者，覆之，斬首捕生過當。捷聞，加少保、太子太傅。請復哈密封，以兵援其王還國，疏上不報。而中貴人廣敗自殺，言者皆首攻越。上雖雅重之，不爲報，而越坐憂悴，病劇。卒，年七十四，贈太傅，謚襄敏。

歲寒老人曰：功名之士自不得以道理律之，若律以道理中之功名，即管晏亦且羞稱矣，况其下焉者乎！威寧得力處在用直，而其受敗處亦在用直，功過足相當。惜後之人無有能用賢者。元氣斲喪，宗社淪亡，因憶楊忠敏、王威寧乃國家最有用之人，未可輕訾議也。

## 孫副都公修

修，字用吉，邯鄲人。弘治乙丑進士。爲户部主事，出視壩上諸廐，中官素群蠹其中，逆瑾焰方熾，衆皆危之，修曰：「惟法是徇，餘非吾憂也。」已而卒無他。尋改監察御史，是時言官救過不暇，修獨偘偘自將，咎譴亦弗及。頃之，瑾敗，修治其獄，有能聲。擢陝西僉事，治延綏之東陲，督察姦蠹，峙糧訓卒。虜偵知有備，引去。改理全陝屯政。先是，屯廢者數年，修立法簡而嚴，歲入數倍於昔。乙亥，虜犯秦隴，别部萬餘奄至平凉，藩臬重臣有事於土者皆不至。修偶以公事過其地，關柝弛備，宗室内震，城且陷。急令塞諸門，招哈指揮率敢死士百人發勁矢射之。虜大讋，乃環城數里而陣，於是城守始嚴。虜遁引去，中外咸高其績。丙子，進副使。陝人御史宇文鍾、主事田龍與給事中王元凱有隙，王誣宇文謀逆，有狀。鎮守中官劉實惑於廖愷之説，奏於行在所，武宗命逮至軍門鞫之。修察無左驗，止録尤重者數人，械送南都。劉怒曰：「謀逆，大事也。烏止以鍾、龍輩塞詔旨，其家屬並諸證宜悉在遣中，何故釋之？」衆不敢應。修徐曰：「鍾、龍雖曰『謀逆』而按驗無狀，執二人以往足矣。它日鞫而實，彼家焉往？如其誣也，必獲伸雪，又焉可累及無辜哉？」後二人雖死獄中，而枉亦白，罪竟坐元凱。庚辰，商巨盜嚴天柱獲礦利甚厚，擁其徒三千人，襲破商州，遂僭號署官，聲摇關洛。巡撫鄭某避去固原，檄修禦之，率兵五千疾赴。甫一月，薙獮無遺者。功既成，僅被敕褒賞，擢山西按察使。公廉有威，上下憚之。嘉靖癸未，擢河南右布政使，尋陞浙江左，以母病，未及抵任。丁亥，拜右副都，巡撫湖湘，墨吏聞修至，相率棄印綬去。戊子，改南京操江，巨盜陳表出没，剽江上諸民居。乃嚴立賞格，躬率舟師蹙之，三月就縛，有白金、文綺之賜。己丑春，以灾異自陳詞，甚懇惻，特賜俞允。即日北歸，杜門謝客，數有薦者，若不聞也。卒年五十有六。

歲寒老人曰：用吉負經濟之才，所到立功，而清直亦自足色。本兵欲薄巡撫避事之罰，賞不稱功，院長抑之於後來者之下，待不以禮。人情嶮巇固如此，而當日之公論亦未始不彰明也。

## 鄺知府公璠

璠，字廷瑞，任邱人。弘治癸丑進士。知吳縣，有折獄才，不憚勢要。或冒貴戚來謁，勢張甚，發其奸，餘黨擬配。在吴八年，奏蠲洞庭荒山之税六千三百石，梁西成之渡，疏普安歸涇之壅，皆便於民。闢學宫、建社學，爲德於士。以忤權貴，僅轉徽州府同知。至徽，大司馬彭公方典郡，一見莫逆，疑牒輒移决焉。以外艱歸，終喪，改金華。又以内艱歸，終喪，改河南府。三佐郡，皆有治績，擢守瑞州府。時盗魁陳福一等塞華林，擁衆來犯，璠親擐甲冑，登譙樓禦之，毒矢雨下，殪三十餘人。賊縱火且逼樓，璠籲天風反，賊乃退，追數十里，多所擒獲。總制都御史陳金奇之，上其功。嗣是築城浚隍，爲固守計。又於治東阜建明遠樓、演武亭，以時訓練，嚴賞罰。壬申六月，率衆薄華林，分令僚屬營於渚嶺，檄鄉人隨城地分戍。適獲賊諜，斬以徇，仍焚近山之積聚，賊大懼，乃分寨瑪瑙山、仙女嶺。璠復攻圍之，擒斬無算，福一等窮蹙，率妻孥降，璠即遣降者。攻其餘孽，而陳於其後，鼓行而進，連大捷。蓋大小百餘戰，璠瀕於死者至再，僕勤竟死之。時饒之姚源盗方熾，提督都御史俞諫又檄璠往剿，璠提兵夜入三十里，賊諜知曰「瑞兵至矣」，相戒勿動。旦日，悉衆來犯，璠揮兵奮擊，斬首數百。暨還瑞，盗復百人挾異術撼衆，璠殲之。御史以聞，武宗温旨犒獎。逆濠怙寵朘削郡縣，新昌劉氏以富聞，濠利其財，遣校尉持僞券責償。璠密令抗而毆之，一無所得，乃譟而之璠愬焉。璠曰：「彼敢抗親藩，何有於郡吏耶？某固靖民者，華林幸輯，而敢激彼使變乎？」濠聞恚甚，欲致璠以泄其怒，乃嗾當道罷之。瑞民聞其去，徬徨若失父母，建祠，肖像事之。里居數年，問遺不絶。璠精於吏事，而每以儒術緣飾，彬彬可觀，歸田觴詠自適。仕宦幾三十年，未嘗自封殖。性孝友，終其身，與兄弟相愛不衰；與人交，洞見肝膈。義所不可，甘與時忤，雖爲逆黨所中，君子深惜之。卒年六十有四。弟珩，字廷用。弘治己未進士，歷户部郎中，平凉知府，致仕。嘉靖中，奏舉修河有功，收入史館，縉紳推重焉。

歲寒老人曰：能平陳福一、抗逆濠，自是膽勇男子。或謂：「福一作亂，能殲滅之，則事定。逆藩煽虐，豈一毆之遂令其輯志乎？」曰：「道二，不抗則媚。抗，落得做正人君子；媚，何以自對、以對後世？」

## 牛副使公鸞

鸞，字鳴世，獻縣人。正德戊辰進士。任益都令。時劇賊劉六等轉掠山東，躪曹、濮，蹂淄、澠，所過城邑，望風奔潰，獨鸞與樂陵令許忠節逵，東西遥應，屹若巨鎮。鸞尤臨機設變，出入鬼神，號稱異特。賊嘗縱兵圍城三匝，鸞日夜距守，賊斂兵退。鸞曰：「此特自完計耳！不一大創，賊必復來。」乃駕子弟兵及諸亡命躡賊，戰大王橋，身被四矢，扶創疾鬥，賊遂大奔，斬獲無算。賊自是不復東矣。事聞，擢按察司僉事，備兵青州。尋遷副使，仍理兵務。嘉靖初，顏鎮賊王堂豪俠好施，聚衆山谷，每戰困，衆脱之。鸞挺身突入賊中，賊覺，鸞奮刃大呼，賊衆披靡，未幾，就殄。山西馬五寨賊首陳卿者，據山作亂，數年不靖，鸞奉詔移兵平之。即其地建平順縣，鸞累平劇寇，聲望赫然，而懷奇負氣，不能澳涊爲詭隨態，世亦以嫉鸞，尋謝病，不起，終於家。

歲寒老人曰：劉賊之凶鋒不在李賊下，而益都、樂陵二令，屹若巨鎮，賊不敢再窺。巍巍神京，滿朝文武，竟無一人與李賊戰者，可爲浩嘆。

## 史尚書公道

道，字克弘，涿州人。父俊，成化戊子解元，乙未進士，官潁州兵備僉事。道復中正德癸酉解元，甲戌會試中式。未及廷對，遭父艱，哀毁過禮，廬於墓側。三年服闋，授庶吉士，改兵科給事中。劾江彬等包藏禍心，謀爲不軌，及都御史劉達之阿徇江彬，太監張忠、張説等之專權亂政，兵部尚書王憲黨惡通賂，諫止大學士楊廷和、蔣冕及太監張佐等封爵，又諫世宗登極，復蹈武宗朝弊政四十餘事，論救王瓊等之死，得蒙謫戍，疏凡數十百上，俱嘉納。出使朝鮮，饋贐一無所受。劾大學士楊石齋不法三十餘事，奏入。陞山西按察司僉事。已復下詔獄。給事中閻閎、御史曹嘉相繼論救，俱蒙降謫。閎、嘉俱嘗爲庶吉士，時稱「館中三傑」。臺省數十人交章薦道，仍復兵科，道懇辭，改兵備潁州。道父嘗備兵于潁，相傳爲盛事。陞光禄少卿，署正卿事，雖宫闈之用，不經者悉奏罷免，年餘，積庫餘二十餘萬。時首相楊邃菴、次相張羅峰不相協睦，道上章辨真賢以承嘉會，平戾氣以消災變，得温旨，陞僉都御史。時監生詹棨訐奏吏部侍郎徐縉，旨下三法司會問，緣縉爲羅峰所不喜，問者莫敢出一言。道方以病在告，特旨令會問，道乃反覆辨詰，棨竟屈服，遂從重發遣。羅峰奏，夜二鼓，小童隔門接到徐縉禮柬，開有黄精白蠟之數。右都汪誠齋遂欲劾奏，道乃止之，云：「臺綱大臣，非可風聞言事，况暮夜彼此未見，必有奸人造害者。」汪遂止。下都察院參看，汪遂以道勸止之言奏之，上竟不問，後陞大理寺卿。未幾，都察院掌事缺員，屬道署事，汪切銜之。一日，以會推官到遲參奏，降道山東參議。及陛辭，以到遲被糾閒住。嘉靖十五年，特起左僉都，巡撫大同。時有李瑾之變，慨然以身先之。次年二月，督兵會同總兵梁震玉林川斬獲甚衆。三月，沙河等處又多斬獲，奉敕奬賚，陞都察院右副都，照舊巡撫。雲中軍民雜處，兼宗儀府第日繁，民居益促。城北有古草場，道奏令民間居住，民極稱便。大同鎮孤懸朔漠，士子調考極爲虜患所苦，道具疏改隸本鎮，分巡僉事提督學校，士子至今懷之。八月，内妖賊楊通等、礦賊王喜等、叛軍劉喜等欲先殺代王及鎮巡等官。謀已定，道設伏擒獲，一夜之間旋即剿平。十七年，達賊入犯丁家村，復多斬獲。時雲中大旱，道爲文，詣雷公山禱之，即雨，禾大熟。十八年，虜四萬大舉入碌䃰河，道逆戰克捷。大同鎮二十里外即係虜屯牧之處，輕騎往來直至城下，追逐按伏，糜費額外錢糧數十餘萬。先，都御史張文錦、總兵賈鑑以議修五堡遇害，道身任之，創立五堡，聲勢相援，虜不敢犯。開拓腴田數萬餘頃，二百餘年常常住牧之地，一旦收入版圖。事聞，賞銀五十兩，紵絲四表裏，陞兵部右侍郎，照舊巡撫。十九年二月，賊犯乾河門，十二月，又犯泥河兒，連戰皆捷。次年，陞兵部左，回部管事。適虜犯山西，鎮將俱隨賊，勢甚張。道親督戰，俱獲全勝。以内艱歸。二十九年，虜犯畿輔，召復兵部左侍郎，道携家僮數人即倉皇奔赴。時虜猖獗，蘆溝橋一帶行旅絶者數日。道既行，旅人皆荷鍤執梃隨之，京師路遂通。道至部，人心遂安。後事定，以目疾乞休。甫七日，復召，命處置宣、大邊務，嚴旨不許退避，宗屬親黨無不爲道危者。道但以慷慨激發承之，及至，調停區畫，殫盡心力，虜即縛妖逆蕭芹等爲獻。奉旨陞兵部尚書，賞白金、彩幣。道乃密授指揮林叢蘭等以方略，欲剪除酋長以成此功。惜其謀未就，旨令協理戎政，遂入居庸。以目病於途次上疏，懇辭，特賜俞允。以擒獲功加太子少保，蔭一子錦衣衛百户。歸家未幾而卒。

歲寒老人曰：予幼而往來都中，經過其第，涿鹿人爲予言：「正德癸酉鄉試，柏菴公見克弘三場文，即封一柬遺之，令放榜後始發，乃對一聯云『二三千人中文章魁首，四五十年來父子解元』，比時相傳以爲美談。」暨讀其傳，乃知公立朝風節，當官經濟，馨傳奕葉，寧直科第流芳已也。

## 王都憲公儀

儀，字克敬，文安人。嘉靖癸未進士。爲人闊達警敏，沉密有大略。令靈壁，值歲大祲，民各鳥散。儀出倉粟設糜以飼疫者，全活甚衆。奸民有窩盜者，衆至千，官不敢問，儀廉得其首，即火其家，邑遂靖。改嘉定，邑軍兑有耗，加量之三以爲常。儀令民輸銀、粟如額而止，衆嘩，以爲羸己，儀爭曰：「國計有額，若之何益之？」卒如議，減粟數千，民愛敬焉。徵拜御史，按陝，值民饑，儀疏請發公庾暨羡金分屬賑之。秦府人虐奪民田、埸利無算，王爲之窟，守、令無敢爲民直者，儀竟歸之民，府中自此斂戢。再按河南，有守、令皆甲科，不檢，儀按之如法，一道怖栗。江左自正統以來，田賦户籍浸失其初，吏因緣爲奸，而吴中尤甚。輔臣顧公，蘇人也，薦儀才，遂守蘇。僅三月，坐前河南劾宗藩不法事，宗室訴之，詔奪儀職。吴父老聞儀罷，相率數百人詣闕留，不報。會言官交章論薦，復儀職，得江西撫州。而吴父老聞之撫，又相率號於侯巡撫，侯上其事，於是，移守蘇州。儀至，躬循阡陌間，計丈數仞，溝洫各爲記籍。儀披驗之，或然或否，以一警百，民毫釐不敢隱。乃以八事定田賦而賦平，以十歲編徭役而役平，以三法考課鈔而民之灌輸平。令下，初若煩碎，後無不稱便者。期年，化行訟簡，治平爲天下第一。擢按察副使，兵備蘇、松四郡。時秦璠、王艮以南沙反，伐之一年，尤張，遂哨狼山。儀筴總兵湯軍福山以與賊遻，將戰，儀登壘望曰：「徐之利，未可趨也。」令舟師與遇，遇皆北，賊易我，不備，儀曰：「可。」以夜半擊，楫上長矛火箭齊發，賊倉皇竄海中，盡殪。功轉參政，守冀、寧。虜卒突清源城下，儀令洞開諸門，寇疑有伏，宵遁。乃檄部「無城者築，無糧者蓄，無兵衛者選練」。於是榆次、平定之間，皆有城。虜諜知，戒不敢犯。擢巡撫宣鎮僉都御史。儀至，集賓佐講畫戰守利弊，上十餘疏，易將領之庸弱者，拔才能、問疾苦、飭廢墮，又申號令、修器械、嚴警邏，邊政一新。嘗視邊，遇寇從盤谷中擁之入，儀促兵迎戰，俘酋百、馬千。降詔旌勵，賜金綺，晉右副都。歲大旱，衆議餉且乏，而虜把都兒等乘虛突入，所過稍被剽掠，儀督將走之，事聞，遂奪巡撫。儀雖罷，而廷臣交口推薦，旋授副使肅州。肅故有哈密遺種雜民間，歲久滋蔓爲害，儀計徙之境外，夷亦大安，邊將士由是益愛之，無不願爲死者。明年庚戌，進參政，以藩臣入賀，特旨改僉都御史，即撫甘肅。未及行，邊虜擁衆犯京師，移儀駐通州，扼其衝。儀聞命，星馳乘城，見城下有胡服四掠者，問之，衆曰：「此仇督府軍也。」儀曰：「軍爲掠，又何求虜？」命擒數人至，治以軍法，一營大譟，儀不爲動。翼日詣營，鸞盛氣以待，儀曰：「天子遣某來治軍，不知有公，能爲公保奸耶？」鸞忿，密中儀，會御史助之，論儀不宜責入衛軍。時上方倚注鸞，遂逮儀，奪其官。未幾，鸞以逆敗。儀有吏治才，舉措事事有法。生平清約，既貴，食不重肉，衣不裁綺，兢兢如少時。所歷履諸郡縣，民皆思之，其薦引士類，後多爲名臣。退居九年卒，七十有八。歲寒老人曰：公智深勇沉，綜理甚密，故能到處奏功，至不假借權奸，曰：「天子遣某來治軍，不知有公，能爲公保奸耶？」此是何等風節。

## 張司馬公學顔

學顔，字子愚，肥鄉人。嘉靖癸丑進士。授曲沃令，擢工垣。拂權貴意，歷副使。隆慶五年春，遼東巡撫缺，江陵以才望言於新鄭，陞僉都，撫遼。學顔爲積屯置餉，與夫保障蠲恤，造火器，備陣車，靡不曲盡。江陵心奇其才，晉兵部侍郎兼右都御史。益加憤勵，議移險山等六堡於寬奠子、十岔口，斥邊地二百餘里，後人賴其利。萬曆六年，擢大司農，是時吏治虛飾弁髦，財賦内帑騣騣不支。學顔爲責實考成，有稽章奏、清出納、省鎮餉、減冗費諸疏。不數年，庫餘千萬，粟支十年，人比之爲劉晏。至如爭金花之添進，止庫監之告匱，絶貢金之例加，必得請乃已，上每屈意從之。時選操内兵，每遇常朝之日，百官拱立班行，聞西城喊砲之聲徹於御座。學顔謂：「宸居邃密之地，震兵戈殺伐之聲，太廟之神靈未妥，兩宮之寢處未安。」上疏止之。上謂：「演習在内，人役原備扈駕，且演習已久，必恭順無他。」迨其後中途不戢，又扈從事完，猶未解散，學顔復上言：「《大明律》載『凡不係宿衛應直之人，但持寸刀入宫殿門者，絞；入皇城門者，發邊衛充軍』。祖宗防微弭亂之意甚爲深遠，今若等素非守直之人，半居皇城之內，戈矛鋒利，出入禁苑，後或賞不滿望，領不得人，漸起邪心，朋謀倡亂。嘩於內，則外臣不敢入；嘩於夜，則外兵不及知；嘩於都城白晝之間，人目之曰『此天子親兵也』，誰敢犯之？豈惟外兵不能禦，或傳奉聖諭禁止，能令人人皆請罪就縛乎？於時，驅之不肯散，捕之莫敢攖，如正德中西城縛兵之事，可鑒也。借曰『今未必然』，則皇上已見其不戒於駕前，安能保其不變於日後哉？若不及今停止，恐在彼外假虎賁之名，在朝廷漸成養虎之患，望皇上頒明詔，將近操内兵盡數罷歸。」此後凡遇春、秋兩祭，所司照例題請。上亦不以爲罪。未幾，江陵殁，朝局一更，學顔歸，二十六年卒，賜葬。

歲寒老人曰：明代近三百年，富强未有如江陵時，公實與之同心共濟，故能拓疆富國，此後邊政廢弛，不復見赫聲濯靈之景，不能不令人思江陵耳，《罷内操》一疏，洞悉情弊，千古快談！

## 陳都御史公儒

儒，字懋學，錦衣衛籍。嘉靖癸未進士。以文著名，吕涇野、薛西原諸公亟加稱賞。管昌平倉，首陳五事，户部善之，下其法於諸屬，邊餉用饒。署郎中事，餘羨獨多於諸司。時有京師大賈藏珠玉，欲售以規利，賄中貴人，奏行召買，儒堅執不從。部中奏稿，多儒起草。户曹七年，出守東昌武城諸縣。適被水患，儒發粟賑濟，民賴以全活，又以郡帑積金代民田租，詔可其奏。男女老稚焚香籲天曰：「公活我！」儒爲政甚惠，而持身甚廉，凡公費罪贖悉以積穀備賑，省過客之科索，抑富豪之兼併，以是或得罪於勢要，而聲名亦因此起。陞浙江副使，巡視寧紹海道。寧紹者，浙東海洋要害，豪商猾夷湊泊處也，治利用嚴。儒首按文武贓吏置之法，軍民惕然。改提督學校，與諸生約數千言，皆以道德實行爲先，首革書院之冒濫衣巾者，士習翕然一變。時有議欲爲某公某公建三仁祠者，御史業已許之，儒駁曰：「中心安仁者天下一人，三人者，豪傑之士也，未可爲仁也。」御史曰：「然則易以『同仁』何如？」儒曰：「吾所爭者在仁不在三也。」其事遂寢。儒識鑒精明，士一經品題，輒中高等。陞陝西參政，虜入原州，儒以兵從尚書劉公督戰，却賊，擒斬數多，欽賞銀幣。平鳳等處誣人以盗，死罪數十人，儒掌憲司，立辨之。郃陽令張某以炮烙刑誣服盗罪，枉死者五六輩矣。前按察使劉君直之，而張令者與權力幸臣有故，嗾御史劾劉君落職。儒鞫其用刑跡，執令下獄，令復乞幸臣祈免，儒笑曰：「吾得正國法、雪民冤足矣！寧殺人以媚人耶？」獄成，知縣罷黜，誣者得釋，詔復劉君官，而御史以失法降外任。轉山東布政，積羨餘及贖金糴穀至數十萬石以備賑濟。山東鄉試，儒爲提調官，而葉御史監臨，御史以錄文犯上怒，逮獄，併逮儒。或勸令自辨，儒曰：「豈有同事而不同其患者乎？」及對獄，一無所言，御史廷杖，儒降雜職。或報御史死矣，儒曰：「吾幸不誘罪御史，不然是伯仁由我而死也！」儒在户部時，以議大禮被逮，及是凡再逮，憂患備嘗，而志氣彌勵。儒上疏乞終養，不許。甲辰夏，抵官舍，士人聞風而來者相踵。總制張公延之講學，不赴，門生故吏餽遺，一切謝絶。雖顛沛中，清操自若。踰年，量移佐郡，尋復僉憲。以内艱還，服滿，補山東。甲寅秋，虜入宣、大，殺總兵官岳懋。時儒在刑部，廷推兼僉都，以撫其地。儒至邊，宣布上意，清屯田，劾冒濫，邊務肅然。凡六閱月，復命，陳安邊十事，悉見施行。乙卯夏，巡撫漕運，復條陳漕政事宜，無不切當。是歲，倭夷由通泰寇揚州，揚州當運道之衝，沿河舳艫銜尾相接，又運司設城外，鹽商輻輳，居民數百萬，賊尤垂涎。儒奏築城，下令所屬邑鎮如臯、泰興、海門、瓜洲一時併築城。甫完，而賊已至，居民皆入城守禦，糧運入瓜洲城以免。賊遂遁。明年春，儒感病乞休，不允。越三月，少瘥，倭賊復寇揚州。儒力疾檄召徐邳等處兵殺賊，徙運司積税入府庫，寇至，一無所得。晝夜登城督將士力戰，前後斬獲數百級，三獻戎捷於京師。倭賊既退，儒病益甚，累疏乞休，得致仕。乃避居西山，杜門謝客，絶口不道時事。視財若讎，積數十金便不能寢，必散盡乃已，以故罷官後家益貧。徙居宜興，惟日與一二耆老結社，以詩酒倡酬。辛酉二月，疾卒。

歲寒老人曰：孔子不輕許人以「仁」，而又不敢自居於「仁」，正以其中心安焉。

才力氣魄俱無所用，公謂豪傑之士未可爲仁。庶乎！識仁者矣。與御史同事，而甘與同患，亦是行仁之一事。

## 王侍郎公誥

誥，字公遇，臨城人。性簡重寡言，甫冠，登嘉靖癸未進士。授行人，奉命伊府祭葬，力却饋贐。尋擢司副，歷户部郎中，管内十庫，多所釐革，中貴不敢干以私。請汰京師養濟冒濫，歲省米八萬餘石。以父病乞歸省，服闋，會大同兵變，殺總兵李瑾，人心洶洶。許太宰知其才，遂擢是郡。比至，擒首惡數十人，悉抵之法，餘無所問，重鎮以安。事聞，上錄其功，廕子胤魯汝寧守禦所百户世襲。丁酉遭母艱，郡民遮泣於道，如失怙恃。家居八年，丙午，起補東昌郡。明年，陞山東按察副使。未幾，進僉都御史，撫治甘肅。鎮爲古張掖、酒泉郡，控引番夷，艱於統馭。至則增修堡寨，預集兵糧，防禦經畫，悉中機宜，斬獲甚多。上賜金幣者再，進秩副都，旋擢户侍督儲。頃之，遷右都，總督漕運，鎮撫淮南。時倭夷猖獗，自通泰直犯淮泗，所過屠毒。誥至，嚴兵固守，疏請旗牌督率將士。會都指揮劉顯至，分兵夾擊，倭夷氣奪，大破之。捷奏，賜白金、文綺。既而，議兵餉、休客兵、寬租稅、停馬匹數事，皆長慮先備，人服其見。忽以病卒。上聞，予祭葬，年六十。誥天性孝友，倜儻有大計，遇事敢爲，不喜矜伐，久歷邊鎮，威望赫然。所著有《河西稿》、《淮南奏議》、《西平縣志》、《東隅集》行世。

歲寒老人曰：經濟之才，大段由天授，至兵凶戰危，生死呼吸，豈腐儒所能辨？邇來嘗見以不知兵之人强使之主兵事，鮮不僨敗。如公者，真恢乎有遊刃也！

## 詹尚書公榮

榮，字仁甫，山海衛人。嘉靖丙戌進士。爲户部郎中，督餉大同。大同帥李瑾者，馭士嚴，軍中不附屬。虜窺塞下，瑾令卒浚濠四十里，遏虜騎，刻日竣工。衆嘩，攻殺瑾。守臣以聞，詔遣郤永爲帥，劉源清督師討之。叛卒懼，欲誅首亂自贖，源清不許，趣攻之，終不能下。乃相與謀，城可灌也。榮曰：「雲中重鎮，以數十叛卒瀦其城，非計，且鎮人何罪，而以爲戮？」乃與都指揮紀鎮等歃血盟討賊，而私察賊黨馬昇、楊麟者有才略，可用也，爲請貸其死，畀三十金，使自募士。昇、麟遂計擒亂首黄鎮等九人斬之，又捕斬許章等二十六人，縛獻王寶等二十八人，内外讋伏。榮乃開城門，延諸制府大帥直指使者，以次導從鼓吹入，拊循城中，城中人皆歡呼動地，曰：「微詹公，我曹皆魚肉矣！」自變起至事平，凡五閱月，焚掠無算，獨榮所部錢穀儲胥，秋毫莫敢犯，論功晉光禄寺少卿，巡撫甘肅。甘肅地與諸番犬牙，時肆侵掠，榮宣布威德，剿撫兼施，境内晏然。魯迷貢使留甘州者九十餘人，大帥楊信驅以禦虜，死者九人。榮劾信「夷以好來，而用之鋒鏑，傷向化心，且示虜弱，非計也」。詔奪信官，厚恤死者，櫝車送歸國，夷皆悦服。大同巡撫趙錦與帥周尚文不相能，事多肘掣，廷議榮故於大同有功，宜徙榮大同，詔從之。虜以數萬騎入，榮與尚文禦之黑山，斬五十餘級，殺其一酋，論功晉右副都御史，賜金幣。明年，虜復犯中路鐵裹門、鵓鴿峪，且將深入。榮嚴兵遏虜衝，而遣游騎四出邀擊，斬獲甚多，虜遁去。榮又修邊牆三十餘里，爲堡七里，爲墩臺一百五十四，虜自是不敢窺大同。肅皇帝喜甚，璽書褒之，賜金幣，晉俸一級。後召入，以兵部右侍郎攝曹事。屬當防秋，榮條上十策，皆施行。隨轉左，而榮病矣，卒，年僅五十二，贈工部尚書。

歲寒老人曰：公爲餉司，即能擒叛卒，故治兵皆有成績。若源清灌城之謀，真蠢人也！

## 石侍郎公永

永，字壽卿，威縣人。嘉靖壬辰進士。以中書舍人擢御史。丙申，巡山海關，覈部伍，校技藝，焯著風采。尋丁内艱，服闋，補河南道。庚子，按淮揚，獎廉斥墨，不少假貸。未幾，疏乞養病，歸。壬寅，起補山西道，巡按四川，所至，訪吏治得失，示勸懲。有豪强按罪當流，候永出，伏刺客於橋下。至則其人忽心疼作聲，執之，輸情請罪，蓋鬼神默佑之也。監癸卯鄉試，綜理周密，號稱得人。己巳，掌河南道。大計京朝官。持公秉正，謝絶私交，於小過不事苛索，當權怙勢、潛通關節、及中傷善類者密呈臺長。吏部與臺長云「留」，一無異議。後有忌之者，陞知南陽府，尋以事詿誤降判濱州，怡然就任。丙午，陞南京太僕寺丞。丁未，陞平陽知府，芟煩祛靡，與民休息。藩府競訟，累年不决，委曲開導，訟乃息。太宰張潤稱其「風寒貴戚，威寢奸豪」。戊申，陞陝西副使。郊行，見原隰草木蕃盛，詢知舊爲水田，以地震泉湮，遂求濬其泉五十餘處，導泉以資灌溉，八百餘頃，居民爭復業。庚戌，陞陝西右參政，視凉州地宜耕，募民墾闢，灌田溉，後皆爲沃壤。甲寅，陞陝西按察使，持憲明慎，民以乂安。乙卯，陞江西右布政。丙辰，轉山西左布政，未抵任，陞都察院右僉都，巡撫延綏。至，則飭將練兵，革冗役、禁包占、養勇敢、謹間諜。有黠虜犯灰條溝，前後斬首級，獲駝馬、器械甚衆。凡三任朔方，歷九年，民戴之尤深。丁巳，陞南京大理寺卿。戊午，改南京兵部右侍郎。己未，陞兵部左侍郎兼右僉都，總督湖廣川貴等處軍務。一崇寬大，率屬以廉，凡事務責實效，不爲文具。傜賊沈雅等勢猖獗，督率將士直擣其巢於淑浦縣龍潭等諸洞。捷聞，賜金幣。方隅晏然，時督撫請調葉麻等司兵禦倭，永上疏極論不便，乞免調，以安地方、省糧餉，遂著爲令。召爲户部左侍郎，瀕行，疾作。總兵石邦憲、副使李心學問所欲，言自軍國外無一語，尋終。石、李視含歛，啓其橐，無一物，咸嗟嘆之。

歲寒老人曰：不獨興地利、平賊寇是功業，而風寒貴戚、威寢奸豪、訟息民安，其功業當更溥耳！

## 戴尚書公才

才，字子需，滄州人。嘉靖甲辰進士。由行人爲户科給事中。庚戌秋，虜薄都城，倉卒乏軍興，請一切加諸道賦。才抗言：「今畿輔、山、陝諸郡歲苦虜，募兵市馬，甚勞費矣。而復議增馬江南諸郡，每先期輸納料銀，又豫輸機兵民快，皆目前權宜之計。而復議增賦，是竭澤而漁，以重困民也。」部議竟格不行。巡視光禄，清覈伏蠹，條上四事，歲省大官金錢十萬。壬子，轉吏科右，歷陞兵科都。以倭夷猖獗，閩、廣用兵無虚歲，乃疏陳三事，曰：「亟剿滅、慎防守、馭客兵。」言言中窾，下所司行之。才在諫垣，不以鷹擊毛舉爲名高，然數引當否，耻趨和承意。陞太僕少卿。丁外艱，服除，陞都察院右僉都御史，巡撫甘肅。甘肅新中虜，即羸卒乘亭障者半，菽不給。才至，首請帑餉，墾荒田，興水利，乃次第簡兵將，習技擊，飭烽堠。虜入，輒遭創去，而紅柳林、鎗竿嶺之捷，甘鎮向未嘗有也。虜退，則建學明教，振廢省刑。撫甘五年，斬首捕虜數十百人，修築墩牆以千百計，招徠降口若干。晉副都御史，巡撫陝西。甫至陝，有秋防之役，即移鎮原州，儲芻糧、守要害。比及瓜期，既撤防，套虜忽入延綏，殺總兵郭江，執副總兵時鑾以去。科臣列失事狀，嗣連才。夫虜所出入定邊、瓦楂諸路，非才所轄地，言者誤及，才不自明也。詔就覈。隆慶丁卯，事白，仍以原官巡撫河南。入爲大理卿。陞刑部侍郎。諜者言東西虜大舉入寇，京師戒嚴，改才户部左，督餉事。虜解散去，陞右都兼兵部侍郎，總督陝西三邊軍務。才三蒞陝，熟其利弊，舉劾諸帥，咸當其人。凡汰冗增餉、議屯田鹽法，檄鎮兵防禦諸路，俱不遺餘力。中衛南有裴家川，地腴田可萬頃，民苦虜，不得田作，才爲相度地形，築牆建堡。疏於朝，且請以固原守備某督兵營田，以苑馬寺少卿兼僉事某移靖虜，整飭兵餉，而秦隴之間，屹然成巨鎮矣。會俺酋款關乞貢市，報可。而虜吉能者，俺西支屬也，援例以請，下才議，才言：「東西虜各爲雄長，授職宜均，通貢宜隨俺酋進入爲便。若互市，則陝西重鎮，既不可招之内地，甘肅開市已久，又不宜令强虜混入以滋禍階。惟延、寧二鎮，頗爲近虜，互市第可行之。宣、大不可概陝西也。」有旨切責才，才卒主延、寧二市，且疏改延綏市於紅山闇門之外，復寧夏清水營舊廠以備不虞，乞椿朋馬價以充市本，列卒環市以懾虜心。故竟才蒞事，無一敢嘩於市者。尋進兵部尚書兼右副都，總督如故。兩歲中，白金、文綺凡六錫焉。方才爭互市時，或諷以「第開四市，如貴人指，延賞可立竢」。才正色曰：「市之利害，籌之熟矣。徇下而謾上，便身圖而不計國是，有臣如此，將焉用之？」謝其人去。才既去鎮，喜事者卒開甘肅之市，令番夷交惡，爲國家生一邊隙，蓋十餘年，而才之言竟成左券云。才長身嶽立，居常恂恂，飲人以和，至當大事，決大義，則天動星廻而不可奪也。性至孝，居喪柴毁過禮。甘恬澹，薄嗜慾，仕宦四十年，自奉甚約，終其身，無世俗聲色之好，闔門養重，輿論高之。卒，年七十有三。

歲寒老人曰：公被誤不急自明，足以有容也；有旨切責，卒主延、寧二市，足以有執也。庶幾乎古之大臣者與？

## 毛都御史公鵬

鵬，字汝南，棗强縣人。嘉靖丁未進士。初令江陰，廉明方正，邑濱江，土城卑圮，盗賊不戢。鵬增築城垣，易以磚石，費數萬，民不告勞。壬子，海倭抵城下，恃以無恐。奏績，擢御史，按宣、大。酌時宜條邊務百十餘，疏陳宗室桀悍，宗藩肅然。乙卯，按山東，剔蠹起頹。丁巳，閲京營，戎務大振。戊午，掌河南道，甄别明當，莫敢干以私。己未，監會試，發士之懷挾者置諸法。壬戌，巡撫寧夏，舊有二壩，夏人溉田，歲久堙塞。鵬親度疏濬，水利復興，稔無虚歲。横城馬頭隘口虜出没，無亭障，乃築牆塹一萬八千五百餘丈以伐虜謀。套虜入犯興武，花馬池之役，鵬前後指授方略，俘獲甚多。然不自尚其功，盡以歸將卒，人咸效死力。且恤商販，而人樂輸粟，禁侵牟，而軍得安業，西夏咸倚之爲長城云。

歲寒老人曰：毛汝南以孝友姻睦之行，素孚於里閭，而到處建立，人推經濟，此才節合焉者也。年僅四十有四，惜哉！

## 鄭襄敏公洛

洛，字禹秀，號範溪，安肅人。嘉靖丙辰進士。以登州府推官選廣東道御史，直諫著聲，又爲名藩臬。至開府，建牙節、制經略，其壯猷偉伐，功在封疆。初以戎政尚書出而經略西事，贊畫則僉事萬丘澤世德，武庫主事梁霖宇雲龍。霖宇將行，偶意見未合，乃告冢宰宋栗菴曰：「鄭公非身所願偕也。」宋曰：「是公曉練軍務，非吾輩所及，君其從之。俟臨事終左，則拂衣可耳。」霖曰：「唯唯。」出關之後，見其帷幄之籌及虜所以畏懷者，乃曰：「偉哉！非宋公，吾幾失之矣！」洛亦極爲心折，每寓書其子材云：「梁主政純是古道，然一片忠腸，大有裨益。若老父一毫詭遇，即此君亦豈能容？大都老父天佑，不知初意何爲以此君相從，乃得其直諒同心之助。萬君才氣精采，最諳西事經略之事，二君可謂同心相知，未可輕重也。」歸田以來積粟三千石，以歲荒捐二千石賑闔邑。接待里人，即齊民，亦與之揖讓，無違禮。生平與甕孟所、許保宇交善，孟所先逝，洛遺書保宇云：「孟所先朝露，我兩家有子女相當者，當先議婚姻之好於甕氏，急死生之交也。三家之中，或有大喪，兩家爲之停鼓吹。」里有烈婦李氏，農家女也，公率鄉紳祭之。贊禮者謂「小必行拜」，公曰：「婦能死節，便是士之聞道，我輩所當師事也。敢以區區爵禄而傲之乎？」里人士生則頌義，殁則致哀焉，謚襄敏。

歲寒老人曰：從來能辦事者未有不借同人之助者也，然欲借同人，須先清己心，「一毫詭遇」，即此君亦豈能容」，便是用人之本。孫文正公之於鹿忠節，亦是如此。

## 梁太宰公夢龍

夢龍，字乾吉，真定人。嘉靖癸丑進士。以庶常出爲兵科給事中，劾吏部尚書李默「剛褊貪污，假名器以罔利」，公論壯之。是時，世廟頗崇壇祝，學士袁煒偶爲上草青詞，稱旨，上傾心，欲大用。公疏言：「相臣宜舉學術醇正，無輕掄選，俾聖治不光。」上怒甚，奪俸，學士卒入相。亡何，擢順天府府丞。會河決沛縣，行河重臣議開新河，請才監司，輔臣修郤者出公副臬河南，領河務。公之治河也，考箕誨錨，與卒同力，晝不敢廬，夜枕幘席衣而處河上。大暑疫作，則出俸買藥，活數萬人。功成，擢參藩。關内當事，又使當敵衝，公治兵精嚴，敵戒不敢犯。旋遷山西按察使，是爲穆宗二年。於是，巡按御史房楠等薦公異才，可爲邊大吏，名上爲一時第一，遂以其明年擢都察院右僉都，巡撫山東。先是，世廟時遼大饑，遼人避役，跨海登萊島嶼中者數千，久之，出没抄劫無虛日。更數撫，莫能定者，公奮然乘舫海上，相機宜，條上招安三策入事，東土遂安。

已而，河塞宿遷口，覆運艘數百，蕩糧數萬鍾。朝議通海運，則又以屬公。公悉心條畫其海運之便，鑿鑿數千言，疏入，報可。功成，錫白金、文綺，加俸一級。尋遷右副都御史，改撫中州。中州盜賊蟻聚，所司以獲盜爲上功，公曰：「俟盜起獲之，訌吾民矣，法當使無盜。」乃畫九議行之，不數月，户可脱扃卧也。時神宗新即位，江陵當國，以公爲能，召入爲户部侍郎。尋改兵部侍郎。丁繼母憂，歸。服闋，起兵部左侍郎。尋轉右都御史，出制薊遼。至則首問四鎮軍所疾苦，爲剔除之，因以簡軍實、修馬政、築城壘、謹斥堠，慎擇將領，以忠勇勤爲上，無取恢然者。由是軍勢大振，當敵輒捷。自公在薊遼，先後奏大捷者九，上褒詔先後十餘下，錄一子入國子監讀書，一子錦衣衛百户，累千户，所錫章服銀幣無紀。而其時昌鎮黄花路、薊鎮古北口邊墻報成，晉太子少保，兵部尚書。時司馬堂久虚，事隳廢，公入則樞帷改觀。首除種馬之令，民如脱重負，條議土官襲替、商人便宜諸事。壬午，浙中羅木營兵叛，江陵謂公曰：「是必得健令吏兵事者往撫之。」公曰：「舊滑令張佳胤其人也。」佳胤往，事遂定，以功加級，准世襲。轉吏部尚書，上曰：「梁夢龍先朝曾糾兩冢臣李默、吴鵬，其爲冢臣必稱。」時大計已迫，所爲覈吏治、嚴黜陟者詳若素裕。癸未春，以轉年例被人言，累疏請歸，在銓僅二逾月。平昔取拔士若楊俊民、舒應龍、葉夢熊、鍾羽正等不下數十，皆著功業於世。嘗語人曰：「居官無他長，惟不敢深刻以效時趨，不敢脂韋以乖法守。」則其大節可睹已。歸時年僅五十餘，又十六年而卒。公所著書，有《賜麟堂集》、《歷官表奏抄》、《效忠錄要》、《讀書日錄》、《史要編》、《海運新考》，各若干卷。公卒後，保撫汪應蛟、巡按楊宏科爲請恤典，輔臣沈鯉以爲宜予。適値科臣錢若皐，沈四明一貫私人也，疏論鯉及公，遂至停閣。及趙忠毅南星秉銓昌言於上，謂公：「軍功彰著，在人耳目，止謂其爲江陵門人，耽延至今。夢龍當舊相柄政時，實未嘗附會行一敝法，未嘗詭隨傷一善類。今在朝諸臣，多有知者。彼沈鯉、汪應蛟皆正人，豈阿私者哉？皇祖初年，中國乂安，四夷賓服。謂非其時仗鉞管樞之臣竭忠宣力之效，不可也。」疏上而贈恤與謚之典始備，公之品誼亦始昭然於天下。

歲寒老人曰：江陵，精強幹辦之才，當柄用時，未嘗無過。比其後也，則又爭訟其功。江陵之後，寧有幾江陵？則與江陵共功名者，不能不令人深思耳。

## 王尚書公世揚

世揚，字孝甫，廣平人，淮運使允武之孫。爲行人，三銜命名藩。所至，謝却餉遺，詢謠俗，識者知其有遠志。壬午，選湖廣道御史，按視潼關茶馬。値歲祲，疏留賑，又蠲贖鍰共二千金，復疏請茶課二千金賑之。是歲，秦饑而不害。甘肅故以番爲蔽也，番與虜鬨，世揚恐西陲多事，傳檄切責虜：「毋使剥我藩籬，不者且犁爾庭。」亦約束部番

「勿輕挑釁」。河西烽燧頓消。已復按浙，疏請漕艘改折十之三，國不費而民蘇，賦集。已，疏織造得減。已，疏杭嘉四郡災，得蠲得賑。已，奉命按中州，歲患河蝕者無時，而人蝕於河者，恒瀆瀆汎瀾不可問。乃行視堤縷閘，俾積埽厚餼，豁其虛賦，使緣河流民占田自種，而河亦安，故道得不蝕。會梁州連歲饑，檄泗、亳餘粟移賑之，又議留兩歲秸粟若干。比還，遷大理寺丞，歷少卿，仍兼御史，視延綏。世揚故諳九塞情形，所至，閱實，按營壘，凡新故儲糈，及屯政鹺法，堅甲利兵，赫然一振焉。如初市，否則閉關，其大賞轉賞，勒如初額。晉少卿，擢右僉都，撫上谷。初廷議撫史、車二酋偵，而大酋黄臺吉等闌與媾也，計且縻彼以甘心我。西庭酋安兔因是得誘史酋依帳下，與爲豕突三歲，苦邊患。世揚令亟招撫西單于，因是縛獻史酋，衆議欲俘之廟，世揚矍然曰：「是故吾屬也。果爾，則我更爲鸇，安兔爲叢，塞下諸屬夷且股栗脇息。」移書大司馬。復上疏列狀，還史酋所部，而諸屬夷讙然，曰：「王公真卵翼，我乃委心焉。」而安兔懣然失算。癸巳，虜大饑，關市馬不如額，乃以額馬十折皮張馬一，虜歡如更生，而省歲市二萬有奇，東西陲晏然，省金繒無慮鉅萬。加右副都。尋召協理院事。晉兵部右兼右僉都，總督宣、大諸邊。稔威名，部酋皆噛指稽角奉約束，望其旌旆靡不凛凛，而獨安兔宿昔故怏怏，復壁白馬關。世揚曰：「會須一大創，而後得安寢。」檄各路出塞，前後擒斬五百餘級，奪獲馬牛羊無算，安兔懼，叩關悔罪，順義王青白滿諸酋頓顙乞款。

戊戌，召爲少司馬。次年，晉右都，部署肅然。會甘肅捷，晉兵部尚書。念母春秋高，乞省覲至四，不允，詔中使勞問，年六十，丁母憂，泣然如孺慕云。

歲寒老人曰：予庚子識公與東洲田公，蓋二公皆兵尚也。時稚昧，不知二公之多殊勳，然心欽其偉貌，真如野鶴之在鷄群。今將六十年矣，言議風采猶宛宛在目，人謂功名之成多福相，誠哉是言！

## 李淮撫公三才

三才，字道甫，别號修吾，通州人。萬曆甲戌進士。少負志節，與長垣李化龍、南樂魏允貞以名世相期許。蒲州相張四維之子聯翩高第，允貞具疏抗論，謂不當蹈江陵覆轍，貶外。公爲户部郎，上疏救之，亦降東昌府推官。尋陞南禮部主事，自南移北，聲望益重。未幾，出爲山東僉事，所至，雷厲風行，丰裁大著。乃膺内召，俄有督漕之命。時税璫初設，縱横四出，而淮之陳增爲甚。公上疏力發其奸，語極切至，不報。復上「萬民塗炭已極」一疏，語益激切，復留中不報。乃自劾，願求休致，遂奉旨「李三才既推托，着他去罷」。事下，一時臣工相顧駭愕，南北臺省交章保留。御史史學遷之疏尤爲篤摯，内云：「三才，今之管夷吾也。撫綏地方，擔當國家大事，非三才誰可者？可爲一增而去三才耶？聞罷三才後，淮揚軍民號泣不已，皆欲甘心陳增，增亦避不敢出一言。以此思，三才之賢可知也。」疏入，不報。公屢疏請代，而歷陳民情之困苦，國勢之顛危，熱血淋漓，聲淚俱下。神廟卒用其言，撤回陳增，兩淮之人歡聲振天，如解倒懸也。功高望重，僉人側目，見其請代之疏，一則諭令供事，一則諭令管河及倉場。孫瑋《漕河垂竭疏》又有「李三才漕督久著勞績，着即出料理」之旨，衆疑其奥援，更值時論欲以外僚直内閣，如祖宗朝故事，衆又疑其推戴。於是，工部主事邵輔忠出疏糾劾，謂其尅落陳增二十損諸事，而科臣劉時俊又列其贓私數百萬，御史徐兆魁、喬應甲等相繼出死力逐之。公一面請旨會勘，請上親問，一面與之攻訐，其辨疏云：「自沈一貫假捏妖書，擅戮楚宗，舉朝攻之以去，此一貫自作之孽。及韓敬與湯賓尹交通關節，倖中會首，此敬自作之孽，與浙人何干？何必死與正人爲難。今挺身主盟報怨者王士昌、劉光復，而爲王、劉效力者劉廷元、李徵儀、商周祚、姚若水、聶心湯、陸夢龍，以大臣之賢者言之，則葉向高、孫瑋、王圖、孫慎行、許弘綱、胡桂芳、張濤去矣，曹于汴、胡忻、朱吾弼、葉茂才、南企仲、朱國禎、郭浯、朱延禧、南師仲、朱世守、朱光祚、馮上知去矣，近又攻陳薦、汪應蛟、荆州俊、馬從聘矣。以小臣之賢者言之，胡應臺、李成名、程紹、吕邦耀、梅之焕、孫振基、麻禧、段然、解經雅、張篤敬、吴亮、馬孟禎、湯兆京、李若星、王時熙、周起元、史學遷、孫居相、劉策、魏雲中、陳一元、蘇惟霖、汪懷德、蔣貴、史記事、彭端吾、錢春去矣，趙國琦、劉宗文、張養才、孫鼎相、涂一榛、李樸、鮑應鰲、常澄、丁元薦、趙邦清、龐時雍、吴正志、王士騏、沈正宗、賀烺、劉宗周去矣。仇正之言，不過曰『東林』，何謂『東林』？顧憲成講學之所也。從之遊者高攀龍、姜士昌、錢一本、劉元珍、安希范、于玉立、黄正賓、樂元聲、薛敷教等，束身表表，何負國家哉？偶曰『東林』，便行屏斥。即一世人望，如鄒元標、趙南星、楊東明，以此名加之，即遲其推。所亟推取旨者，非史繼偕、徐兆魁，即喬應甲、朱一桂也，異哉！」疏出，衆益憤恨。會顧憲成自林居移書閣部，力爲昭雪，於是，言者并攻憲成諸賢，飛章鈎黨，傾動朝野。未幾，魏忠賢禍作，以「東林」二字爲殺正人之案。於是，三百年培養之士氣爲之盡銷，三百年相傳之宗社亦與之俱銷，實始基於此矣！公請致仕，疏十五上，不報。乃請移駐徐州候代，又不報。遂題「登舟候命」，始奉有准去之旨，公歸，建雙鶴書院講學。御史孫居相特疏舉薦，衆恐其復用，御史劉光復、李徵儀、郎中聶心湯謂其擅用皇木。上令徵儀、心湯往查，皇木既無的據，心湯又謂書院爲古官地，奉有「膽大欺君姑革職」之旨。公《與同鄉政府書》云：「某與相公同里同學，從無嫌怨，不知何故，必欲置僕於死地。僕生平傲骨，不喜媚人，使今日可以附相公，又不如始進之日附江陵，以蚤取通顯也。當江陵秉政，横傾人主，其威福不下分宜。某以一新進士，官不過一主事，又非有言責職守，苟忠憤所激，彈劾奸佞，如視腐鼠，全不知有權相，全不知有功名，亦全不知有刀鋸鼎鑊。識見所到，自行吾是而已。豈有四十餘年之砥礪，一旦而盡失之與？某此番自分必死，何敢望有今日。惟是『膽大欺君』四字，試問相公清夜捫心安耶？否耶？傳聞覆疏已上，票擬已進，相公始託故私寓，示威福不自己出，又誰信乎？嘗慨盧杞、李林甫之徒，非不赫赫一時，未幾而身死名辱，徒貽萬世唾駡，竟何益哉？一時之富貴可慕也，千萬人之指示又可畏也；一人之私憤可泄也，士大夫之清議又可畏也；一日之行事可忽也，史官之直書，天下後世之公論，又可畏也。某雖罪棄，不忍見絶於桑梓，故敢一效狂瞽。」未幾，東事孔亟，經略乏人，中朝復思其才，以户部尚書起用，適公以病卒。

歲寒老人曰：稅監之禍烈甚，諫止稅監，公爲首，其言曰：「皇上愛珠玉，民亦愛温飽。皇上欲爲子孫千年萬年之計，而不使百姓有一朝一夕之計？試觀往籍，朝廷有如此政令，天下有如此景象，而有不亂者哉？悖入悖出，失衆失國。每誦斯言，心寒魄散，可畏也。」神廟終用其言，以撤稅使。此舉有安社稷之功，不獨以忠言攖逆鱗也。至東林開山，涇陽爲主盟，公其左右之。予謂東林未必皆賢，而賢者多，攻東林者未必皆不肖，而不肖者多，此人才邪正之辨也。予往聞之孫文正云：「我輩既以賢者自處，便不宜與人爭官。」程明道曰：「新法之行，吾輩激成之，當與分過，此方是真實體貼天理。」東林諸賢不能無遺議焉！公束髮登朝，侃侃自命，卒以鋒棱太峻爲群小所中，賫志而歿。嘗語其子「身死之日，用柳木棺一具，牛車載出，效張湯故事」，亦足悲矣！公歿後，壙無志，墓無碑。所著《無自欺堂稿》、《雙鶴軒集》、《誠耻録》諸書，無一存者。

## 賈尚書公待問

待問，字學叔，威縣人。隆慶戊辰進士。初令咸寧，當省會煩劇，案牘如積，問推以至誠，迎刃而解。嘗清兼并之税五千餘頃，治績大著。召爲禮科給事中。稍遷吏、工左右。擊斷糾虔，不諱强禦。再疏論劾馮璫，聲震中外，而當塗嗛之。出爲懷慶知府，沁水出城西北，秋雨泛溢，民居漂流，乃疏而濬之，築長隄其上，水不爲災。改守松江，松中倭，日深困於兵食。爲節縮裁省除冗役若干，請發帑金五萬，代墾境内閒田，下其直而售之，得金三千以佐都水。戊寅，陞山西參政，駐節汾州。汾城殷砰民居東、南二郭，狹而憂虜，乃增西、北二郭爲之子城，尋轉左。居楚三年，潦旱薦災，憖民徙占。辛巳，轉本省按察使，甫三月，陞湖廣右布政，尋轉左。居楚三年，潦旱薦災，請免秋税七千餘石，楚民德之。甲申，轉南京光禄寺卿，旋拜都察院右僉都，巡撫南贛，疏通鹽法，使吉人受笲於廣，公私交便。丙戌，召入協理院事，進右副都，巡撫福建。旋以内艱去。庚寅，火真與套虜合，入寇莽、捏二川，河湟大震。起撫甘肅，至則日夜籌畫，設伏制虜，斬甲首及虜馬牛羊無算，招其旁番族八百有奇，虜斷右臂。明年，改撫陝西，會有他詔，需後命，乃以操江起家。陞兵部侍郎兼右僉都，巡撫陝西，時當寧夏兵變，歲復不稔，民多饑莩。多方拊噢，稍得蘇息。秋月，防虜移駐河湟，適中調度，再出遮擊，斬首積二百三十餘級，所俘虜降服可六千餘，虜創而逸，西塞以寧。詔晉右都御史，仍兼侍郎，巡撫如故。松山在河西塞外，羌虜之要地，小酋賓竊據三十餘年，莫能驅逐。問會制府集七路之師分道出擊，遂復疆土，所部將吏收番族千七百有奇，馬駝牛羊萬四千有奇，羌虜道絶。詔晉兵部尚書兼右副都御史，巡撫如故。久之，火酋復入寇，遣將戰於節子岡，斬首虜二百有奇。詔進勳階。壬寅九月，二品滿考，會樞府以積功併聞，詔進太子少保，賜之策書。時以防秋出，次十月事竣，還省，行至臨洮，以寒疾卒，享年八十。待問撫陝八年，德教浹洽。税使梁永恣其傔從，剥民財物，多殺無辜，上疏劾狀，逮其人，付之重典。梁請於四鎮税馬，及得鎮守三邊，如正德故事，曰：「此亂萌也。」亟會制府上疏力陳不可，其謀遂寢，陝人歡若更生。及其没也，軍民悲惋如失所天云。

歲寒老人曰：公全體靈通，治民禦虜，隨所投無不如意，此經濟手也。然論劾馮瑠，其風采猶可想見。

## 劉總督公燾

燾，號帶川，天津衛人。進士，歷官總督。初爲兩廣，繼爲遼東，饒負經世之略，隨地建殊勳。蕩平海寇曾一本，援遼奏捷。世廟末年，平海寇，功應封侯爵。是時，分宜柄政，望𤪌先爲之地，𤪌竟付之罔知，因阻其封，世高其介節。

歲寒老人曰：能平數十年之海寇，此是大經濟人。即不封拜，功重賞輕，趣味最永。設賄分宜，而酬功之典過隆，反滋之愧耳。

## 李襄毅公化龍

化龍，字于田，別號霖寰，長垣人。公讀書五行俱下，爲文操觚立就。髫歲補諸生，稱神童。郡守王暘谷，名士也，重公與南樂魏允貞，招之書院中。每試，迭冠多士。公舉甲戌進士。授嵩縣令，年甫二十。吏胥見公少而秀羸，署字故草草試之，公若弗解者，其輩遂駸偷。公忽召諸吏，詰以某事某宜懲治，某事某宜革逐，某事某宜究擬，風行雷擊，奸猾皆骨栗。及期而邑大治，世以方子奇東阿之績。公孤立無苞苴，至京報，最後，僅遷南工部，榷税蕪湖。差滿，羨銀寄之庫中，以備缺額。無何，調南吏部。時魏允貞、鄒元標皆在南都，結期連騎遊於采石、雨花、燕子磯之間。久之，擢僉事，督學河南，鼓舞多士，文運爲之一振。已遷參議，復督學山東，作人之效，猶之中州也。擢河南參政，尋入爲太僕通政。公以兩親年高，每欲歸養。會遼東巡撫缺，遼東於諸邊稱廢壞，難其人。大司徒趙世卿曰：「李公督學時，兼攝數道事，至立剖，如篲之泛輕塵，何所不可？」遂以公往。是冬，邊外東西合謀大舉，公策曰：「西人衆數萬，其鋒不可犯，東人僅萬餘耳，易與。」乃檄大帥董一元伏兵鎮武堡，空其營，既入，縱兵横擊之，獲首四百餘級，遁去。明日，西人至，攻右屯。公令乘新勝氣鋭，夜劫其營，已覺，引去。以功晉兵部右侍郎，世一子錦衣。已而，東人以鎮武之忿數數入，公備之甚嚴，一敗之於靖遠，再敗之於高平。又檄大帥出塞擣巢，大敗之於十方寺堡。自是，邊烽罷驚。上賜銀幣，升俸二級。公念兩親，數稱病求歸，久之，得予告。未幾，有播酋楊應龍之事，復拜公總督川、廣、湖、貴事，賜尚方劍，斬裨將以下不用命者。比發，則酋已破綦江，參將房嘉寵、游擊張良賢死之，中外震動。公携家以往，慷慨激烈，一時將卒咸有喪元之思。公疏請山、陝、閩、浙各路勁兵先後至，而舊帥劉綎坐遷延革任。公謂綎曰：「將軍结髪從戎，膽智聞天下，而怯區區楊酋乎？」綎感泣，願效死力，公保留綎殺賊自贖，命綎等八路進攻，而以文吏張棟、胡桂芳、高折枝、史朝貞等監之。破三硐，降其部落，賊大窘。而公父湖西公訃至，詔公墨縗從事。時賊避綎而走，上海龍囤自保，公密授方略，從囤後掛路上，火其龍虎關，酋投繯死，其妻妾子女皆就擒，播地悉平。又條上復郡縣等十二事，爲善後之計，皆報可。公疏求奔喪，八上而後得歸。服甫闋，即家起總督河道。時黄河横决，凡前此有事於河者皆追論，一時束手，無敢任者。其以艱虞貽公，猶之播州之役也。公至，則遍行淮、徐、鳳、泗間，歷覽周咨，得前河臣所開泇河遺跡，喟然曰：「是所以避黄河、吕梁之險而措之衽席者也，奈何既脱而復入乎？」乃上疏言開泇河便，得俞旨，即鳩工濬舊渠八十七里，新創八十二里，於是歲運千艘，通行無礙。其時秋水漲溢，公恐後猶衝齧，方疏請爲分黄保泇、一勞永逸計，而奉母吴之諱以歸。禫除，起兵部尚書。武弁之陞遷，大約朝貴有力者納其賄而取券於職方，公揭其資薦之數於部堂，有缺序轉，而倖濫稍息。考察軍政，諸侍奥多羽翼者以爲萬不可動，而皆不免，雖久留中，然亦竟下，時論壯之。卒年五十八。以平播功及秩滿加柱國少傅、太子太保，贈少師，謚襄毅。

歲寒老人曰：我明文臣策勳，王文成之平宸濠，胡總制之平倭，李襄毅之平播，三人者，未易優劣。説者曰：「平倭難於平宸濠，平播又難於平倭。宸濠，烏合亡命，其攻安慶，已大敗於巡撫李充嗣、都督袁鋭。文成突起，率南吉之兵適遇湖中，遂不勞而功成。視胡總制時山成君大舉入犯，而島主王直、徐海爲之内應，浙、直、閩、廣在在告急。胡勦、間互用，以致蕩平，誠視文成爲難，然總不若平播功之鉅也。楊應龍素稱强鷙，地遠而險，諸土司爲之嚮應，破城殺將，西南勢已岌岌矣。襄毅指顧間取其地而郡縣之，毫不鋪張以希封拜之典，則其功不可及也，所以居功者尤不可及也。」

## 附田尚書公樂

樂，號東洲，任邱人。爲諸生時，貧不能舉火，嘗以傭寄食於人。登進士，官兵備使。萬曆戊子，套虜闌入，我師不利，失一副將軍。上震怒，問群臣能制虜者，廷議以樂授中丞，往甘肅。樂至鎮，訓師積粟二年而後用之。每戰，躬擐甲枹鼓，爲士卒先，將武士力而重之以謀，師出，輒有功。甘山之戰，深入出不意，斬首六百級；南山之戰，海酋陷伏中，斬首亦六百級；西川之戰，海虜傾巢入寇，遇覆而奔，火發死者無算，大酋殲焉；松山之戰，諸部落並力一舉圖報復，樂先發，禦諸邊外，未合而潰，番夷之從虜者皆來歸；涼州之戰，樂先得其間使誅之，急發兵薄虜帳下，斬首七百級。樂在河西，大捷五，小捷數十，驅虜千里外，築邊城四百里，列亭障至寧固鎮。番涼、莊浪之間烽燧不設，郊堡不驚，比於晉地。晉兵部尚書，加太子太傅。五歲之內，每捷聞，天子出帑金賚，加官其子錦衣指揮使。甘肅六郡吏民、將校建祠祀之。鄒元標在科時，偕同官以邊才薦。太常少卿李宗延《論祀典疏》云：「若開疆啓土之功，則李化龍播州七百里，田樂松山五百里，或亦汗馬功也。」

歲寒老人曰：余嘗讀公祠記，而知公之功非一鎮之功也。甘肅於西北諸鎮最大，外直玉門、陽關，通西域，内連秦、隴、朔方，四面皆虜，孤懸一徑如線。吉囊遺孽分住套中，結海、瓦二部落，爲邊患。隆、萬間，許竅貢以縻之，然時不受約束，侵掠殆甚。公一舉而安，番涼、莊浪之間，可以犁而兵之，亦可柔而撫之，此豈尋常之功哉？惜其子殞身於逆璫，大不類厥考。雖然得失互存，亦不得以子之不肖而掩其父之功。

## 張監軍道公楝

楝，字還樸，安肅縣人。萬曆甲戌進士。讀書重實用，留心地理，任俠負氣，以談兵自喜。爲蘭州兵憲時，嘗入虜中七晝夜，斬級而還。四川土播楊應龍叛，公爲監軍，與總督李化龍同舉進士，歡相得也。劉將軍綎與亢禮，遂相左。當應龍未叛時，綎爲副將，嘗以事過之，應龍待之厚。迄叛，綎圍其城，久不下，當事者疑其私，將置之法。公曰：「不然。綎雖不馴，而血性人也，必不負國。敢以百口保之，且吾豈不能借手以伸私憤哉？顧國事不可私耳！」議遂寢。亡何，城下，綎之力居多，人以是服公之明。既而，公卒於軍，子侄無一人在者。綎爲視含殮，一如子弟禮，告人曰：「非公長者，吾有今日耶？」李化龍爲文哭之，寫公之忠憤勞瘁，功甫成而身殞，可稱公知己。以參政監軍，後贈太僕寺卿，廕一子。

歲寒老人曰：予少時聞鄉之長者言：征播之功甫告捷，而還樸遂殞身軍中。食少事煩，鞠躬盡瘁，惜其才猶未盡展，然其志已足表見於天下後世矣！

## 孫文正公承宗

承宗，字稚繩，號愷陽。先世湯陰人，永樂間徙高陽。萬曆甲午，中順天式，甲辰，以殿試第二入除翰林院編修，戊申，陞春坊。甲寅，東事棘，我兵四路敗績，開原、鐵嶺並陷，朝議皆屬承宗。蓋承宗爲舉子時仗劍遊塞下，周歷亭障阨塞，訪問故將老兵，遂通知邊事，雖廻翔館閣，當時皆以將略推之。乙卯，東宮有梃擊之變，承宗語閣臣吴道南曰：「事關東宫，不可不問；事關皇宫，不可深問。第具揭密啓，皇上自能了此。」己未，陞左諭德兼侍讀，歷侍講筵，引喻開發，上爲改聽。庚申，禮尚孫慎行以進藥劾方相從哲，葉首揆、張冢宰意護之而奪於大義。承宗曰：「此藥之進，不止一人，而决意進用，實出上意。今以禮臣從三千里外來獨决群臣共目之事，定一人曰『篡』，似非定案。李可灼當問擬如律，而從哲應受長子失主張之責，稍削先帝所予爵級，以示失慎之罰。」葉、張以爲然，慎行意亦稍解。辛酉，東事益急，兵尚崔景榮數爲言官所詢詈，御史方震孺等請罷景榮以承宗代。壬戌，陞禮部右侍郎兼侍讀學士。東兵略廣寧，未至，撫軍王化貞走，經略熊廷弼焚棄右屯四百里，躡化貞後入關。乃拜承宗兵部尚書兼東閣大學士，掌部務。時廷推經略，解經邦引避不前，熊、王黨與多方營進。承宗疏云：

「剛愎者不堪再用，撫字者詎可重來，豈是非功罪在城郭人民之外乎？熊廷弼、王化貞罪可相核，法當並逮，莫以新推經略裹足，遂謂天下無豪傑也。」上深是之，下廷弼於理，與化貞並讞，以結正朝士之分左右袒者。承宗嘗曰：「法者，天下之公也。吾輩先置身於法中，然後可出其身爲朝廷明法。若以其仇而入之，親而出之，壞法實自我始，何以信天下？」奏上，舉朝聳然。王象乾以兵部尚書行邊，總督薊、遼，用一百二十萬撫西夷，經略王在晉請一百二十萬築重關於山海關外八里鋪。關内道袁崇焕、贊司沈棨具揭言不可於葉首揆。首揆曰：「經、道又不利，奈何？」承宗請親往閲之，抵關，經略而下俱執稱城工必不可罷。承宗力折之曰：「皇上倚豪傑爲萬里長城，而百萬金錢輕擲於無用之板築，豈容罔念。」因出兩揭示在晉，在晉失色。承宗留七日，先以關上形勢、諸當行當罷事宜入告，歸講筵，復面陳邊事。上大駭，即召還在晉，逐逃臣、逃將，而八里鋪築城之議罷。上遂委一意擔承東事，以本官赴山海督師，辟職方主事鹿善繼贊畫軍事。癸亥，出鎮，纔五閲月，兵民安堵，文武輯睦，商旅雲屯，卒乘競勸，立六館招天下豪傑。上遣中使劉朝、胡良輔等齎白金、蟒衣勞之，承宗謂中使：「關涉兵政，自古有戒，願皇上毖飭使臣，無遽以觀兵爲威福。」上得奏，温旨答之。承宗督師四年，復九大城、四十五堡，招練精兵十一萬，立車營十二、水營五、火營二、前鋒後勁營八，我進四百里，敵退七百里，西夷受我戎索，招集遼人四十餘萬，屯田五千頃，裁減撫賞八十三萬，省八里鋪築城之費九十七萬，四年督師經費財一百二十餘萬，取諸兩尚書之所罷而有餘也。恢復之舉方銳，外解不至，餉每中絶，邊撫與中樞暨素不相能之人多方掣肘長安，相語曰：「兵馬錢糧湊手，渠便胡做，不如許而勿與。」時值逆璫魏忠賢已逐趙南星、高攀龍等，群臣章疏久爲所格，承宗曰：「明主可與忠言也。」因西巡薊、昌，取道都門，請以十月十四日入賀萬壽節，面奏進兵機宜，欲陳逆璫姦狀。閹臣魏廣微急告忠賢曰：「樞輔擁關門兵數萬清君側，兵侍李邦華爲内應。」忠賢悸甚，繞御床而哭，趣内閣，擬諭「無旨擅離信地，非祖宗法度所宥」。承宗即刻東行。廣微嗾其黨崔呈秀、徐大化首疏頌忠賢而劾承宗，兵科李魯生持簡汰之議，謂「兵銷將衰，渠自不得有爲，雖留而實困」。柳河之役，水師奉撫軍旨，不聽調，敗績。承宗求去愈切，允歸，高第來代。丙寅，予告在里。寧遠之捷，身雖去國而城池、將士、兵馬、器械皆所料理，論功廕子錦衣，力辭得請。己巳十月，東兵入大安口，陷遵化，將薄都城，舉朝恂駭。詔從廷議，以原官起承宗駐通州，仍入朝陛見，面陳守禦。上曰「卿言是」者凡三，賜茶曰：「卿不須往通，即爲朕調度京城。」忽夜半傳旨，着輔臣星馳通州，蓋大臣中有謂「守近不如守遠」。承宗疾馳出門，以二十四騎從行，茅元儀與焉。時環通四面皆哨騎兵，未習攻戰，有請以疑聞者。承宗曰：「僕受命爲剿，不受命爲撫，與城存亡，願諸君共之。不願守即出門請行，勿亂人意！」袁崇焕下詔獄，祖大壽素感崇焕，與其中軍何可綱等率所部萬五千人東潰，勢益岌。承宗謂：「大壽危疑既甚，激而東潰，非諸將卒盡欲叛也。」遵便宜行事之旨，密調馬世龍亟往撫諭。遼將大半爲世龍部曲，見世龍遂有解甲而歸者，又劄諭大壽，教以急上疏自列，東兵殺賊以報浩蕩之恩，贖督師之罪，仍許代爲別白。大壽得劄大哭，諸將亦哭，具如指。還報，上遂命承宗移鎮關門，計所督理，合天下入援及關、寧、薊、昌兵可三十萬，戰守七閱月，復建昌三屯，馬蘭、松棚大安，繼復灤、遷、遵、永四大城及冷口、瓦坡、龍井、潘關諸邊堡四十有奇，先後上首級九千餘顆，擒猝木等二十二人，獻俘闕下。上親告廟，加太傅，廕一子世襲錦衣衛指揮僉事，三疏力辭，允辭太傅。初敵據遵、永，中朝望承宗驅之出塞，如救焚拯溺。既而曰：「何不邀之出口，俾匹馬無返乎？」言官又欲追論大壽東潰之罪，承宗連章移病求罷，弗許，遣官宣諭視事。辛未，敵圍凌城，副將何可綱死之，承宗十七疏求罷。上念其勞，命馳傳歸。已而，議長山之敗，坐以矯旨復城，欲中以危法，上不許，令冠帶閒住。自壬申里居，身經閹難，戒心漢唐，傳次《今古中官志》，區明其善姦禍福以作殷鑒。戊寅，東兵南下，承宗部署子姓分雉堞距守，閩人蔡鼎勸之入保定城。承宗曰：「非君命而守，與非君命而逃，奚擇乎？」城陷之日，主兵者勸之降，承宗罵曰：「但速殺我！」於是與之繩，請其自便，呼闕就義，令兩賊加勒而死，一家徇義者二十餘人。承宗嘗云：「先帝以漢武鄉、唐晉國擬我，我則何敢？成敗利鈍非所逆睹，生老病死時至則行，庶幾竊比於二公云。」有文集一百卷，奏議三十卷。兵火之後，茅元儀得之頹垣敗屋中，南樞范景文刻而傳之。别有《督師全書》一百卷，《督師事宜》十八卷，《車營百八扣》一卷，《舊紀》四卷，《撫夷志》十卷，《高陽志》十四卷，《中官志》卷未及就。《前後督師紀略》共二十六卷，定興鹿善繼所輯。謚文正。

歲寒老人曰：公識見通敏，曉暢物情，紛糾盤錯，片語輒了，雖悍璫驕將，莫不解頤俯首。至於斷國論，辨幾事，應機剸割，不出晷刻而鑒裁高整。尤善知人，然不善爲人知，海内君子高景逸、左浮邱數君子之外，知己恐寥寥也，吾鄉亦惟伯順一人。至關塞之仇隙，朝著之謗焰，流傳遠邇相沿而不能解者，至謂公不當自請督師，自請爲專命，不當自請入覲，請覲爲逼主，不當力主恢復，恢復爲失算。嗟呼！此段血誠，二祖列宗實式臨之，一時自有清議，寧煩質之後世。

# 畿輔人物考卷之三

## 節義

敘曰：節義者，孔孟所謂「殺身成仁，舍生取義」者也。從古聖賢豪傑際明良之盛，慶魚水之歡，亦何樂乎以節義見。以節義見，則世道之不幸，亦士君子之不幸也。願陛下使我爲良臣，不願陛下使我爲忠臣，身名俱泰，皋、夔較龍、比何如哉？吾鄉節義，楊忠愍震耀今昔，前乎忠愍者若而人，後乎忠愍者若而人。死之事不必同，要同歸於義，義所不可，而强襲節烈之名，無關君國之實，此匹夫輕生者流，不足錄也。

### 侯尚書公泰

泰，南和人。累官至刑部尚書。靖難兵起，泰與侍郎郭任進抗禦之策。壬午，督餉山東，屢進言於李景隆，不能用。濟寧不守，輜船陷没，還京。建文四年，復令出淮安督餉，得便宜行事，經畫苦心，常徹旦不寐。京師失守，行至高郵，與其隸上高縣人茅卯仔同執，下錦衣衛，泰不屈死之。弟敬祖、子玘皆論死，幼子京兒永樂九年尚繫獄。

歲寒老人曰：督餉是第一急務，况又得便宜行事，其見惡於文皇也，自不待言。而父子兄弟皆論死，則慘矣！

## 杜文學公奇

奇，北平人。燕王初起兵，欲廣置羽翼，下令境内舉賢良方正，有司以名上。奇極諫「當守臣節」，王怒，立斬之。時方急兵事，未暇逮其家，及即位，乃族。

歲寒老人曰：文學以賢良方正舉，而極諫「當守臣節」，乃真賢良方正矣。而誅之未已也，又族之，毋乃太過乎？若杜公者，以諸生而持大義，更難於方正學諸公，世竟未知其名，故亟表而出之。

## 張給事中公益　附子尚書公鳳

益，安平人。洪武丙子，鄉薦入太學，以才能拜郢府典儀。成祖入承大統，陞刑科給事中，侃侃敢言，惟務伸冤理枉。時郭禮因視田毆死盜禾軍人，有司以「殺死軍人」律抵罪。益曰：「律有明條，『罪人拒捕，主者格殺之勿論』令。郭禮，田主也，盜禾者，罪人也。以田主毆死罪人，法當免坐，若抵死，於律有乖。」具以事聞，上特宥之。未幾，轉禮科給事中，上臨朝，群臣奏對多失序，益代陳奏事，明辨稱旨，特呼爲「響張」以示寵渥。後刑部都察院凡有所逮罪囚，皆令禮科官引奏，蓋自益始。永樂己丑，扈駕幸北京。會胡人數爲患，上命監軍深入敵營。主將失利，益被執，持刀脅，益不屈，曰：「生爲大明臣，死爲大明鬼，非死無以報國。」賊憐其忠烈，竟棄之。時仲秋，天寒兼雨雪，跣足南行數百步，隤然而終。

子鳳，哀毀踰禮，以孝聞。宣德丁未進士。授刑部主事，決疑獄，全活數百人。進本部侍郎，前此未有也。爲户部尚，當邊務方殷，鳳處之裕如，國用不勞而足。爲人正直坦易，尤篤於友誼。養故人李恂之母以終，聘其女爲子婦，教其子能成立，人稱爲君子。

歲寒老人曰：憐其忠烈而棄之者，是欲全之也，隤然而終，竟自全矣，况復有子，夫何憾？

## 薛武毅公綬

綬，昌平人。父斌，永樂中累立戰功，進封永順伯。綬襲伯爵，從征東，没於陣，謚武毅。

歲寒老人曰：《武毅公傳》僅三十字，而生何地、死何事、作何官、得何謚，父子相繼，名垂史册。視身無所重輕，而聲聞過情者，奚啻天淵？

## 茅副憲公大芳

大芳，大興人。博學能詩文，少有奇名。或贈之詩曰：「陸機此日能爲賦，賈誼何時復著書。」洪武中，儒士應辟，典教淮南。考績入朝，召對，悦之，擢秦府長史，勉以董子輔相之業。大芳感激，額其堂曰「希董」。方正學爲記，稱大芳「志意偉然，敦大和雅，不亢不諂，深有得於正誼明道之旨」。建文君即位，擢右副都御史。靖難兵起，遺詩淮南守將梅殷云：「幽燕消息近如何，聞道將軍志不磨。縱有火龍翻地軸，莫教鐵騎過天河。闞中事業蕭丞相，塞上功勳馬伏波。老我不才無補報，西風一度一悲歌。」建文四年八月，死之，其子扶柩葬北平城西。

## 吴忠壯公瑾

瑾，父恭順侯克忠，没於土木，瑾嗣父爵。天順初，石亨恃功驕横，上頗疑之。一日，上登翔鳳樓，見亨新第極偉麗，顧問瑾及撫寧伯朱永曰：「此何人居？」永謝不知。瑾對曰：「此必王府。」上笑曰：「非也。」瑾頓首曰：「非王府也，誰敢僭若此？」上不應，顧内臣裴當曰：「汝聞若言乎？」自是，益疑亨。曹欽之變，瑾知其謀，詣長安門告變，内廷始得縛吉祥，且爲備已。大將孫鏜等督兵先至，瑾及諸將分道逆擊，大戰於東華門外，瑾爲欽所殺。事平，贈凉國公，謚忠壯，與世侯。

## 曹文忠公鼐

鼐，寧晉人。疏俊明偉，内剛外和，練達國務，才量出人。初，舉於鄉，署代州訓導，非其好也，願得一劇官自效。改泰和典史，益肆力學問。嘗督工匠入京，自陳願就禮部試。宣德八年進士第一，授翰林修撰。正統五年，陞侍講。九年，陞翰林學士。十一年，入内閣，與政典制。文詞宏潤，日講音旨清暢，陞吏部左侍郎兼學士。是時，東楊卒，凡議大事，諸閣老推決於鼐。鼐才明敏，類東楊，視中官王振正色，不少假，振益憚之。十四年，没於土木之難。贈太傅、文淵閣大學士，謚文襄，改謚文忠，賜衣冠葬。官其孫榮錦衣，世百户。

歲寒老人曰：曹文忠以典史自陳願就禮部試，有李御史者，定興人，閲其文，奇之，力薦，得中進士第一人。土木之難，王振不與大臣議，挾天子帥師親往。百官伏闕上章，不從。欽天監正彭德清斥振曰：「象緯示警，不可復前。若有疏虞，陷乘輿於草莽，誰執其咎？」學士曹鼐曰：「臣子固不足惜，主上繫天下安危，豈可輕進？」振怒詈之曰：「倘有此，亦天命也。」振之頑冥凶横乃至是哉！輕天子於一芥，即族誅碎首，何濟於事？予竊怪振之毒痛至此，猶不悔禍，而逆瑾繼之，逆賢復繼之，何偏有緣於瑠也？

## 黄御史公綬

綬，平谷縣人。洪武末年，以奇童召見，命送國子監讀書，中宣德癸丑進士。除御史。英廟北征，綬疏言：「兵翫備弛，邊鋒正鋭，陛下以宗祖付託之身，親犯危機乎？」不報。扈駕至土木寨而師潰，大駕蒙塵，綬奮節死。後廕子鑑爲國學生。

歲寒老人曰：抗疏於前，見其明；奮節於後，見其烈。

## 侯參政公保

保，贊皇人。性剛直，少有大志。永樂時，以貢任許州襄城縣，坐南陽指揮雍善人命事落職。襄民李仲等數百人赴闕，極陳清廉愛民狀，恩宥還職。尋以取勘錢糧謫瀋陽戍。未及役，刑科給事胡信以清廉撫字、才堪大用力舉之，復除知海州贛榆縣。時丁外艱，贛民劉釗等復以廉静撫字、民得安業奏留，起復補博興縣。尋陞交州，以課最陞交趾右參政。時交趾復叛，賊勢猖獗，保專以討除爲任，奮不顧身。前後三十七戰，生擒賊首，斬首若干級。復率民兵築堡寨禦之。後賊合力來攻，寡不敵衆，力竭遇害。人皆惜之。

歲寒老人曰：公到處，得民保留，可稱清廉足色。而身任討叛，三十七戰，竟以衆寡不敵遇害。雖曰「輕露其鋒，少『臨事』『好謀』之意」，然死而生，視生而死者千里矣！

## 寇莊愍公深 附子林

深，唐縣人。繇功生累官至都察院左都御史。天順辛巳秋，曹賊吉祥與其黨挾兵謀叛，焚毀禁門。公素知其必叛而攻之，是日遇害於西長安之朝房。上聞變，命兵討捕。禁兵四發，賊黨戮盡。上知公死於賊，上聞，爲之傷悼，贈孝布、白米，諭祭，詔工部治棺造墳，贈少保，謚莊愍。

子林，葬公於速頭村之乾維林，粗衣淡食，鷄骨如柴。乃集宿文妙墨之士編集父之遺文功實若干卷，藏之國史，副在墓門。時有兔馴於廬左，數鶴巢於柏松之間，人以爲孝感，縣官奏其事旌之。

歲寒老人曰：兩倫忠孝光天之下，此是何等門閥！

## 馬都憲公中錫

中錫，河間故城縣人。成化甲午解元，登進士第。由給事中仕至都憲。弘治間，中貴苗逵得竊寵靈，其僮奴曰苗翥，以附劉瑾得錦衣指揮。未幾，賜姓朱氏，遷登萊備倭。時中錫提督軍務，翥治屬也，建旗鼓歌吹，揚揚入境，若無人然。都憲不能堪，召立臺下數之，翥叩頭乞哀，諸將吏暨同事、總戎、惠安伯張偉輩俱爲解釋。都憲岸然不顧，久乃得免。後都憲下獄，翥遍結權倖，百計羅織，必欲死之。惠安伯呼都憲子師言，謂之曰：「人子於親，身體尚無所愛，子何吝一屈膝而拯父之命？」師言以父嚴不敢專，托人宛轉道意。都憲輒大詬，謂：「死自有命，寧向鼠輩求生？汝脱陰有所祈，吾死，不享汝祀。」師言乃止。中錫爲給事時，忤逆瑾下獄，瑾敗得白。歷遷至都憲，再罹後禍，卒斃獄中。

歲寒老人曰：都憲之風節如此，可仰也，然爲懲一僮奴，既不能制其死命，而反遭其毒手，猶惜其小用。

## 馮副使公傑

傑，字秀夫，涿州人。成化丁未進士。繇知縣歷官四川按察司副使。值巨寇作亂，率兵奮剿，屢致克捷，大振軍威。乃復深入賊巢，矢志廓清，陷陣，爲衆所殺。有司奏聞，贈按察使，建祠祀之，予祭葬。廕一子本衛，世襲百户。

歲寒老人曰：陷陣爲衆所殺，亦得死所，未免落第二。然較之畏縮不前，全軀自保者何如？

## 霍愍節公恩

恩，字天錫，易州人。茂山衛正千户應襲。弘治壬戌進士。授上蔡知縣。正德七年冬十有一月，賊鈔上蔡，城陷死之，其妻劉亦死之。事聞，天子痛悼，贈光禄寺少卿，妻贈宜人。製文遣祭，建祠賜額，返櫬營葬，樹石表閭。初閹瑾竊柄，天下洶洶靡寧。於是，大盗乘之煽衆起亂，燒聚屠邑，乘勝勒降，吏多棄城走者。恩固武胤，知兵，乃增陴濬隍，繕甲實庾，申令嚴約，慎邏諜，泣而誓師曰：「今日有死而已！」退而訣諸妻，妻泣曰：「脱城破，妾焉死？」恩曰：「起臺衙屋後，賊至，汝登而望之，潰，汝則死之。」已而，賊果一騎來勒降，曰：「大王至矣，亟辦牛酒犒軍！」恩聞之怒，執而戮之，徇於師，曰：「吾不盡磔諸狗奴，決不共戴此天！」賊怒，悉衆圍之，恩禦之，力竭而潰，賊執之。妻見其潰也，下臺而經，不死，簪諸心，拳之入，死。恩之被執也，詬罵瞋瞪，怒髪上指，群賊愕顧失色，氣爲之懾。將釋而用之，恩不屈，以刀插諸口脅之，叫罵愈厲，遂遇害。頸斷無血，白氣縷縷若騰龍，乃其面猶生也。恩之先，盧龍人，高祖成，以靖難功陞燕山前衛正千户。初任山陽知縣，丁父憂，起補安邑，丁祖母憂，起補上蔡，死年四十二。劉宜人，死年三十，並返荆山而葬。有司營其事，而祠則春秋祀之，賜額曰「愍節」云。

歲寒老人曰：死流賊者多矣，公爲最烈。賊入城時，公着吉服端坐堂上，以狗彘斥之。賊斫其左臂，公以右手擲去，劈其面，怒目切齒，賊爲氣奪。廕長子汝愚爲本衛指揮同知，次子汝魯爲國子生。國家酬死事之典，亦不薄矣。

## 才總制公寬

寬，字汝栗，遷安縣人。成化戊戌進士。坦闊曠達，不較小節，喜建功名。初任西安知府，惠民禮下，遇事裁決如流。正德二年，以副都巡撫甘肅地方，自許襄毅。經略哈密以後，號稱無事。及正德初，曹元繼之元黨逆瑾偷處恬逸，無復宿謀，於是，奸孽漸萌。寬綜理周悉。三年，改撫陝西，磊落如治郡時。尋遷刑部左侍郎，未任，復改兵部。四年，陞工部尚書。會楊一清忤逆瑾，命以本官兼副都御史，總制陝西三邊軍務。抵任，慷慨好野戰，一切獨裁自將。值大□在套，率師由興武營擊之，斬首數十級。狃游深入，忽伏兵起，中流矢，卒於陣。事聞，廕子百户，錦衣衛世襲。

歲寒老人曰：予嘗見文士談兵者，多是氣魄一流人，然亦每以輕發致敗。想師中文人不知幾經慎重，但未可以慎重爲偷生鼠輩借口耳！

## 殷都督公尚質

尚質，其先廬州合肥人，後籍天津。父健，世襲指揮僉事。尚質入鄉校，有四方之志，襲父職。壬寅春，守禦黄花等鎮。改任天津，尋管本衛事。撫按廉其忠幹，每加推獎。丙午秋，用督撫交薦，守備遼東寧遠。陞山西都司僉書，充游擊將軍，督軍駐延安。游擊爲一時創設，兵皆市人，不習練。尚質厲志忠武，身先士卒，嚴刁斗，多間諜以哨敵情，而參以遁甲、孤虚諸法，用能屢殲黠凶。於是，諸鎮之兵，延安稱强。壬子夏，擢山西太原左參將，屢挫敵鋒，時巡撫侯公在圍，急甚，尚質督卒前軍衝之，圍遂解。功聞，上嘉賞。甲寅，充分守遼陽副總兵。尋陞都督，掛大將軍印，賜璽書。居二月，降者數百人，聞有犯而侵境，輒剿截，捷書遞奏。丙辰冬，數萬騎猝至，士伍不暇行列，尚質躍馬出，血戰移日，力窮矢竭，遂遇害。贈少保左都督，特進榮禄大夫，廕一子世襲指揮同知，命禮、工二部祭葬如例，立祠以旌忠烈。

歲寒老人曰：既成武功，復能死節，便是偉男子。議者謂：「數萬騎卒至而主帥不聞，未免疏虞。」此雖以成敗論，亦見兵不可玩之意。

## 孔教諭公環

環，南宫人。正德中，由歲貢知來安縣。時逆瑾擅權，環忤其黨，竟爲所陷，左遷西華教諭。六年，大盜起霸州，奄至西華，城陷被執。賊持刀迫之曰：「若呼我大王，即舍汝去。」環厲聲駡曰：「賊狗奴，我爲國家臣，恨不斬汝萬段以報國，肯呼汝逆賊爲王以求活耶？」遂被害。時河南總制彭澤以死節聞，奏旨詔一子冠帶，西華祠之。

歲寒老人曰：稱教諭者，爲以教諭殉節也。官有崇卑，節無大小，駡賊之語爲千古名義樹坊，無愧爲教諭。

## 楊忠愍公繼盛

繼盛，字仲芳，號椒山，容城人。嘉靖丁未進士。幼遭家難，貧甚，力學堅苦。初仕爲南吏曹郎，剔宿弊，立章程，吏曹肅然。轉兵部車駕員外郎。時敵方亟，而部曹承習，上下文書爲支吾，大不愜。會咸寧侯仇鸞議開馬市，部議推繼盛行，繼盛具疏言：「馬市决不可開，然既已遣臣，臣言其不可，是避難也。謹條開市五事：一、必令俺答愛子入侍；二、令盡還所捕擄邊氓；三、議開市後，他種落入寇俱責保約；四、欲平馬價，分爲三等；五、欲整兵爲戰守備，毋玩忽生敵心。」部尚書聞之曰：「如此，則馬市不可開矣。」乃別遣主事行，而繼盛疏鸞十不可、五謬。上三閲之，曰：「繼盛言是。」旨甚温，而鸞有揭貼進，乃下大臣八人者會議。鸞寵方盛，八大臣皆中懾附和，許開市，而繼盛遂逮獄訊，謫狄道典史。故事，謫官者不事事。繼盛乃日求民利病興革之，疏洮水以灌場，開煤山以省薪芻。狄道官無册籍，輸賦獨聽書算生操重輕，乃集書算生科綜之，於是，異時飛詭之弊盡絶，而贏糧數十石。均諸民糧重地往求售不得者，又傾貲易其中二千畝助諸生。上官私易羱羯者拒不聽。已，建書院，群諸生學其中；建社館，教番、漢生學於是。士知嚮往，番、漢生亦各知揖讓敬長上矣。比去，民哭送者千人。明年，遷諸城知縣，豪强歛戢，盗賊屏息。尋遷南部曹主事，已召入遷刑曹，改兵武選郎。繼盛念起謫籍一歲，官四遷，思所以報國者，於是以元旦日食，具疏大學士嚴嵩專權誤國者十罪、五奸。逮詔獄，問主使，問引二王，蓋嵩意疑公嘗受業閣學士徐階，而二王爲上所諱言故也。繼盛對獄曰：「今廷臣無慮皆嵩黨，孰爲主使？所爲引二王者，以奸臣誤國，雖能欺皇上而不能欺二王。蓋二王年幼，又常不見上，非奸臣所避防。至親莫如父子，故幸皇上一覺悟問之，庶二王能言之也。」拷訊苦，終不撓。又明日下錦衣衛，杖一百，送法司，附詐傳親王令旨，律論死。方繼盛詣衛受杖時，校尉苗生者飲之酒曰：「此蚺蛇酒也，可服。」繼盛曰：「椒山自有膽，豈必蚺蛇哉？」遂談笑赴杖。杖畢，下刑部獄，死復甦，太息曰：「嗟夫！忽然而死，忽然而生，如睡，已又醒，人死生固甚易也已！」益脱然。時部諸司皆憚輔臣，拘繫之甚固，繼盛自刮腐肉，去膿血，甚楚，而泰然安之。王比部世貞爲奔走求救，王司業材詣嵩爲力解，輔臣陽出疏許諾，而爲子世蕃及門客所持，竟不上。材流涕爭不得，而繼盛竟死。隆慶初，贈太常寺少卿，謚忠愍。子應尾，以蔭官順天治中，直聲著聞朝野，仕至尚寶寺寺丞。人謂椒山有後云。

歲寒老人曰：先楊爵下獄時，浦鋐、周天佐輩猶相繼上疏救之。至忠愍下獄，同鄉親友畏禍絶跡，獨王遴結婚獄中，王世貞以周旋獲罪。二公之外，蓋寥寥也。嵩之積威比黨，噫，甚矣！公之受禍雖慘，而天之所以成公者轉深。明代忠臣多矣，如公之轟烈、驚天動地者實爲第一！公爲南吏部，從韓苑洛受樂，三日而得其數，韓謂「樂不足以盡子爲」。悉天文、地理、太乙、六壬、兵陣之書，公遍習之，曰：「此儒者餘事也。」會諸寮有講學者，公又從講學，人謂此曹多立黨作僞鼓譽。公曰：「道者，吾性分之所當爲，可逆億人之僞而不爲耶？」後謫狄道，立書院以居諸生，築道統祠，上設羲、農、黄帝、堯、舜、禹、湯、文、武之位，前側左爲周公，右爲孔子，兩壁側則顔、曾、思、孟，漢董仲舒，隋王通，唐韓愈，宋周、程、張、朱，元許衡、劉因，明薛瑄諸賢，以示師法。使公不以忠死，必且爲理學之宗，豈待問哉？

## 王少卿公鈇

鈇，字德威，順天左驤衛人，先世東陽。諸生時倜儻有大志，所與遊皆四方豪雋，好稱奇節，常目笑呫呫豎儒不足共天下事。嘉靖庚戌，登進士第。會賊騎薄京師，鈇盛氣白大司馬：「願提三尺從行間擊賊！」都人士壯之。尋上命如楚封王，道東陽，上先人冢，大會族里。壬子，令常熟。海壖大豪多藪亡命，監司檄收之，鈇曰：「網疏則漏魚，繩急則麏驚，招之使來。」諸大豪且躡踵至，鈇盡貫其罪，俾隸署中爲爪牙。癸丑，島夷入寇，吳中震動，鈇語諸大豪曰：「爾輩罪百，吾不即爾刑，以有緩急也。」咸曰：「願效死。」鈇乃立爲耆長，俾部署子弟，得數百人，命工厲兵械，試以擊刺。邑故無城，鈇請監司城之。甫興役，寇來犯，人惶走，鈇擁衆壁野，誓死以禦，凡三月而城成。明年甲寅，賊薄城北，矢石交下，賊稍稍去。鈇曰：「賊來，未創也，而去，其懈我耳！」倍繕具待之。詰朝，賊果突至，鈇督兵出間道接戰，斬首數級，賊潰走。繼復入三丈浦大掠，鈇馳羽書乞援。備兵任環統苗卒應鈇，駐浦七日，會天雨，昧爽進兵。比戰，大捷，斬首百五十級，生縛七人，溺死者不可勝數。吳越中論剿寇功，輒以三丈浦爲冠。自是，鈇料賊必不敢犯我，即犯，成擒矣。明年乙卯，賊掠旁邑，舟從吳門向尚湖還海上。鈇按劍起曰：「賊尚敢涉吾地耶！吾不能坐視。」時參藩錢泮善射，初，寇至，從鈇登陴耦射。錢從臾之，鈇益奮，倉卒召諸耆長各率所部，揚小艇數十追躡。賊偵我入隘中，出不意夾岸攻我。時獨耆長數人從前，諸健兒皆後。數人者力鬭死，鈇奮擊，及濘不克進，怒髮上指，瞋目大呼，而刃剚鈇腹中矣，錢亦鬭死，時鈇年四十二。監司上其事，詔贈太僕寺少卿，製文遣祭，賜長子汝祐錦衣百户，世勿絶。

歲寒老人曰：德威，東陽人，而籍於燕。豪宕自喜，故以輕敵隕命，惜從臾者俱未聞乎「子之所慎」也。

## 張忠愍公世忠

世忠，字顯甫，山海人。襲父鳳世職入衛。學通兵法而兼文藝。嘉靖丙戌，中會試武舉。贊畫軍機於薊，襲職加二級，授指揮僉事。撫臣薦管衛印。尋守備黄花鎮，革中璫歛役諸弊，進都指揮，參將大同中路，振揚士氣，敵不敢輕犯，民遠出耕獲。復請加衛學廪糧，科貢額頓加舊。調應援宣、寧，斬敵級二十九顆，馬駝牛羊八百有奇，敵器二千五百餘。陞實級，賚金幣，續給誥命。旋以西寇棘，兵部請授偏頭參將。是時，太原失利，人指爲畏途，世忠聞命奮然曰：「正報國之秋也！」亟赴之。敵寇太原矣，世忠所部軍士先期選策應，止存千餘，與參將劉維琥、大同副總兵段堂從寧武關合營追賊，歃血誓相救援。乃結隊自侯林西行，追至祁縣六支村西，遇敵，督衆力戰，敵見我兵壯勝，添騎兵三千餘合圍。世忠督戰益力，會火藥已盡，世忠憤呼曰：「我軍被圍，諸將背盟不援，國憲天刑寧汝逭耶？」復督短兵血戰，自巳至酉，頭中二矢，馬已被傷，猶騎牆頭獨射，被穿腋一箭而死，嘉靖壬寅七月九日也。事聞，賜祭葬，用一品禮，謚忠愍。

歲寒老人曰：戰勝之道，將不惜死。然有不惜死之將，如顯甫六支村之戰，勇氣百倍矣，而竟以敗死者，琥與堂輩之寒盟苟偷，過於惜死故也。力孤援絶，顯甫可奈何？不知當日軍政置琥與堂輩何等。

## 宋忠壯公禮

禮，字道周。其先常熟人，國初有阿佛公者從軍北征，隸於燕。禮以指揮僉事歷大寧都司。奉命禦倭於浙，兼程至。新場百里皆賊藪，數奮兵挑戰，賊先後被創，堅守不敢出。又敗賊於新城堡，乘勝攻破新場，賊遁去，旋奪回被擄婦女六百餘口，而新場諸穴悉平。先是，南人弱不任戰，倭益張，禮屢挫之，聞者愕，以爲神。四月，總督胡公宗憲檄禮隨賊所向追剿之，連有吳江、嘉興之勝。十九日，兵至崇德縣，探倭至皂林，勢且犯杭。禮率兵湍往皂林迤西石橋，止營禦之。三十日，倭萬餘夾河來戰，禮統兵不滿九百人，自寅至辰，殺傷多，賊敗去。頃之，復來戰。自辰至巳，又自午至申，賊番休來攻，三戰三北，死傷無算。會石橋前鋒中砲，橋失守，禮被重傷，猶裹創奮臂，以九百當萬人，盡日乏食，軍無後繼，禮力竭仰天呼曰：「死當滅賊以報國。」遂遇害。事聞，贈都督同知，廕一子世襲指揮僉事，予祭六壇，謚忠壯，建褒忠祠於皂林，有司以時饗焉。

歲寒老人曰：道周新場樹功，皂林靖節，其生其死，允矣忠壯！

## 孫總戎公祖壽

祖壽，昌平州人。繇世襲副千户登甲辰武科。蒞官至總兵，以清操著聲。年甫三旬，感危病，妻張氏每夜禱天地鬼神，願以身代，壽遂漸愈，而張氏一疾逝矣。壽感其義，終身不再娶，官至大將軍，房無媵婢。崇禎二年十一月，東兵已抵昌平，壽再起爲帥。聞命即趨，散家財，招壯士，竟戰死。王孫蕃侍御時署昌平諭，有詩吊之云：「半生清夢耽孤館，一片忠魂繞戰場。」一子名繁祉。

歲寒老人曰：孫將軍，將而儒者也。感妻之逝，守義終身不再娶，此於禮教名義大有裨焉。其爲帥也，固知其不肯苟全，以偷旦夕之命耳！

## 潘僉事公宗顏

宗顏，字懷魯，安州人。舉萬曆癸丑進士。官户部主事。會遼事將潰，襲殺我大將，宗顏上書閣部，極言援遼破敵、調兵用間之計。浹旬，凡數十上，皆不省。敵遣漢人以嫚書遺之，宗顏毛髮盡竪，乃草檄數其十二罪，奏記閣部，請亟行之。閣部以爲迂，格不上。遂以户曹出理新餉。會開原道兵備畏縮，引疾去，即推宗顏以僉事往。次年，王師四道出剿，杜松兵先潰於渾河，宗顏監總兵馬林軍從靖安堡趨出開鐵。三月朔，分兵出三岔兒堡口，翼日抵二道關，敵乘勝薄我師，師復潰，宗顏及蓋州通判董礪力戰死。宗顏嘗言：「用兵僅候太白，太白所出之方可以舉兵，所背不可逆戰。自戊午七八月以後，太白西起漸高，利先起，利深入。暮冬中旬，其克敵之期乎？明春太白在東，氣候別轉，又未可知。今以三月出師，正太白在東之日也。」能前知用兵之不利，而不能使師之不出，豈非天乎？

歲寒老人曰：自邊烽内訌，將士膏血戰場者有矣。公獨以文臣死監軍之役，四道臣各監一軍，非公一人在行間也。公明知其必死，身冒矢石，計不反顧，竟與二大帥俱死。於乎！公之死亦已難矣。予知公自癸丑始，公弱不勝衣，而喜談兵，隨在講求職掌。予嘗謂得公數輩布列諸司，天下事庶其有濟，惜未竟其用也。

## 趙忠毅公南星

南星，字夢白，號儕鶴，高邑人。卓犖負大節，悲歌慷慨，輕死重氣。萬曆甲戌進士。除汝寧推官，陞户部主事，調吏部，歷考功郎。癸巳，内察不畏强禦，忤時相，削籍行人。高攀龍抗疏分别忠佞，極言「閣臣不當陰除異己，鋤善類，以空人國」。遂謫去助教。薛敷教疏諍，亦謫。南星林居三十年，以名教爲己任。海内清名之士淹久不用者，其應和益廣，而群小疾其厲己，爭相標目，遂嘩然以高邑爲質的。天啓初，起廢籍，以太常少卿歷左通政、太常卿、工部右侍郎。壬戌，陞左都御史，有《申明憲職》諸疏。癸亥，内察力絶情面，作《四凶議》以處大猾。十月，改吏部尚書，有《再剖良心》等疏，推高攀龍總憲，楊漣副院，左光斗僉院，鄒維璉、夏嘉遇、程國祥等入銓曹，魏大中輩相次枋用，群小滋不悦。甲子十月，會高攀龍以考覈回道御史，褫閹之私人崔呈秀，於是，群小合謀，嗾魏忠賢曰：「東林必殺公。」忠賢怖且恚。所謂東林者，蓋指南星與攀龍皆顧憲成東林黨也。甲子冬，假會推事，盡逐東林。爲魏廣微、陳九疇等誣陷，與攀龍同罷。閣臣孫承宗疏謂：「兩臣去而出於上意，則皇上之獨攬，未必協於天下之公。令去兩臣而出於惡兩臣者，將内結外援，天下盡入其牢籠，而大患立至。」不報。乙丑，以張訥及梁夢環疏，削籍提問，追奪誥命，懸坐贓銀一萬五千兩。丙寅，戍山西代州，子清衡戍陜西莊浪衛，甥王鍾龐戍陜西永昌衛，父、子、甥各居一城。而子與甥以撫按郭尚友、馬逢皋宿恨，笞責慘毒備嘗。丁卯冬，卒戍所。崇禎御極，贈太子太保，賜祭、葬、廕，謚忠毅。南星爲文章疏通軒豁，能暢所欲言，不拘尺幅，有宋元名家之風。至於排擊朋黨，伸雪忠憤，抑塞磊落，萬曆間推公爲首。其詩瘦勁有風致，文集若干卷行世。

歲寒老人曰：神宗朝天下恬熙，小人近倖孽芽其間，一二君子奮起下位，措拄國是，而朋黨之論始出。所謂一二君子者，公與無錫顧公其尤也。景逸舉進士，實出公之門，當公被逐，景逸以疏救謫，顧亦以言事罷。群小嘩然，目諸公爲東林質的，於是，璫兒媪息不盡，殺諸公不止。嗚呼！朋黨之禍至於斯，極矣！公實與之終始。

公於魏南樂，素以父執自處，無少假。南樂因同姓嚴事璫，致揆席，公愈菲薄之。或納賄肆關說，執不可。一日，踵門請見，門者曰：「休矣，將脱幘而寢。」南樂怒詈而去。又嘗短李淮撫於公前，公曰：「若忘修吾以户部郎上疏救若翁耶？」南樂慚退，日與璫比而媒孽公。

## 丁學士公乾學

乾學，字天行，號自菴。原籍山陰，徙居京師。行止磊落，詩文自成一家，不肯寄人籬下。爲孝廉時，讀書黑山寺，經歲不歸家，布衣糲飯，嘯吟自如。萬曆己未，成進士，人以爲榮，乾學曰：「讀書中第，此尋常事，有何足羨？但賢奸莫辨，此時事大可憂者。挽回之術，正在我輩，一登仕版，乾坤重負自此擔矣。」是年秋，選庶吉士。辛酉，授檢討。壬戌，分校禮闈。甲子，典試江右，咸稱得人。逆閹魏忠賢擅竊國柄，虐焰日張。乾學憂見於色，每退食杜門，撫胸拍案，慨慷唏吁，家人莫測所謂也。會有典試之命，謂：「詞臣以文章事主，葵藿之誠，當於試錄發之。或得賜乙夜之覽，萬一感悟。不然，公言之天下，以當討賊露布耳。」時楊忠烈璉，方上《二十四罪疏》，和者群起。工部郎萬燝言之尤切，遂死杖下。燝，江西南昌人也。乾學《試錄序》舉李時、劉球、鍾同爲比，因言：「二百六十年何大臣救、大議論不自爾鄉出？」所以推重燝甚。至復引「無面從」語，戒諸士：「勿謂舉朝抵摘，上不即下，有所摧折，以是自諉謝。豈通國爲皇上陳鞫人忮忒之詩，有不沛然以從？」策問以盗賊、羌戎、閹豎並舉，終言天子神聖。「近聞有合朝陳罪罟，至有斃杖下者。倘亦古人『聿修厥德』之意！」逆閹目不識字，試錄進呈不知云何，其黨持以語閹，因切齒，百計搆隙，必欲致之死法而後已。時有密報乾學者，曰：「等死耳，死佞，寧死忠乎？予搦管時，蚤知爾爾。」俄南臺疏糾省直諸典試臣語譏上公者，遂矯旨奪其官。奸黨高守謙，故乾學僕也，至是冒錦衣衛籍，借勢恐喝，欲得多貲以爲之地。乾學叱曰：「詞臣以文字得罪，生死惟君父命，肯以賄全頭顱哉？」守謙忿忿而去。次日，假稱緹騎來逮，直逼内室。曰：「臣得死所矣！」俯伏就逮，聲色不動。群惡狂毆恣掠，至身無完膚，骨皆寸裂而去。已而，知其僞，然坐是，竟不起。崇禎初，詔下法司，守謙伏誅，餘黨遣戍，贈乾學侍讀學士。

歲寒老人曰：客問：「公死於惡僕之毆，既非死逆閹，又非死國難，忠耶？義耶？何取焉？」予曰：「公，詞臣，以文字公言之天下當討賊露布。瑺私人疏糾典試語譏上公，傳旨奪官。守謙假瑺焰而毆之致死，公於忠義何愧焉？孫文正叙列死瑺諸人曰『英雄』，丁翰簡抱節，何公忠知言哉？」

## 孫文正公承宗　詳見經濟　諸子孫從難附

鈐，字楚惟，文正公次子。舉萬曆壬子鄉試。負才，能詩文。崇禎戊寅，東警急，鈐已入保定郡城，敵圍高陽，聞即復返視父，同爲守禦計。城陷，鈐城頭禦，戰死。子中書舍人之沆、秀才之滂同死。其弟鈐之子秀才之㴖被執，誑曰：「引我之圈頭得見宰相，以金帛予汝。」至老營，見少師公方踞坐大罵，㴖拜而起，即按手罵曰：「得見老爺足矣！求速殺我。」敵纔揮刃，首碎墮於前，公嘆曰：「真我家孫子也！」

鉿，字魯章，文正公四子。天資開爽，博學强記，立筆能數千言。辭官，蔭爲諸生。重氣誼，有謀略，嘗脱友人之難，人稱爲魯連。當己巳，東事棘，文正駐師山海，兵戈阻絶，鉿携弟錀冒死從海上省親於兩軍對壘之際。鹿忠節謂：「繼師相之業者必此人！」佐文正守禦，城陷死之。子尚寶寺丞之潔，自河間反馬歸，力戰，被劈其腦、斷其喉死。錀，字紫治，文正五子。以蔭官尚寶司丞，與其兄弟掉鞅文場，著述甚富。文正視師山海，錀挾矢簪筆左右省侍，嘗資其籌畫。官京師，以使事過里省親，遂及於難。子之濾，亦以力戰罵賊死。

文正公六子官生鉌，七子生員鎬，兄之子鍊、鏘，侄孫之渙、之瀜、之渼、之泳、之澤、之瀚皆死。諸子曁孫狀貌雄駿，高才能文章，卒從文正公烈烈以死，未竟其生才之意，世共嗟悼云。

歲寒老人曰：北地推功業文章者，必以文正公爲首，諸子若孫皆能世其業。予嘗習其人，當各有以自見，竟同殉一義，死固慘矣！然不可謂不得其死也。一家之中二十餘人，臣死忠，子死孝，婦死節，何其烈哉！臣子兩倫，光昭日月。又六年甲申，而保定張氏一門與此同慘。天之成就忠臣固如是耶！此魏徵所以願爲良臣也。

## 鹿忠節公善繼　詳見理學　附同知薛一鶚

一鶚，字百當。丙午舉人。歷官同知。父、叔皆爲將，守東城，城陷，罵賊被殺。時知縣鍾困於病，設備無人，無兵無餉，權不歸一，是以空拳白刃也。予次女嫁定興，亦携兩稚女死於井。慘及萬家，事在丙子七月二十七日。

## 傅太常公梅

梅，字元鼎，邢臺縣人。萬曆辛卯舉人。初知登封縣，發奸摘伏，遠近有神明之稱。戊申，大旱，麥已枯，禱久不雨，梅勸民間收蕎麥種以待，復不雨。路遇隱士指白菜曰：「君欲活民，必須此物。」梅復令民間收菜子，自出俸與内人簪珥之屬，市得數百斛，散各鄉社。後蕎盡槁，獨菜重發踰一尺，民得卒歲。陞台州知府，多惠政，家居。崇禎壬午，邊人不戒，順德城陷。梅守南門，拔劍罵曰：「好逆賊！」遂被害，時年八十。纂輯《嵩書》十三篇，馴雅有體裁，有《雉園集》行世。贈太常寺少卿。

歲寒老人曰：八十歲，將就木之人，而以拔劍罵賊被害，其忠憤之氣老而彌烈。《從信錄》載詛龍之法與遇隱士之指授，甚異，吾不欲以畸行先庸德也，故不載。

## 喬吏部公若雯

若雯，臨城人。以進士歷官吏部郎。家居。戊寅，賊躪畿南，臨城陷。若雯不屈，罵賊死之。

歲寒老人曰：公殉義甚烈，遠近相傳，恨未盡悉其生平。伊時有姻友張純儒訓臨城，亦被創，未死。賊退，喬之子，諸生，携醫來問病，儒曰：「某即苟活，有何面目立明倫堂上乎？」亦死。

## 劉學博公廷訓

廷訓，字式伯，通州人。與弟廷諫博文矯行，自相師友。以歲貢司訓吴橋。戊寅十月，東兵入畿南，吴橋令棄城走。公要止之，率衆以守，凡三月。初，以偏師來，輒引去。已而，盡鋭力攻，令縋城遁去。公入學舍，麾其妾趣去：「我將死此！」屬其稚孫名增者於所善僧隆貴。介而趨南城，誓守者曰：「守死，逃亦死，曷若守死，爲滿城忠義鬼乎！」守者哭曰：「願爲公死守。」三日夜，城三隅擾亂，獨南城晏然。東兵内薄，而登如牆引射，矢注衣甲，血朱殷，穴胸而出，濡縷屬於履，公猶强自力束胸拒戰，連中六矢，乃僕。踰月，其子發棺更斂，面如生，鬚髯弈弈奮舉。喪之歸也，諸生及閭左數百家道哭，兒童傭保皆剪紙買漿以奠公。與人交，無貴賤、賢愚、少長，處之油油然。好談人善，盱衡抵掌、嚏涕噴溢頤頰，否則瞪目顧視。一言錯誤，面目憤起，歸自刻責者累日，蓋樂易樸誠，謹畏人也。其臨大節，倜儻自力如此。公死時，年六十有五。

歲寒老人曰：令逃而學博誓守，且能鼓衆與之同守，學博其賢矣哉！此與城破而不得不死者，天淵矣！

## 賀都督公虎臣 附子副總兵讚、生員誠

虎臣，保定衛人。歷官寧夏總兵。崇禎六年五月，内西□對敵，屢立奇功。後因餉不給，人言洶洶，虞簧鼓挑釁，遂決意一戰。集諸將誓之曰：「我等受朝廷厚恩，今茲之戰，幸則殺賊報國，不幸亦不失爲忠勇男子。」諸將聞誓，無不奮勇爭先，一以當百，斬首四百餘級。繼而賊衆大集，用大炮擊死者甚衆，賊復自入屯堡擁兵，環列二十八營，四面合圍。虎臣猶率部伍血戰，以五千之卒當數萬之衆。自□至申，面中刀創，見守備劉大有、中軍韓嘉爵等皆帶重傷，與一着紅蟒者角逐，虎臣奮勇直前，立砍落馬。此時惟四子讚相從，虎臣大呼曰：「吾力竭矣！吾兒當護印突出，以白我心。」言訖，怒目裂眦，撲砍數賊，敵衆擁前，遂力戰死。按臣上其事，部覆有云：「惟生平自矢，常堅裹革之心，故臨難捐軀，免抱生還之耻。查本官先後共斬級一千五十七顆，雖恤典已渥，仍應再加蔭。」後贈都督同知，另蔭一子錦衣衛副千户世襲。

讚，字含章，虎臣子，京營副總兵。夙以義俠聞。父虎臣征西，曾被重圍，讚率五十騎出入圍中，敵莫敢膺。蒞京營，常以忠義勵士卒。甲申，闖賊入居庸，六大營皆安列城外，讚營在西北，周所謂天子六師也。賊至，五營皆投降，讚獨率所部迎擊於高粱橋，賊合衆擊射，讚與馬俱死河之上流。

誠，字九章，虎臣子，諸生。敏健有幹局，忠義溢眉宇。甲申三月，逆賊至保定城，將不守。誠先令妻高氏自縊，復以石杜門，衣冠坐中庭，自縊死。

歲寒老人曰：賀公以忠勇著聞，斬級一千五十七顆，功懋矣！而天之所以酬功者，恤典之優渥。猶含章復以副將殉國，九章乃以諸生靖節。是父是子，豈偶然哉？說者曰：「含章有後日之死，乃可以有前日之生。後不負君，前豈負父耶？」

## 范文貞公景文

景文，字夢章，別號質公，吴橋人。萬曆癸丑進士。初授東昌府推官，有賢聲。嘗署其門曰「不受囑、不受餽」，人呼爲「二不公」。己未，擢吏部郎，一時正人多所推用，一切疏稿多出其手。天啓五年，《典選》一疏尤爲侃侃，大略言：「天下仕路，舉國如狂，嗜進如騖，毋亦衡鑒之地先自不清，而欲其恬漠寡營，詎可得乎？竊念除者有歲格，其久、近不得而私也；遷者有資勞，其深、淺不得而私也；特擢者有績望，其高、下不得而私也。今與需次諸臣約：一行請託，臣不能爲之諱；又與同事諸臣約：一聽請託，亦願需次諸臣勿爲臣等諱。以天地人才爲天地惜之，朝廷名器爲朝廷守之。天下萬世，是非公論，與天下共之。人還其人，我無失我，此臣心可自信。」時魏忠賢黨羽視吏部爲外府，疏出，大恨之。公一日閲選人姓名[一]齒，舌本噴血漬地，類中惡者，遂請急歸。公父諱永年，爲南寧守，謝事歸居南都。豫告所知，曰：「吾有子，必不爲貂豎作奉行吏。」敕家人掃徑以待。未幾，果歸。丁卯，起太常寺少卿，不赴。崇禎戊辰冬，再推補。己巳七月，擢右僉都，巡撫河南，拯溺救焚。所至，問民疾苦，鼓中州之士氣，以壯國威。既而，邊人不戒，兵薄京畿。公聞警，即率師勤王，宗社借之以安。上使人慰勞之，加兵部右侍郎，團練通州。壬申，内艱，歸。甲戌，起南右都御史，掌院事。乙亥，陞南兵部尚書，凡四年，廉辨以率僚屬，公嚴以杜干請。南額兵八萬人，堪戰者不滿萬，公蒐軍實，詰戎備，部曲壁壘，焕然一新。公嘗謂：「非戰無以爲守，非守江無以守陵、守京，非守江北無以守江南，此守江南之大局也。以池河衛關山，以關山衛滁浦，此守江外之大局也。宿重兵於廬，游兵出英、六之間，東據鳳、泗，西應皖、楚，南控江，北扼淮，此守江北之大局也。」公以世道安危爲己任，故爲綢繆之計。壬午八月，轉北刑部尚書。十月，改工部。甲申二月，入政府，拜東閣大學士，海内望公求治甚殷，爲日無幾，天下事已不可爲矣！逆闖犯京師，公三日前即不食，城陷，號泣拜闕，投井死。或以初入相而魏通州、陳井研據其上者，非同心之人，未能行其志，有遺

〔一〕此處疑脱「年」字。

憾焉。公生平重氣節，篤友誼。當周忠介順昌以忤璫逮，公出橐金二百，急其難。金至，而忠介死詔獄，公復給其孤寡。孫文正承宗、鹿忠節善繼皆氣誼最篤，兩公殉難後，公爲梓其遺集。公殁後，甲午，東僉議祀公於孔廟。所著有《味玄堂稿》、《南樞志》、《大臣譜》、《武功編》、《體仁編》、《開心劄記》，俱精。有子，既貢而卒，遺文淪喪，實亦多缺遺。弘光贈太傅，謚文貞。

歲寒老人曰：甲申三月，神京陷，宰執而下殉難者二十餘人。畿輔人與其難者六，公其首也。余與公相去僅三百里，未得識公之面。然公在南樞，曾有檄聘予爲北司空，又欲疏薦於朝，余雖未就，於公有知己之感也。窮棲他方，未能得公全傳，殊以爲恨。然日月經天，有目共睹，固不俟予言之畢矣！

## 孟忠貞公兆祥 附子節愍公章明

兆祥，字允吉，别號肖形，交河人。弱冠登萬曆乙酉賢書，遲至天啓壬戌始成進士。授大理寺評事，佐廷尉，多所平反。丁卯，典試於蜀。時閹焰正熾，試策中多有直攄胸臆者，房考過爲逡巡，兆祥輒曰：「此剛毅有骨，正可收之爲朝廷用，豈可自爲顧惜，失天下士乎？」一會吏部司官缺，輿論屬兆祥。四歷郎署，宿弊一清。同年囑託概弗應，即有恚者，不恤也。崇禎辛未會試，分闈後給假歸，里居杜門，人罕識其面。戊寅，起考功司郎中。時法尚苛刻，所議不當旨，人視爲畏壘。兆祥不避難、不市譽，一以平恕處之，凡奏牘八百有奇，咸得報可。時黄公道周以言事忤旨，下部議，輔臣温體仁素不悦黄公，使其腹心僞以上意相恫喝，令覆疏重錮之。兆祥憤曰：「事即多掣，孟兆祥豈可以威懾者乎？吾持吾心焉耳，不敢負名器、私黜陟以負朝廷。」黄公卒得無恙。於是，側目者陰蝮公，尋降行人司副，處之穆如。由光禄太僕而通政。癸未，陞刑部右侍郎。雖職在刑名，而各鎮虚實强弱與夫順逆驕輯之情形，瞭然指掌，每言及，不勝噓嗟流涕。豫製漆棺一具，貯之邸中。致身許國，蓋其素志矣。甲申，逆闖逼京師，兆祥分守正陽門。城陷，從僕勸暫歸私寓，公叱之退，謂：「社稷邱墟，何以家爲？吾今得死所。」遂冠帶北面再拜，流涕迸下曰：「臣負君矣！」遂自經。時年七十有三。贈尚書，謚忠貞。

章明，兆祥子，字顯之，别號綱宜。崇禎癸未進士。時觀政京師，聞父死，南向哭拜曰：「事急，不及往殮大人遺骸，即當相從地下耳！」其妻王氏扳泣曰：「夫死忠孝，妾當先夫死節。」公曰：「若是，吾願足矣！」夫婦從容就義。僕婦左氏亦經於側。章明死時，先題曰：「敢有毁侮吾屍者，吾當爲厲鬼誅之！」其英烈如此。贈御史，謚節愍。鄴下張鏡心詩云：「孝子肝腸留碧血，老臣忠義動燕雲。天王地下求遺劍，橋梓相看獨有君。」

歲寒老人曰：忠貞起官無幾，即爲君死，且有子同心。忠孝兩倫，光昭日月。南山之橋，北山之梓，公家父子，當與並峙。或曰：「忠貞老臣，殉國固宜，節愍猶可少緩。」予曰：天下事最壞於緩之一言，應死而死，當下立決。便是成仁取義，豈無志，原無他，本求死法，旁爲撓解，遂至逡巡。平生說孝，說忠，毫分無濟，止落得一個不可爲人臣，不可爲人子，皆此緩之一言誤之也。節愍既觀政，已有臣節，寧直子道，九京爲趨庭，濟美乃同死，洵快事哉！

## 成忠毅公德

德，字玄升，初張姓，懷柔人。崇禎辛未進士。爲滋陽令。奉旨復姓。德性剛直，令滋有廉惠聲。以泒餉忤長吏，被逮革職。復抗疏論温體仁奸狀，受杖者三，付獄者一，論戍榆陽，坐贓六千七百有奇。其時，寇入懷柔，德父文桂掘大窖屋下，匿婦女其中，而自處屋外。德妹泣請文桂入窖，文桂曰：「諸婦在内，我豈以顛沛失禮乎？」寇至，文桂大罵，以首觸寇，遂爲所殺。夜半寇去，德妹始知父死，哭曰：「父死矣，我何生爲？」自縊死。德妾蕭氏、童氏哭曰：「翁與小姑俱死，我何生爲？」并縊死。是時，德方脱杖被戍，裹創間行抵懷柔，求父屍并妹及妾屍槀葬，踉蹌赴戍所。德妻劉氏竟以坐贓，貧不能應，先勒幼女死，旋自縊。崇禎十六年，道臣詹兆恒言赦德罪，補如皋令，德策蹇來南，旋擢兵部武庫司主事。聞命趨朝，痛心時事，將幼子夢來託孤同門吏部王重。既受命，論列不減曩時忠直，其天性也。逆闖逼京師，貽書馬世奇曰：「主憂臣辱，主辱臣死，我等不能匡救，貽禍至此，惟有一死以報國耳。諒有同心，勿忘泉壤。」及聞先帝登遐，德操鷄一隻，詣茶菴哭於梓宮前，隨觸階身死。母張氏聞之，乃自縊，妻及妹俱殉難。贈大理寺卿，謚忠毅。

歲寒老人曰：爲人臣子，若忠毅斯可矣！其爲令也，不以卿大夫故虐其民，爲循吏；抗疏列奸相罪狀，三受杖、一付獄而不悔，爲直臣；及與國難，不惜其身以及其友。於君忠，於友信，何其備也！況一家之孝義節烈，各成足色，故曰：「若忠毅斯可矣！」御史王孫蕃《請恤疏》云：「未死之德，先臣楊忠愍之志也；既死之德，北宋李若水之烈也。」洵稱知己之言。

## 中節愍公佳胤

佳胤，字孔嘉，永年人。六歲而孤，家貧特立，母軒織絍持門户，或日不再食。佳胤以節操自勵，向人無飢寒之色，人莫測也。二十舉於鄉，又十年，辛未成進士。初任儀封，三載舉治劇徙杞縣，以治行，擢吏部文選司主事。久之，轉考功員外郎，留大計協理，貶黜無所迴避。韓城方柄政，與其師修郄，中以微法，并及佳胤。佳胤上書太宰，言其師清端，蜚語無左驗，願身先爲師受嚴譴，遂降南京國子博士。韓城敗，遷大理評事。又一年，遷太僕寺丞。甲申，以牧事出巡近畿。賊薄居庸，或謂京師危在旦暮，公幸在外，可徐圖進止。佳胤曰：「我君在焉，安危共之，何所逃避？」遂還都城，時三月十二日也。既入謁，諸大臣商戰守之策，俱不省。乃貽其子涵光書，曰：「行己曰義，順數曰命，義不可背，命不可違。吾受國恩，誓以死報。」十八日，爲仲子行冠禮，曰：「昔人所謂冠帶見先人於地下也。」十九日，城破，自擇善地，至王公廠，有灌畦巨井，投入。兩僕呼號垂綆救之，佳胤呼曰：「汝等歸慰太安人，君亡與亡，有子作忠臣，毋過戚也。」時年四十有三。贈太僕寺少卿，謚節愍。

歲寒老人曰：君臣之義至今日蓋難言之矣！平時居高享厚，一旦値緩急，爭送眷屬，擇地倡逃，幾見有主憂臣辱、主辱臣死之誼？陳子龍之言曰：「古之志士可以不死而必死，耻徼幸也。是故申蒯返齊斷左臂，弘演還衛肝用剖，越甲一鳴雍門死，莒穆遇難厲附殉。彼如不死，固無繩焉。申公出次在郊，入國赴難，可謂忠矣！」予不能不服膺其言。

## 劉新樂公文炳 附弟文燿

文炳，任邱縣人，崇禎上生母孝純皇太后之弟，封新樂侯。太后以萬曆壬辰生，以甲寅薨，享年僅二十二。時上甫四齡，及御極，思慕不置。新樂母徐太夫人尚在。庚辰九月初二日，遣武英殿中書四人赴新樂第繪太后御容，繪成，徐太夫人以爲似，光皇帝選侍郭氏、張氏、李氏視之，咸曰「似」。蓋三人皆與太后同事，能記憶真容也。乃奉安寶輿中，用上鹵簿，自大明門迎入，百官吉服俯伏道左，百姓聚觀以億萬計，咸呼「聖天子仁孝」。上步出歸極門，跪迎入宫，潸然泣下者久之。進封徐太夫人瀛國，其子都督繼祖，孫新樂文炳、都督文燿、文登、文炤俱叙賚有差。甲申三月十九日，新樂聞宫中有變，乃拜徐太夫人及其父繼祖曰：「身受國恩，惟有一死耳！」徐太夫人年九十一矣，挺身赴井，嫡派男婦從之者十六人，新樂以土掩之。請其父同弟文燿登樓，闔門焚其賜第，自縊而死。

## 鞏都尉公永固

永固，字洪圖，宛平縣人。尚樂安公主。都尉崇文雅，被服如儒生，喜與賢士大夫遊，人方之王晉卿。公主甚賢，每值都尉宴客，則蔬果酒茗必親閲焉。崇禎癸未二月初九日，上召公侯伯至德政殿，言：「祖制，勳臣駙馬入監讀書，習武經弓馬。」問各有子弟年各幾歲，皆對以子尚幼，都尉獨上疏請就學，云：「成、弘以前，赴監考驗，嘉、隆以後，就家教習。然先年教習尚皆三年，六年考滿，近則終歲屢遷，或踰年不補矣。

與其設員無定徒，遂偃仰之私，孰若相觀有成，追隨從公之邁。先朝駙馬，若梅殷、李堅、趙輝、宋瑛、井源、焦敬、石璟，或著節封疆，或宣猷樞府，豈非嚮學之效，臣又安敢自棄於聖明之世哉？」疏上，上褒嘉之。未幾，公主薨，例有遺念之進，上諭遺念不必進，其冠頂、服冊及有龍鳳袍器着恭進，因進公主金冊、冠服、龍鳳袍器等物。因言：「今日之事起於遂平長公主，乃近例，非舊制也。向臣恭謁壽陽、瑞安、延慶太長公主墳園，及觀其祠宇，其金冊、衣冠宛然在列。其子若孫凛遵世守，設其裳衣，不啻圭璧琬琰，蓋先朝之制，亦未詳進繳之例也。」上得疏惻然，因還其冠服、金冊，止收龍鳳器物，至著爲例。又疏請爲建文帝加徽號，正祀典，尤稱偉議。甲申三月，賊破宣、大，上憂甚，命大臣集議。時議論紛紜，上御勤政殿，獨召都尉密商。然真、保之間，路已梗塞，又欲以太子屬公，而惜已晚矣。三月十九日，都城陷，時公主柩尚在堂。呱呱二女，公主所生也，乃以黄繩繫於柩前，縱火焚之。自書八大字「世受國恩，身不可辱」，佩於胸前，自刎而死。

張惠安伯慶臻、衛宣城伯時春、魏都指揮師貞

慶臻，永城人，以伯爵世居京師。城陷，闔門舉火自焚。贈太師，進侯，謚忠武。

時春，全家自焚死。

師貞，魏縣人。武進士。聞先帝縊，即着命服，拜闕自焚於祠堂，舉家投火者數人。時春與師貞皆戚臣。

歲寒老人曰：明士大夫聲價非他途可比，至死節一事，則不可以其非士大夫也而遂輕之。非士大夫而死節，視爲士大夫而喪節者，其人之相去何如耶？一勳臣、兩戚臣，烈矣！而舊司禮高時明者，預懸一棺於中堂，左右前後共繞十繯，與名下十人同誓必死。賊入，自投棺中，十人各投繯内，舉火焚之，自題其壁云：「崇禎十七年三月十九日巳時，司禮監掌印太監高時明率名下李繼善等十人合家死節。」噫，更烈矣！時明，永清人。

朱忠壯公之馮

之馮，原名之裔，字德正，一字樂三，大興人。嚴潔方正，性甚孝。爲諸生，務道德，斥佛老，執典禮祀先，弟子、冠、婚悉如儀。天啓乙丑進士。授户部，榷河西税。税故多羨金，盡入公帑。時魏忠賢用事，漕璫過河西，監司以下視屬吏，獨與抗禮，不少屈。尋丁外艱。庚午，服闋，上封事，切言時政。左遷理問，累遷刑曹，治獄清辨。遷浙臬僉司車驛，移臬副，分巡青州。一吏假花木饋金，覺而却之，絶不以告人。有大盗事株蔓幾百家，詳訪獲真盗，盡雪其誣者。戊寅冬，入賀。值東警，道梗，留母、妻於濟南。城陷，妻馮投井死，母李絶粒六日死。凶問至，路尚未通，公戎服奔濟，號泣扶柩歸，築茅墓側，廬居三年，朝夕拜哭。間理古人言有得，筆之曰《在疚記》。服闋，參政河東。時流寇亂中州，公治備，宿河干。有朱金宇者，納亡命、通賊，命臣不敢問。乃密召契弁授之意，三日伏誅，晉地乃安。壬午，以邊才擢僉都御史，撫宣府。核將材，汰不職；核兵馬，使無冒。曾軍餉久缺，司者夙剥削，軍嘩，縛司者。公聞變，肩輿出，衆羅拜，以數語撫定之。次日，給餉，執斬七人，衆股栗。甲申，流賊破真定，轉攻大同。三月，犯宣府。公部署戰守，設明太祖位於譙樓，流涕歃血與衆誓。盡出衣篋犒軍，人心稍定。兵官王承胤與監璫杜勳潛附賊，勳密以降請，公怒髮上指曰：「豎奴不念君恩耶？汝欲叛，吾斬汝！」勳懼，遁。公憂爲内應，招承胤，設機誅之，并誅勳，二人握重兵不至。賊已薄城下，勢甚危，手提緋衣，付中軍陳績顯曰：「我死以此殮。」密草疏自隨，以義激將士，獨率標兵北向背城與賊持兩晝夜，賊死無算。十一日，逆勳、承胤自南門迎賊降。公上城，親燃炮擊賊，賊露刀突前，左右環哭。公曰：「吾死矣！離此，非死所！」遂登樓易服，南叩發疏，自縊死。十五日，達京師，疏略云：「微臣一死，敢盡私衷。我國家金甌全盛，不謂人心離散，財用困窮，一旦至此，此臣所以痛哭流涕也。臣力已竭，臣罪滋深，業南望九叩，一死以報我皇上。念高皇帝功德高厚，皇上憂勤獨深，歷數無疆，中興可待，當以收人心、培節義爲先務。收人心在愛民力，愛民力在拔廉官，《大學》所以反覆於用人理財也。我朝士氣原振，自逆璫摧折，遂至廉恥風微。從來仗節死義之士多在敢言極諫，此宋朝所以待士仁厚也。」烈皇帝覽疏震悼，諭輔臣：「宣撫朱之馮忠烈可憫，着從優議恤。」有書寄家云：「吾弟吾兒，讀書須讀經世書，呫嗶之學，無用也。我以死報國，勿以爲念。」半月前，曾以書通金兵部鉉，悉論國勢，期勿忘平生言。鉉，公之妹婿也，居恒氣誼最洽。十九日，都城不守，鉉亦死。公三子，死年四十三，自馮死義後，不再娶。都人士稱爲勉齋先生。弘光朝贈右都，謚忠壯。

歲寒老人曰：予往聞都下有三君子撑拄京師，曰：史道鄰、金伯玉、朱樂三。三人者，皆孝友士，刻勵自好，皎皎乎有拔俗之志，故皆能以節義顯，其素所蓄積然也。

## 李鎮撫公若璉

若璉，字成甫，京師人。崇禎元年，中武進士。官錦衣衛，非其志也。好交四方賢豪，慷慨磊落，士紳稱之。北鎮撫司缺員，此稱詔獄，最爲要職，故事率以厚力得之。其時，魏璫敗後，人厭許顯純輩流毒海内，思得賢者而用之，遂以屬若璉。受事之日，以清白盟之於天。往時，凡廠衛緝獲事件，奉旨下詔獄者，率無所異同。若璉獨不然，每事詳加研審，於情涉冤枉者立爲昭雪，長安士民頌聲載道。忽有袁督師奸細一事，若璉鑒其冤也，多方欲生之，竟以失出降二級，回衛。若璉笑曰：「吾不敢以人命博一官也。」甲申，國變，書一贊於几上，自經而死。死後，賊至其家，每夜輒現形毆賊，其英爽如此。有黄姓者，亦官錦衣，闔家赴泡子河死，不知其名，有遺憾焉。

歲寒老人曰：詔獄一官，生殺在手。回憶璫焰薰天，楊、左諸賢慘死，迄今猶令人目駭心傷也。往聞孫文正稱衛帥劉僑之賢，袁督師奸細一案，未免疑其失人。邇錢宗伯稱保全善類者，有山陰之吴孟明，今孫少宰志中謂「孟明以錦衣籍居京師，其人更可念也」，因李成甫而錄紀之。

## 史太傅公可法

可法，字憲之，號道鄰。先世祥符人，後籍錦衣衛。崇禎戊辰進士，授西安府推官。歷任户部雲南司主事、山西司郎中、安池兵備道、江西布政使司右參議兼僉事，協理剿寇軍務，巡撫安廬等處地方，都察院右僉都御史，總督漕運，户部右侍郎兼都察院右僉都御史，南京參贊機務，兵部尚書、東閣大學士、督師少傅兼太子太傅、武英殿大學士、太傅兼太子太師、建極殿大學士、兵部尚書。乙酉夏，盡節於揚州府城樓，葬於梅花嶺右，遵遺囑也。樹碑於甲午秋七月朔七日甲午。其生平行誼，載在家誌，宦績相謨，紀諸史乘。

歲寒老人曰：公急其師左浮邱之難，自初登第，其誼已膾炙人口。兵備安池，巡撫安廬，歷官皆以實心行實政，其參大政督師也，以鞠躬盡瘁之心蹈食少事煩之戒。揚州一死，君子惜之。吾鄉以閣部督師者兩人，皆受命於艱難險阻之際，顛沛流離之時。高陽善知人，而不善爲人知，不善爲人知，則人多掣其肘，而功不成。公長於知君子，而不長於知小人，不能知小人，則小人柄用橫不可制，誰肯樂爲吾用，故功亦不得成。功不成而僅以節見，宗社淪亡，生民塗炭，能不爲之慟哭流涕而長太息耶？

## 張進士公羅俊

羅俊，字元美，清苑人。性端毅，尚氣節，居恒以綱常名教自勵。幼娶雙瞽女，敬好無間言，竟不置媵妾。諸生時，弟羅彥蚤通顯，羅俊淡寧自守，刻勵古行。崇禎丙子，魁於鄉，絕不事干謁，不阿權貴。事不苟一時之便，凡三黨事悉倚之。癸未，成進士。以觀政給假家居。甲申，聞逆賊李自成擁數萬衆入太原、破寧武，由居庸而北，所過城邑紳吏皆望風降。羅俊憤謂弟光禄曰：「吾等身受國恩不一世，事急矣，當堅守保定，遏賊勢，以蔽京師，不則寧以死殉，固臣子之義也。」賊將劉宗亮犯畿輔、過河間，將嚮保定。羅俊數月前傳帖，首倡效死勿去之義。忠憤之氣感動全城，乃分雉堞、嚴號令，守浹日益堅。至三月，李建泰兵入保定，其卒爲賊來説降，羅俊守東面，手擒之以示衆。賊曰：「京城已陷，守城何爲？」羅俊鼓舞益奮，賊攻益急，至三晝夜，賊焚傷死者愈衆。忽建泰與賊應，西南城陷，賊乃入。羅俊猶力守，親擊一賊僕地，扼賊之吭，嚙其面，竟嚼一耳，血淋漓口角間，大呼曰：「我乃明進士張羅俊，汝等所罵張羅彦霸城者，吾弟也。」賊擁衆亂刃死，年五十一。子伸，庠生，適他出，聞倡守來奔，共禦賊。城破，即投井死，年二十六。

歲寒老人曰：公甫成進士，即以身殉，爲諸義烈冠，忠矣！至孝，於親友，於兄弟，與瞽婦相敬無違，禮門以内，何雍穆也！丁丑，公車與予論交，侃侃多風誼。斯人也，殆所稱「完名全節之士」乎！

## 張光禄公羅彦 附弟羅善、羅輔，子晉

羅彦，字仲美，清苑人。崇禎戊辰進士。以行人陞吏部文選。時銓法大壞，彦自言「性褊小，見一弊輒怒而起」，於是爲之疏通裁剔，俾事無遺滯，吏無姦欺，獨厲威嚴號，爲拏訛者懼，大杖爭思引避。自崇禎二年爲行人，奉差過里，偶有城守役。其後九年，及十一年，爲吏部給假省親。十三年，爲光禄。被謫。丁内艱，俱以鄉紳而有事於城守，皆有功，詔賜叙賚。十六年，城守時有給事中某奉使過保定，夜半呼城門不開，給事怒，

以疏聞，謂「張吏部擅司城鑰」。詔置勿問。天下由此知張吏部守保定之名。羅彥父官都督，居塞上。彥習於戎事，雖驕卒悍將，皆能戢柔。又好義捐貲，故歷年倡守而人人樂附。十七年春，太原、寧武既陷，逆賊李自成繇居庸入，使其黨劉宗亮等略畿南。京畿震驚，無人敢言拒賊者。彥謂其兄俊曰：「巡遠之事，豈異人任哉？」約同署印同知邵宗立糾郡中官紳士民望闕而拜，激以忠義。盡出囊橐與銀器犒壯士，盟於北城之上，爲固守計。二月，真定殺巡撫，僞牌數至，而保定終不變。未幾，而李建泰之兵到矣。建泰者，以閣部統禁兵，遇賊而退至保定，欲以保定爲贄於賊，而人不知。故以勒餉，激散其軍，而獨領親兵百餘人護其餉銀入城。賊知據城不開者張吏部也，叱名而罵，復屢射書勸降。彥立碎之，不視。時有傳都城已陷，徒死無益，彥曰：「如能保此一郡，猶可以當勝兵十萬，且以待四方之共誅逆賊者。」劉宗亮自殺其僞將數人，急攻之。建泰與其中軍郭中杰已陰遣人入賊營獻城，約視插項後小白旗爲號，西城上忽失火，賊遂乘之。彥急歸家，援筆題壁以自誌其處，曰：「光禄寺少卿張羅彥義不受辱。」縊死井亭，妾宋氏、錢氏俱先投井，死時年四十八。保定陷獨後京師六日，羅彥子弟婦女同殉者二十三人。

羅善，庠生。性孝友，有匡時志，兩兄倡義守城，嘗資其計畫。城陷，見其妻高氏暨三女皆投井死，急奔赴，欲同兄死。兄光禄謂之曰：「子爲諸生，可以無死。」令急亡去，羅善即下拜其兄，遂投井死。

羅輔，武進士。少爲諸生，饒勇力，能挽强弓，慨世亂，遂業武。癸未，中武進士，家居。同兩兄率鄉兵乘城射賊，晝夜力戰。賊入城，羅輔引弓射賊，輒應弦而倒，賊莫敢近。頃所挾矢盡，乃持刀下城砍賊，追數十步，擊殺甚衆。賊屯擁圍之，羅輔獨奮力戰，被多創以死，其尸竟爲亂賊殘毁。妻白氏同女投井死。羅士妻高氏、羅喆妻王氏同縊死。

晉，庠生，光禄子也。城陷，見父已縊，乃自引頸，命其僕投繯。諸僕皆不忍，晉怒訶之，乃自投井死。妻師氏先投井死。

歲寒老人曰：余嘗一再飲公酒，莊語與詼謔間出，不拘拘小禮，然不知其臨大節而不可奪也。聞公之死也，屍骸暴露，三犬迭守之，烏鳶不下，亦奇矣哉！吾上谷死難固多，君家二美可媲顔氏兩卿，而一門從死者二十餘人，猶足多已！

## 金侍御公毓峒

毓峒，字鶴冲，完縣人。甲戌登進士。官中書舍人，授湖廣道御史。上疏建白，如「寬征徭、誅骩帥、解黨錮、清銓衡」，旬日間凡四上而四報可。已而出按秦川，歸。甲申春，召對，命監宣、大軍以剿寇。出都未百里而宣、雲告陷，即爲閹部李建泰監軍。

西至真定，先帝有諭云：「宣、雲已陷，宜急守上谷，用扼畿南重地。」遂分守保定、西城，晝夜監督。有以神京失守爲言，毓峒髮指曰：「寧碎首，勿輕擲此土也！」三月二十四日，賊撤水涸隍，蜂擁薄城，我軍將潰。毓峒懸大銀牌四十面，令打死一賊者自取一牌。我軍鼓勇奪牌，砲矢齊發，賊將西遁。不期北城隅樓爲火箭所毁，城遂陷。賊衆執毓峒入三皇廟，令謁將領。峒厲聲曰：「予豈謁將領之人耶？」忽見廟門有井，以監軍印付道士，推賊僕地，投井死。今建祠於廟側，題其井曰「廻羅」。妻孺人王氏自縊死，曾出其簪帔佐毓峒犒軍。侄振孫，武舉，手射七賊，身被數十創，無完膚而死。

歲寒老人曰：余初識公於孫文正坐上，醇謹老成，不問知爲端人。以監李建泰軍奉部檄移守保定，則保定其死所也。應死而死，則死可以愧建泰、謝先帝矣，豈苟焉而已哉？

## 王副使公胤懋

胤懋，字有懷，霸州人。崇禎辛未進士。授户部主事，管崇文院税課，官寧武道副使。值逆闖出秦中，將抵寧武，數有僞牌挾降，胤懋不動聲色，密爲守禦計。甲申正月，李賊至關，胤懋與總兵周遇吉率精鋭突出截殺，賊鋒大挫。既而，合衆來攻，我兵力竭砲盡，城陷，巷戰死之。

歲寒老人曰：寧武道將千載有生氣，倘再有幾個王副使、周總兵，賊一創再創，安能飛渡耶？

## 吴知縣公從義

從義，原籍山陰，從其祖來京師，入大興籍。少重氣節，爲諸生時，疏參魏忠賢，以是知名。貢入太學，四十成進士。授長安令，時流賊猖獗，從義城守甚嚴。繼娶胡氏，至署二十餘日，不一顧。城陷，吏役促令携印出走，從義曰：「城亡與亡，吾將安適？吾當以死報天子。汝報吾家：新夫人尚未成禮，可歸其母。」遂投井死。流賊入城，戒兵丁毋犯其署，且給之餼，家人得無恙。

歲寒老人曰：公參逆閹時，便以忠義報國，爲令殉城，直作家常事。

## 殷秀才淵

淵，字仲泓，鷄澤人。少負奇，耿介自持。性孝友，事母唯唯，訥澀若不出口，於父則侃侃辨論，必理至心讐然後已。曰：「慈幃家務食飲而已。過庭則得失成敗名行關焉，何可不辨？」於兄，更效切劘，知無不言，言無不盡。父兵備關南，死非其罪，淵兩疏鳴寃，不報。未幾，闖賊席卷秦、晉，延及三輔，淵投劍號曰：「既不死，留此身以待用也。今先子之讎已矣，苟且與賊共生奚爲？」四月，聞國變，謀諸邑冢，爲先帝發喪，痛哭文廟。作討賊之檄，以義自憤。時僞令秦植猶假狐擁衆，手刃淵於明倫堂下。時五月十一日也。

歲寒老人曰：殷仲子，真義士也哉！死而非義，未免沽名，且以傷勇。仲子父死，以闖賊陷兩藩，主兵者畏罪，假違令失道，卸罪於人以逭己辜。則仲子於賊不獨爲殺君，且殺父，故欲以頸血寒逆賊之膽，豈暇計成敗禍患哉？作詩明志，諭意於其妻，令絶食自盡，且問兄意云何。兄曰：「吾未嘗受禄於朝，且嗣續未立，如先人何？」仲子曰：「此借口，弟不及此矣。」噫！余固敬其言而悲其志，仲子，真義士也哉！

# 畿輔人物考卷之四

## 清直

敘曰：清直者，謂其操守清而辭氣直也。內多慾而外施仁義，人自不許。即屋漏無慚，而褊衷憤氣，不諧俗，不近情，世亦豈能容我哉？然寧可令世之不容，斷不可毀方爲圓，以求容於世。「不得中行而與之，必也狂狷乎？」又曰：「善人，吾不得而見之矣，得見有恒者斯可矣！」此人者，正古狂狷、有恒一流。彼似忠信，似廉潔，無爲有，虛爲盈，正不清也而强張之以爲清，不直也而强張之以爲直，面目愈肖而本體愈蝕，是之謂罔生。

### 竇僉事公承芳

承芳，通州人。洪武時，以貢入太學。永樂四年，詔國子監選才識英敏者應科道，承芳擢拜山東道御史。磊磊大節，侃直無所避忌，以建言下詔獄，赦復原職。尋復以建言忤旨，謫龍江典史。已復職，陞浙江僉事。卒。

歲寒老人曰：品不足色，一下獄便繞指矣，敢再忤旨耶？龍江之謫，愈令人起敬。

## 蘇知府公恭讓

恭讓，玉田人。洪武十三年，舉聰明正直。任漢陽知府，愷悌慎密，爲治簡而明，嚴而不苛，刑而民不怨。漢陽密近省司，凡徭役科徵之事，獨倍他郡，故政繁而民困。前守多阿奉取容，無敢言者，公每遇重役必詣上官申理，多事減省，民賴以安。先是，有趙廷蘭者，徐州人，知漢陽縣，愛民，有不便，慨然以身自任。朝廷嘗遣使下縣取陳氏散卒，他縣率多以民丁應數，覬免己責，廷蘭獨爲民辯明，以故民得不擾。十餘年間，漢陽民言郡守則稱蘇恭讓，言縣令則稱趙廷蘭云云。

## 周方伯公斌

斌，字國用，昌黎人。景泰辛未進士。授御史，按南畿、河南、陝西，申理冤獄，摘伏如神。英廟復辟之初，石、曹輩乘勢作威福，戕逐善類，莫有敢攖之者。斌爲河南道御史，首倡同官張鵬、周瑄等糾其欺罔萌亂十餘事。帝震怒，逮至便殿，俾誦彈章而歷詰之。衆皆怖懼伏地，不敢出一語。斌神色自若，手持章疏，朗讀不少懾，每讀至一事，輒正色別白之，且誦且對，歷陳二凶罪狀。至其冒功濫職，上愕然曰：「彼率將士迎駕有功，何謂冒？論功行賞，何謂濫？」斌曰：「此輩貪天功，當時迎駕止數百人，光禄賜酒饌，名數具存。今陞職乃數千人，非冒、濫而何？」上默然，悉收各御史下錦衣衛，降謫有差，斌斥知江陰縣。石、曹相繼取敗，上從内閣李賢言，令冒功迎駕陞官者自首，改正四千餘人，而悟御史言不謬也。斌外威嚴而内平易，江陰士民憚其風裁，久之，愛戴其愷悌。嘗爲歌曰：「旱爲災，知縣禱，甘雨來。水爲患，知縣禱，陰風散。」天順癸未，薦知開封府，陞陝西參政。成化癸巳，陞廣東布政，到處有治績。卒於廣，年五十有七。

歲寒老人曰：二凶冒功奸狀，實得公發之。英廟始而愕然，繼而默然，當是時，已悟御史言不謬矣。隱忍不即斷者，念其迎駕之勞，未嘗不欲曲貸之，小人昧於自處之道耳！

張懿簡公鵬

鵬，字騰霄，號拙菴，淶水人。景泰辛未進士，授御史。立朝謇諤，凡百施爲務持大體。嘗條奏時事開民之休戚者十，朝廷嘉納，悉下有司施行。石亨恃寵作威福，人莫敢犯。鵬率同列極詆其罪，竟被誣構，謫戍遼東鐵嶺衛，尋改廣西南丹衛。憲宗即位，宥還。乙酉召復舊官，明年擢福建按察使，戊子擢左僉都，巡撫廣西。鵬嘗謫居其地，備諳民夷土俗，凡政令之出甚合時宜，邊境用寧。己丑言官劾中外大臣不職者，誤及鵬。上獨察其忠，留巡撫如故，尋改南京都察院。辛卯總督漕運，進兵部尚書。自是多疾，常在告。終年七十有二，謚懿簡。鵬剛直貞介，夷險一致，凡六爲臺憲，歷内地邊方者八。所至竭盡心力，每以生事喜功爲戒。雖居顯要，自奉如寒士。其侃侃若不可近，然待人真誠，故多樂爲之用云。

歲寒老人曰：既謫遼東，復改廣西，其不死於謫也，亦岌岌矣。然生平成就，其得力處未必不在此。語云：「他山之石，可以攻玉。」到得玉成時，其價自重。故即有人言而主有獨知，自不勞他人代辨其誤也。

## 張御史公春

春，真定人，長於詩賦。正統乙丑進士，授南道御史，釋褐爲御史自春始。時中官王振用事，齊韶附之，得南京刑部尚書，倚托縱恣，人莫敢言。有指揮某者與一徽商友善，結爲兄弟。指揮富而無子，有三女。指揮卒，徽商謀襲其職，并欲奪其産，沉指揮妻於江。指揮女訟之刑曹，齊韶受賂，竟右商而詘指揮女。商殺之，血污女衣，以石沉於井，又連殺指揮一奴一婢。南都無論貴賤皆痛憤，然畏韶，七年無敢問。指揮次女復來訴冤，都御史、同官皆若不聞。春問之同官，同官搖手曰：「此非君所當問！」春奮然曰：「朝廷設耳目之官，何事不可問？有事不問，號稱『御史』，不亦辱乎？」遂按之。白中丞，中丞怒曰：「汝書生不諳時務，躁妄如是！」韶聞之大怒，曰：「吾不識張春何狀，豈喪心病狂氣死者耶？何以反吾獄！」既而窮按不已。事大暴著，井中血衣尚在，獄詞皆春手筆。韶見之大驚，曰：「彼書生何精練至此！」始有懼色。因求都御史勸阻之。都御史曰：「吾前叱之，今日何面復與之言！」乃令同官言之。春遂列齊韶見阻之意、都御史轉託之言、並同官三四人連獄詞，具疏呈都御史求印，稽月餘，都御史去，署印者曹强使印之，乃得聞，而齊韶之疏先上矣。春疏至，下錦衣衛提問，韶與春並逮至京。錦衣衛金指揮者亦無子，問其事悽然泣下，故韶無所措詞。春疏言韶放縱數事，其一史氏。史氏初與后妃之選，未果立，賞表裏還之，韶竟納爲妾。春又上書王振幾千餘言，首論此事。振驚曰：「韶他事尚可爲，此事吾豈能左右乎！」由是商始伏辜，以殺死一家三人論。而韶戍邊，刑部原問官死於獄，御史轉託者俱爲編氓，惟春復官。韶上疏申辨，上怒，敕再辨者斬。韶怨王振不右己，疏言振罪。上益怒，竟論棄市。春一疏殺一尚書、杖殺刑官數人、罷三四御史，直聲動天下。總兵官石彪恃勢暴酷，貪剥無厭，春疏力劾其惡，尋被構謫。後彪敗，人誦其直。歷山西僉事，轉應天府治中致仕。

歲寒老人曰：古人辨一事，皆以全副精神注之。所謂「一節見全體」。

## 岳文肅公正

正，字季方，别號蒙泉，學者稱爲蒙泉先生，漷縣人。長身美鬚髯，氣屹屹不能下物。舉京闈鄉試，卒國子監業。張文忠時勉時爲祭酒，簡四方名士置講下，正與商文毅輅、彭文憲時、王端毅恕皆與焉。正統戊辰會試第一，廷試賜進士及第，授翰林院編修。景泰壬申遷右春坊右贊善兼編修，天順丁丑改修撰。英廟廉知其名，吏部尚書王忠肅翺亦薦之，召見文華殿。上遥見正遽曰：「好！」既陞陛登殿，連曰：「好！好！」問年若干，對曰：「四十。」上曰：「正好。」問何處人，對曰：「漷縣。」上曰：「又是我北方人。」問治何經，曰：「《尚書》。」問舉進士何科，對曰：「正統十三年。」上益喜，曰：「朕固取汝，朕今用汝内閣。凡事爲朕主張。」正頓首受命，出赴閣。至左順門，石亨、張軏自外入，見之愕然。比入見，上曰：「今日朕自擇一閣臣，甚佳。」亨、軏請爲誰，上曰：「岳正。」亨、軏陽賀曰：「誠佳。」上曰：「但官小耳。須與吏部左侍郎兼翰林院學士。」二人對曰：「陛下既得人，俟果稱職，進官亦未爲晚。」上默然。自是宣召賜賚絡繹於道。一日錦衣衛官校邏得一僧，是妖言惑衆者，獄具，僧坐反。太監牛玉援近例請官邏者，正謂事縱得實，不過合妖言律耳，邏者准應捕律給賞，而活其從者十數人。朝論韙之。時亨與太監曹吉祥怙寵擅權，有投匿名書指斥時政者，亨等勸上出榜募能捕告者，賞以三品。正與呂文懿原諫曰：「爲政有體，捕盜賊責兵部，姦宄[三]責法司，豈有天子自出榜購募之理！且縱欲窮治其事，緩則人情怠忽，事自覺露；急則人情恐懼，愈求韜晦。不如勿究。」上曰：「正言是也。」亨從子彪鎮大同，遣使獻捷。使者盛陳斬首無算，皆梟於林木之上，不能悉致。正取地圖指示之曰：「某地至某地四面皆沙漠，汝梟首置於何所？」其人不能對。正間爲上言曹、石勢盛，宜早節制，上曰：「汝可以朕意告之。」正徑造亨，諷令斂戢，以此二人怨正日深。會承天門災，下詔罪己，正歷陳弊政，詞極切直，天下傳之，遂有飛語指爲謗訕。七月内批降廣東欽州同知，道滯，以母老留閱月。尚書陳汝言，曹、石黨也，憾正嘗言其不可用，嗾邏者以私事中之，逮繫詔獄，拷掠備至。謫戍肅州鎮夷所。至涿州，宿傳舍，手梏急，氣奔欲死。涿人楊四者爲正祈哀解人，醉以酒、酬以金，正乃得至戍所。時傳有密諭，岳正須生不須死，鎮巡而下素雅重正，皆致客禮，賊不能害也。上亦時憶及，輒曰：「岳正倒好，只是大膽。」越四五年，曹、石俱敗，上謂李賢曰：「向者岳正固嘗言之。」賢因爲請命，釋爲民。甲申茂陵即位，有御史楊瑄者亦以劾亨謫戍廣東，臺諫請復二人官以勵

[三]「宄」，原作究，據《明史》卷一七六、《國朝獻徵錄》卷十三改。

忠直。詔正仍居原職，充經筵講官，纂修先朝實録。會廷薦正爲兵部侍郎，與都給事中張寧名並上。寧負才氣，亦被譖，遂皆補外。正得知興化府。至府作小西湖，開兼濟河，築南北堤，塞白埕港，别購民田開河直趨涵口，修江口橋以至通津，復購穀予饑民。成化己丑入覲，引疾致仕。壬辰九月卒，年五十五。正於書無不讀，謂天下事無不可爲，高自負許，俯視一世。詩文高簡峻拔，追古作者。字法精偉，旁及雕繪鎸刻，悉臻其妙。有《類博稿》十卷行於世。謚文肅。無子，李東陽其婿也。

歲寒老人曰：我明至宣德正統間，庶富而教極盛矣。公當是時，以高文掇巍科。天順復辟出，膺召命、居宥密，遭際之隆，擬諸夢卜。感慨奮發，忘身殉國，方將以功烈顯天下，而爲權奸所構，投荒處僻，竟不究其志以死。惜哉！或乃以浚恒之凶、不密之失爲公累，是徒以成敗利鈍論公，豈不慮二凶之惡已哉！立命豪傑盡其在我者而已。

## 賈尚書公俊　附賈主事公道、御史公運

俊，字廷傑，束鹿人。景泰庚午舉人。由國學簡山西道御史，凡五出巡。所至，奬廉黜貪，鋤梗植弱，其稱爲能。歷山東按察副使，督修德王府。工甫就緒，遷左僉都御史巡撫寧夏，蓋異數也。俊至則持憲度、嚴軍法，麾指任使惟所當，數年敵不敢犯。成

化癸卯，召入爲工部右侍郎，飭材訓藝，動必信度。乙巳河南饑，敕俊往視，悉力賑貸，多所全活。丁未遷左侍郎，未幾遷南尚書。弘治辛亥敕修太廟，夾室成，加太子少保。久之，有足疾，四上疏乞休。歸三年卒。俊歷事三朝，始終完名。巡撫六年，不携家眷，漱靴澣服，至今猶有傳頌之者。宦官汪直權傾中外，六卿咸屈膝下之，俊獨奮然與之抗禮。直雖改容起敬，然百計傾陷，竟莫能動。孝廟欲建水亭，俊謂財用匱乏，不宜興此無益之工，疏凡三上。上雖寢其事而中不懌，會太監李廣方爲上理髮，前跪曰：「罷此老可也。」上怒曰：「工書爲朕省費，渠安敢出此言！」以靴尖踢其一齒。俊聞之，累上疏乞休，上再出温旨慰留。俊之直節勁氣受知孝廟如此。

賈道，束鹿人。由進士授益都知縣，陞户部主事，監河西務税。明道講學，一塵不染。卒之日無以爲殮。

運，道之弟，亦由進士授南道御史。太史吕柟稱其直節懿行、有古人風。兄弟俱祀於鄉。

歲寒老人曰：賈氏何多賢也！上書受知孝廟，靴尖踢落李瑞一齒。馨傳千古矣！道與運一稱「明道講學」，一稱「直節懿行」，只此八字，想見生平風節。

## 安御史公翊

翊，字伯玉，邢臺人。由舉人天順間爲福建道御史，奏劾曹欽逆叛，正直謇諤，中外憚之。以極諫土木貶刺朔州，尋調乾州，治有善狀。入覲賜宴於禮部，有「才行超卓、政績顯著」之褒。三載當遷，百姓詣闕保留，竟卒於官。

歲寒老人曰：奏劾曹欽，極諫土木，可謂直臣；而禮部賜宴，百姓保留，復稱循吏。君子哉，伯玉乎！

## 傅文毅公珪

珪，字邦瑞，清苑人。成化二十三年進士，自庶吉士授編修，弘治十三年陞左中允。正德四年，逆瑾惡其不附己，矯旨降修撰。瑾敗，復原官。五年以學士陞吏部右侍郎，明年轉左，尋陞禮部尚書。當是時，武宗好佛，自稱大慶法王。外廷聞之，無所據以諫。俄内批禮部，番僧請腴田千畝爲人慶法王下院，乃書大慶法王與聖旨等。珪佯不知者，執奏：「孰爲大慶法王者，敢與至尊並書，褻天子、壞祖宗法，大不敬。」詔勿問，田亦竟止。寵伶臧賢請改牙牌，珪曰：「優敢亂祖宗法！」臧又欲改教坊司印，珪曰：「優敢亂祖宗法！」皆格不行。時流賊亂中原，太監陸闇總軍容，征久不捷。諸内臣又立監鎗名，盡出後曹内臣統軍。下廷議，衆莫敢先發。珪奮曰：「兵老民疲，賊日熾，以冒功者冗、僨事者漏罰，失將士心。今賊在郊圻肺腑間，民囂然思亂，禍在宗社旦夕，吾輩死不贖責，諸公尚首鼠耶！」議罷，上竟遣監鎗諸内臣。俄有旨令珪致仕去，即束裝就道。既歸，杜門謝客，跡不至郡。闢園城西，蒔花植木，日與親舊飲酒賦詩爲樂，絶口不談朝政，不通書朝貴；聞有佳山水即携友往遊，浹旬而返，峻絶幽邃人所不至之地皆留題焉。十年四月以疾卒，年五十有七。珪爲人厚重樸直，沉毅端方，耻浮薄，寡嗜好；内剛外和，與人言侃侃無所隱伏；自檢甚嚴，於繩墨不失尺寸。居間渾然，遇事則精核明審，人不敢欺。主應天試事，時簾外官有權要囑之行私者，送廪餼時，令一私人至簾内，欲有所請白，即叱出痛笞之，曰：「此豈汝所至之地！」其人竟不敢言。説者謂當時一容其人啓口，則行私者得以藉詞矣。在禮部尤稱執法，一時士夫倚以爲重。書爲文平生不事剜刻，有《北潭集》八卷，藏於家。卒之日，棺槨衣斂之具皆自處分，書籍詞翰之類皆封以付諸弟，且戒死後勿乞恩祭葬、勿求墓誌銘、勿作佛事。既卒，巡撫官以聞，上命賜葬祭，贈太子少保，謚文毅。

歲寒老人曰：「禍在宗社，死不贖責」，老成忠憤之言！安得如此數公者而立乎三事九列哉！

## 石文介公珤 附兄尚書公玠

珤，字邦彦，藁城人。成化丁未進士，入翰林即著聲。歷任國子祭酒，以身率人，教嚴而諸生莫敢犯。時武宗無嗣，上疏請於藩王中擇其親且賢者育於宫中，代行温清蒸嘗之禮。武宗始狩宣、大，疏請回鑾曰：「六師不備，遠違法宫。内無親近之託，外有事變之虞。若鑾輿一日未返，則臣子之心一日未安。」後百官相率諫南巡者罪且不測，珤上疏救之，辭尤切直。進吏部尚書，時承群小竊柄之餘，政以賂成，官以意授，士習靡然日趨於壞。屬考察京官，凡諸清議有干者多見屏黜。是時輔臣有不悦者託辭請命，仍兼學士，在内閣專管誥敕，實奪之權也。前後所上封事太要勸上清心省事，法堯舜之恭己無爲，用漢文之與民休息。其諷上力行王道、辨别邪佞；中才皆可用之，人不必求備；平易有近民之實，不必務奇；治有端緒，不必責效旦夕之間；事可包荒，不必刻意淵魚之察。人謂其爲救時之藥石。嘉靖三年，手敕兼文淵閣大學士，入典機務。有所論列多觸忌諱，上優容之。有勳戚怙勢奪民田萬餘頃，既得旨，民大騷；爲言於上，仍還之民。珤沉静寡默，居政府不輕發言，遇事所難，徐出一二語輒中節。有不當意者，憤激見詞色間。人或誚其過直，久乃服之。屢典文衡，以平正簡要取士，文體爲之一變。錦衣官有構飛語訐輔臣者，併中傷之，遂逮下廷鞫。臺諫皆白其無他，大學士楊一清力爲辨之，珤惟求去，上許之。僦民車去，閉門不出，人益仰之。年六十四卒於家。謚文隱，後改文介。

玠與弟珤同登成化丁未進士。玠授汜水縣，有惠政，擢御史，推綜三法司事。左都御史戴珊素知玠，事無巨細悉委之。正德丙寅，轉山西按察副使，督學政，教人以修德明經爲本。巡撫大同，習諳戎務，量才任使，不爲深文苛責，故人爭盡力，邊境用寧。入爲兵侍，武宗北巡日有調集軍費不貲，玠經營籌畫，未嘗告匱。會錢寧竊權阻壞鹽法，累執奏，被讒奪俸，因疏乞歸。喜讀《左》、《國》，尤好淵明、樂天詩。所著有《東滹漫稿》。

歲寒老人曰：李文正謂諸後進可托以柄斯文者，其石氏季方乎？余謂尚書公醇正練達，亦何愧元方也。

張知府公舉

舉，藁城人，世以農爲業，至舉始讀書。刻志鑽研，聞京師有名儒，裹糧負書徒步往從之。後從京口楊舍人一清聞道德性命之説，侍立終日不倦。成化丁未登進士，授户部主事，監京倉。故事中璫督收半歸囊橐，多供張設樂以娱，部官遂掣肘結舌。舉獨不受，自携菜果裁度飢渴。雖所乘馬亦清鞚，終日不與少秣，歲以爲常。内外憚之無敢犯。

監宣武諸税，日往稽閲，出其不意，諸課始入公家。門官患之，請於大司徒。教下，亦不從；乃泣訴於司禮。曰：「是吊馬張乎？汝慎避之。」督天津，疏運官奸弊、隳廢冒廪及督運總兵故縱不問諸事。會岳州知府缺，劉東山大夏力求爲守。到郡考能激污，首罷民所不便者十餘事。天資挺直，數與監司論事爭曲直，詞色淩軋。上官積不能平，亦屢詘抑之，輒憤嘆曰：「張舉亦男子也，何至爲富貴下人哉！」欲求去。會御史行部箠撻主簿，舉仰天曰：「以吾忤物之故，不能庇其屬！」方草劾欲上求直其事，不勝憤，按筆而卒。囊篋如洗，東山過而哭之，經理其喪。

歲寒老人曰：直道事人，誰其容我！按筆而卒，我亦不能自容矣。

## 楊侍郎公宣

宣，新城人。登景泰甲戌科進士，任河南道御史，歷禮部左侍郎，掌鴻臚寺事。立朝有救劉千斤餘黨誣陷。疏劾曹吉祥、石亨横逆，疏上，朝野著聲。

## 楊侍郎公寧[一]

寧，字振方，新城人。景泰五年進士，六年除河南道御史。天順初，劾太監曹吉祥、總兵石亨，擢鴻臚寺少卿，累陞禮部右侍郎。

歲寒老人曰：二公俱以劾曹、石著聲。劾曹、石即被顯斥，猶有餘榮，况蒙嘉擢！人臣作事，禍福得失不必預計，只要認得題目真。好題目一分吃虧却是一分便宜，不好題目落本等且不可，况討便宜！二公做好題目而不吃虧，大是福人。

## 楊尚書公潭

潭，字宗淵，新城人。成化丁未進士，授刑部主事，擢光禄丞，陞少卿。正德改元，祭告海嶽回，上民瘼四事，有切時務，轉南京大理寺丞。尋改北大理，進少卿。逆瑾掌内廠，專事羅織。潭一奉國法，堅執不阿。廣寧伯義男爲其叔毆死，瑾坐抵命。曰：「縱使親侄孫法且不死，矧義男孫乎！」不從，瑾銜之，乃捃摭他事罰穀五百石。已，陞光禄卿擢户部侍郎，總理倉場。命初下，會征討流賊，改以隨軍督餉。因請發帑銀分路

[一] 按：明景泰五年甲戌科進士題名中無「楊寧」之名。此人生平與楊宣雷同，疑似孫奇逢誤收。

收羅，復取存留者從權協濟。劾奏山東巡撫張鳳酗酒怠政、捕盜都憲甯杲及指揮江彬貪功妄殺，併論老師玩寇。疏入，上嘉之。鳳落職，餘罰治有差。自是，諸帥始協謀戮力，而賊平矣。捷聞，晉秩蔭子，復督餉宣、大。時虜寇壓境，兵大集，區畫有方，儲糈不匱，陞尚書，總理倉場。先是督倉中貴率憑藉專愎，相見接遇以禮而事不與議，且歸併剩糧，革久濫官攢以祛煩擾，平收斛面以絶通賄，人咸服其剛正。改蒞部事，適寧藩遘變，上親征，百官景從，供應急於星火，加以恩倖之賞賚無紀，客兵之支費益增，劑量計處，日不暇給，隨取具足，中外倚之。辛巳夏以倦勤懇乞骸骨，再上，始得旨。甲午卒。訃聞，命禮官諭祭者二，命工部營葬事，恩遇始終，人咸榮之。

歲寒老人曰：公正人而有作用者，故不罹于禍，又能濟其事。新城一時有三楊，人皆君子，宦又顯達，可稱盛際。予嘗與其鄉之後輩言之，人多不能舉似其事。信矣，徵文考獻之不可已也。

## 吕御史公鏜

鏜，晉州人。弘治庚戌進士。尹武進，卓有循聲。擢御史，首劾逆瑾所昵四人，皆去。瑾銜之，令銓部補山西參議，隨以他故矯旨送錦衣獄，杖而削籍。由是隙家乘機以飛語誣鏜，再下錦衣獄，杖殺之。士論惜焉。世廟初追贈右參政。

歲寒老人曰：或謂：「公以忤逆瑾兩下錦衣獄，竟被杖殺，非殉節乎？」曰：公初以直諫攻去瑾黨四人，御史之職分應爾。後爲衆讎家誣陷以至於死，與死封疆死官守者不同，蓋無可死必欲死之道也。士君子處死惟義所在，應死不必避，不應死不必趣。

## 韓副使公春

春，蠡縣人。弘治辛丑進士，授睢寧知縣。時大旱，春自責請禱。夜夢神柳義送雨，果大雨三日。劾平江伯擾民，罷之。擢北臺御史，痛革時弊。督修皇陵，劾宦官李興，條陳六事，朝廷賜衣一襲、銀五十兩。尋陞山東按察司副使。逆瑾用事，以剛罹禍，遂歸。進階亞中大夫。

## 石通判公宗岱

宗岱，字岳山，清苑人。弘治中由進士任歷城縣，慈祥愷悌，省徭役，修廢墜。時逆瑾擅權，索賄弗與，遂罷歸。後瑾誅，復起漢中府褒城縣，遷衛輝通判。致仕，鰥居杜門三十餘年，官郡縣者未識其面云。

## 田知府公蘭

蘭，字世馨，清苑人。由進士授山東道御史。逆瑾索千金於科道，蘭不從，改蒙陰令。政不苛察，曲盡子民之道。歷官大同知府，時邊卒缺餉久，戕及憲臣。蘭踵其後，多方處給反側始安。以病告歸，行李蕭然。卒於家。蔡中丞憫其貧而賻之，始得葬。

歲寒老人曰：當逆瑾時，士大夫受其摧折抑塞者不可勝紀，而燕趙之士更甚。四君要皆清修士也。迨至逆賢以維桑之故，摧剛爲柔，士氣漸靡矣。無怪吴下士云：「乙丙之際，燕趙悲歌不於朝而於野。」噫！士氣之靡，世運之替，謂甲申之禍肇於此，誰曰不然？

## 孫太僕公緒

緒，字誠甫，别號沙溪，故城人。先世多厚德，生有異兆。中弘治己未進士，授户曹。辛酉火篩入寇，遣朝臣往禦，緒被簡爲參謀以行。事竣，調稽勳，鈞陽馬太宰深器重之。歷考功文選郎中。時逆瑾嘗械繫御史於市，人莫敢申理。緒曲爲救解，得釋。浙江有褚知府當免，懷金謁緒，峻却之。轉太僕少卿，晉正卿。舊例太僕供邊騾以千計，歲入無用，上疏罷其役。先是淮安、鳳陽諸郡饑饉，馬俱小弱，緒察與交兑，民不破産。

南陵丞韓思義貪殘日著，緒庭杖之而按以法，爲權宦張雄所誣陷，繫御史臺，褫爲民。世廟初，詔復太僕卿，致仕家居，足不及官府。所著有《沙溪稿》四十卷，《無用閒談》十二卷，《蒙求族譜》、《〈大學〉〈中庸〉放言》、《〈易經〉奇語》、《陂東新論》、《四書小説》、《〈語〉〈孟〉〈毛詩〉〈尚書〉雜義》各若干卷。年七十有四。

歲寒老人曰：《本傳》稱公「丰神玉立，重交遊，慎然諾，與人語必倒衷曲，至於嫉邪惡佞則又毫髮莫之假借」，此其品可知，惜不得見其著述。楊邃菴評其爲近代宗匠。

## 張主事公斌

斌，永年人。正統乙未進士，任户部主事。忤權閹王振，謫戍遼東。後朝議以浙江鹽法多夙弊，惟斌可以釐正，復前職往。斌持法剛正，不通賄賂，復爲權倖所忌。平日邀利於間者不遂所欲，乘斌有疾，内外通謀，駕言中風，以艾炙之，復加以毒，被害。時咸悼惜。

## 連運使公盛

盛，永年人。成化戊戌進士，弘治中拜御史。性剛介，彈劾有聲，貴戚爲之斂手。

正德初擢山東運使。逆瑾擅權，中外爭賂之，盛獨抗直不附。瑾怒，中以他事竄海南，盛携家屬毅然就道。未幾瑾誅，詔復官，而盛已逝矣，還葬賜祭。

## 董參政公威

威，威縣人。成化丁未進士，任南京户部郎。清慎自持，陞江西參議。時逆瑾播弄威福，藩臬多納賂求媚，不者必陰中傷之。威曰：「枉道徇人，剥民取寵，君子不爲也。」矯詔遣輸粟於居庸關以贖罪。尋轉參政，上章求去。當時稱急流勇退焉。

## 萬給事公英

英，順義人。性端慤，尤不喜組麗。早失父，事繼母以孝聞。舉進士，授兵科。時逆瑾竊政，英獨闔闔持大體。有命查錦衣官校不係軍功者罷之，瑾親黨皆應革，不待事竟，逐出守池州。下車即革稱頭銀七百兩，流賊望風不敢犯。尋改永州。永素號難治，且多宗室，治之無異於池。以外艱歸，卒。

## 張太僕公宦

宦，完縣人。弘治中以進士授南户科，彈劾不避權勢。陞四川參議，以忤逆瑾落職。

瑾誅，復官，終陝西行太僕卿。所在有冰蘗聲。

## 張給事公潤身

潤身，成安人。正德甲戌進士。初任西安縣，以賢能著聞。選授户科給事中，歷轉工、吏二科，有謇諤聲。親老乞終養，釋服轉兵科都。居諫垣前後十三年，論巨璫之席勢、貪將之憒兵，與夫指斥近侍之污穢、停寢武弁之奏帶，諫疏數百篇，皆切中時弊。被劾者陰相排擠，遂出守平陽。比至郡，問民疾苦，百度嶄嶄。居二載，浩然請歸，日惟以耕讀課子、敦睦族黨爲事，所著有《四科奏議》傳於世。

歲寒老人曰：五公同郡，俱以忤璫著聲，余每叙列此流輒欽其風概。或曰：「士君子立人之朝，何必定以强項取名，危其身而事未必濟，聖賢處此豈别無自全之道乎？楊一清之用張永，固是降龍伏虎之手，不然奉身而退，既不危身又不僨事，未必非正着耳！」予曰：士大夫正恐自全意多，遂至進退兩失其據，用璫而反爲璫用，身名俱喪者，皆自全之説誤之也。可不慎諸！

## 鄭御史公己

己，字克修，山海衛人。成化丙戌進士，選庶吉士。劉文安典教，每閲其文，輒嘆曰：「山海乃有此人耶！」改御史，會廷推撫臣有弗當，己抗章論之，語侵當道；又累疏指摘撫臣及中貴，而權要多忌之矣。按陝西、甘凉諸路，災沴連歲，邊境繹騷，己上匡時圖治等疏，大要以安民練兵，責在守令將帥；而守令將帥之選，責在吏、兵二部；探本則歸重於君身，親儒臣以講學、延大臣以勤政、獎直臣以來諫。亹亹數千言，剴切中窾，得蒙上允。復請賑濟、飭邊備，陝以西賴之。時勳貴出鎮，紈绔子弟怙勢凌下，監司莫敢問，己捕而杖之濱死，實勳貴人親弟也。乃謀中之，謫戍宣府。總兵而下慕而禮敬焉，館諸佛宫，士從學日衆。有黠卒怨總兵，奏不道事，累及己，繫闕下。誣白，放歸里，尋復官。當事者欲薦用，謝不起，蓋其亮節勁氣、嫉惡如仇，故多不耦於時云。

歲寒老人曰：憤嫉之過，自不能容人，豈能爲人所容？然亦不必問人容不容也。一行求容之心，將何所不至焉？至「圖治安民，責守令將帥；而守令將帥之選，責吏兵二部；探本則歸重於君身」，此通達治體、千古不易之論。

## 王御史公和

和，遷安人。成化戊戌進士。知館陶、金壇二縣，布愛舉滯，召爲御史。巡視鳳陽，洗剔夙弊，在南道劾户部尚書張鳳，在北道劾西廠太監汪直，并奏革西廠，聲動朝野。按察山東，冒寒暑平青州劇盗。生平廉介方正，不移於時好。卒日貧不能歸葬，同官陳璧哀金爲賻焉。

## 任給事中公惠 附王御史公蕃

惠，灤州人。弘治間舉進士。爲吏科給事中，以彈劾太監高鳳革爲民。尋起，已卒矣。世廟登基，詔旌爲「忠直諫諍」。

王蕃，亦灤州人。弘治間舉進士，授御史。與惠交劾鳳，亦革爲民。詔與惠同旌，起平凉太守。

## 翟侍郎公鵬

鵬，撫寧人。正德戊辰進士。抽分務光，出守衛輝，卓有異聲。上計考天下第一，扁於部楹。至守開封，有並包之謡。巡撫寧夏，釐奸革弊，著有《邊籌録》。嘉靖二十三年，虜大入寇，鵬時任兵部左侍郎，總督宣、大等處，督兵追剿，晉秩本兵，設策生擒逆酋王，三奪韃馬器具甚衆，爲宣、大第一捷。竟以過直被逮，卒於京。嘗有句云：「惟有寸丹懸帝闕，更無尺素達權門。」則忌者之陷害亦可想見。穆宗即位，追恤賜祭葬。

歲寒老人曰：遷安公劾汪直、奏罷西廠，且能平劇盜，而貧不能歸葬，才節合焉者也。兩灤州公俱以劾鳳爲民，又復同旌直矣。撫寧公守有循聲，而籌邊奏捷、厥功亦懋，竟以過直被逮，卒於京，君子惜之。

## 牟鎮撫公斌

斌，字益之。正德初掌錦衣衛，行鎮撫事。逆瑾竊政，逐方正大臣，言官劉茝、戴銑等凡數十人下詔獄。斌輕刑緩械，曲爲申救。任御史者自愬上奏，時諸僚屬陰置其名而職實他出，斌唾曰：「古人耻不與，黨人乃以得與名爲悔耶！」瑾令獄詞去疏首權閹字目，斌不肯，謂其僚曰：「存此則諸君子臣節自白於他日。昔宋鄒道卿以失原奏被害，吾儕宜自爲計。」奏入，瑾大怒，又偵知其曲庇言官，矯旨廷杖，垂死。瑾誅，復任鎮撫。知府劉祥與内臣相訐，下斌治，内臣賄張雄，并以賂斌，斌不從，而祥得不死，然雄竟以此陷斌，安置武昌，感疾而卒。當斌再用，時適喪長子，工部官以三百金爲賻，斌指其兩子曰：「斌司刑不道，天禍一子，若受金，行且及此矣。」卑屋敝衣，遭禍處之怡然。

歲寒老人曰：公掌詔獄，正色直詞，保護善類，君子以爲真弘治中人物也。楊、左諸君倘遇公，或可不死，即死亦當不至於過慘。許氏子對公不愧死耶。聞有山陰吴君者，爲許氏子副，嘗從容語之曰：「代人操刀無多連染，連染太多於鈎黨者則快矣！盍亦自爲他日地乎？」又佐許氏子定爰書，坐贓皆無左證，預爲昭雪地。吴君之心，一牟公之心也夫！

## 達督學公其道

其道，字行甫，任縣人。中第後授工部主事，管榷濟寧諸閘。癸亥轉員外郎，管後庫出納。庫與閘俱腴地，而一無所取。甲子遷郎中，肅皇帝命疏玉河，工成，賜金幣。丙寅轉河南副使，提督學校，嘆曰：「今之督學者，弊在重文藝，斯道化衰，徇干請，斯巾裳濫。此係於世教非小。」乃程業兼稽行誼，以樹標立極，要使人名實不爽，其登進黜罰，即尊要素所厚善之子弟，不少曲假，故風用丕變。隆慶戊辰，乞休歸。篋惟古書數帙，了無長物，人稱其清。

歲寒老人曰：取士一途，祖宗朝惟重行誼，故一時人物爲盛。迨其後也，士無實修，故朝多粃政。若行甫者亦可謂能行其道也。

## 冉少卿公繼志

繼志，蠡縣人。由進士任都察院經歷，以觸逆瑾捕下獄。後遷長子令，邑人樹德政碑。官至少卿。

## 馬給事公子聰

子聰，字舜達，廣平人。成化丁未進士，初授南禮科給事中。時孝宗御極之初，都御史錢鉞以庸瑣叨致高位，守備太監蔣琮復凶悖貪縱，無所紀極。子聰首劾鉞之倖進、琮之奸惡，朝廷納其言，罷鉞，繫琮於錦衣獄。未幾，丁外艱去。服闋赴京，復除禮科，轉户科。朝廷將於萬歲山建毓秀亭，費用不貲，中外洶洶。子聰具疏以陳，上即輟毀之。前後數十疏，各切時政，排斥奸貪，皆衆人不敢言而獨言之者。然終以此忤巨璫，欲中傷之。因母老給假歸省。明年春，吏部兩推南藩大參，竟爲宦官中阻。是年病卒於家。

## 張給事中公寶

寶，完縣人。進士，授南户科。彈劾不避權要，以忤逆瑾落職。所在有冰蘖聲。

## 魏御史公彦昭

彦昭，容城人。弘治己未進士，由行人擢御史。以忤逆瑾謫利津丞，禦流賊有功，官至參議。

## 仇御史公惠

惠，字澤民，新安人。弘治壬戌進士。初任蕭□縣知縣，誓不取一文，仍以教戒其子。三載擢御史，巡按山西，赫赫有聲。所作教民榜、勸善勸農文，曲盡閭閻情狀。時值逆瑾用事，上疏劾之，謫滁州判官。後知泗州，陞山西僉事。卒於官。前在蕭爲恤刑郎韓君所窘辱，後按晉而韓爲潞安守，公首薦者三。公之卒也，韓爲晉制府，厚報之，爲歸櫬。

## 宋御史公璉

璉，清苑人。弘治乙卯舉人。由欒陵諭擢御史，奉特旨經略三邊。璉上疏先誅瑾而後邊事可爲，瑾深銜之，未及加害而敗。康陵稱真御史。按關中，墨吏皆望風去，釋被瑾誣至死者幾百人。按察榆林，却餘金萬計給軍士。榆人感之，爲立生祠。上疏乞休，肅皇有「廉慎恬退」之褒。

## 李御史公緯

緯，唐縣人，字汝静。由進士授御史。孤忠大言，有氣節。居官不滿歲，上疏幾百，孝廟愛其直。後以忤逆瑾謫揚州推官。卒，以疏稿殉葬。

## 馮御史公顯　附鄭御史公陽

顯，安肅人，字德彰。巡按河南，百務肅清。時逆瑾諷之誣冢宰許進，顯曰：「寧忤權倖，不枉忠良。」瑾怒，繫還。至途，瑾誅，陞山東副使。改九江兵備，法令大振，盗賊屏息。

時同縣御史鄭陽字宗乾亦以忤瑾繫獄，謫旌德主簿。

歲寒老人曰：人心陷溺，清議不明，士大夫止知有官爵而不知有廉耻，世道尚可言哉！逆瑾與逆賢惡焰薰天，前後同毒，而逆瑾之殺戮更慘，乃上谷一郡同時身犯凶鋒接踵被繫者不止此八人也。至逆賢時犯之者少，而頌尚公功德、請建生祠者，邸報中無日無之，人心何遂陷溺至此！士大夫幼而讀書，夫豈不知宦官宫妾之足累人，而夤緣奔競、恬不爲怪者，總不知有清議故耳。予於八君子企慕有年矣，已識之《取節錄》中，特再爲表之。

## 張侍郎公欽

欽，字敬之，號心齋，通州右衛籍。正德辛未進士。以行人授御史，巡視居庸關。

時武廟欲北狩，乘輿已迫關矣，欽閉關三勒疏，堅請回鑾。武廟壯其忠，遂止。會言事忤當道，出知陝西漢中府。未幾，總制楊一清特薦兵備延綏。歷陞山東、山西、福建按察使、左右布政，進太僕卿，遷都察院副都，巡撫四川，陞工部侍郎。

歲寒老人曰：閉關三勒疏請回鑾，是何等風節！得之武廟更難。

## 劉尚書公愷 附侄孫副使公兑

愷，字承華，新安人。弘治庚戌進士。官刑曹，以公清平恕自勵，能停疑獄。轉鴻臚丞，尋擢卿。日惟與喬希大、邊廷實、傅卯瑞結社談詩，愷獨進性命之學。歲壬申，山東盜起，徐兖漕運慮爲所阻，銓部疏請才名素著者以行，乃拜右副都御史。條便宜十數事，上皆俞允。至則徵調兵馬屯拒要害，自率精騎往來臨視，又效古人甬道削堤爲牆，高二丈許，巍然如城，綿亘六百餘里。五里爲鋪，鋪築墩，置守哨，兵勢大振，賊不敢近。明年河決黄陵岡，勢洶湧，詔修治，愷相度地形，築堤岸，通故渠，會風雨交作，人力莫施，乃齊禱於河神。其文曰：「神之禍黄陵者，實所以禍吾民也。推召災之由，當禍於官，不當禍於民。願伏神誅，以蘇民命。」已而雨霽。越二日，河復故道，得腴田數千頃，人以爲精誠所感。上賜璽書褒之。乙亥陞兵部侍郎，明年陞禮部尚書。時值武宗南巡，郊祀未舉，乃請回鑾，章凡九上。明年郊祀禮成，上特賜斗牛金衣一襲。戊寅加蟒玉。世廟御極，以疾連章乞休，上曰：「是善理河夫失也。」允致仕。歸三載卒。上念其勞勩，賜祭二壇，命有司營葬。所著有《西皋吟》、《咨奏稿》。子靖臣，正德甲戌進士。歷陞大理寺正，清明仁恕，屢決冤獄。後以議大禮不合，謫汝州判。次子端臣，舉人，九上公車不第。大學士李序菴勸之仕，端臣曰：「某非不屑舉人之官，奈世態人情冷於吴水，雖江空歲晚亦惟樂天安命而已。」序菴曰：「何敢强公高志哉！」竟終身不仕。

兑，字景澤。隆慶丁卯舉人。知富平縣。陞户部主事，管太倉庫。一洗宿弊，即大僚俸薪，令自行關取，無纖毫浮者。巡視交章論之，敕下究擬。時王荊石當國，極重兑，委曲得釋。尋管代州倉，捐積羨幾三千金作糴母以實邊儲。陞靖虜參議，整飭屯營，清理糧餉，以議剿松虜不合，告病歸，後總督倉場。趙世卿革弊疏，稱兑在太倉時孤忠一意之行、皭然介然之操。有旨嘉其守法，下部查叙。起肅州副使，丁艱歸，卒。所著有《百政集》、《廉惠倉議》、《靖虜二十二政》、《淑世談藪》、《新安考》等書。

歲寒老人曰：劉宗伯總河時遭母喪，貸寧鄭兩姻家銀三百兩始得襄事，廩給之外不敢輕受人一物。副使以孤介動神宗之知，許立石永遠遵守，以此稱清直，允爲足色。然宗伯治兵治河，厥功甚大；而副使靖虜議鑿鑿中窾，當日雖格不行，後田司馬樂竟遵其説以成功，猶上疏歸功副使，殆非可以一端盡也，仍宜特傳。

## 岳工部公倫

倫，字厚夫，别號雲石，保定人。少負奇節，以上谷僻陋寡見聞，挾册來京，從諸名人遊，問學日博。嘉靖壬午鄉試，丙戌第進士，授行人使汴。歲歉，見饑莩塞途，還朝上疏免徵遺賑，詞甚激切。已復，兩劾權貴專擅數十事，遂落職爲山東齊東縣簿，稍遷山西曲沃。累晉工部主事、郎中職，所宜舉不遺餘力。會朝議群臣才可往諭安南者，倫與焉。上幸承天，倫道諫止，詔下獄六閱月，罷歸上谷。平生憤激之氣時於聲詩發之。倫美髯長身，偉然萬夫之望。性剛，遇事輒發，然恤困扶危，古人不過。俚夫有一言當理，亦不忍棄，嘗欲上書闕下。遍歷九邊，分屯建戍，選鋭募勇，起遼海、迄蜀川，修洪公舊業以扼潮河之險；追王渙遺跡以復興和之城。徙朵顔諸夷於開平廢壘，以大寧地内屬，振哈密孱弱之裔以制吐蕃。又欲做金元故事，立瀛海、平灤諸鎮，羽翼神京。諸所經略既定，則西羌不敢窺甘凉，而吉囊、俺答無能猾夏也。有志未就，惜哉！年僅五十有一。

歲寒老人曰：雲石嶽嶽自立，讀其傳可想其人。補天有石人空老，挽日無戈氣尚雄，令人增慨。

## 强中丞公珍

珍，字廷貴，滄州人。成化丙戌進士。初知涇縣，奏減賦額，涇人爲立祠。擢御史，負氣敢言，按甘肅、按江北，人凛然不敢犯。後按遼，會權閹汪直挑釁僨事，時無敢言者，珍獨暴其罪，下詔獄搒辱備至，謫戍遼東三年。有旨復職，致仕。弘治初起爲山東副使，未幾陞大理寺卿，遷右僉都，巡撫宣府，坐言官論列，改南京右通政，以母老乞歸。弘治十八年卒。珍性强鯁，政尚嚴毅，所至有風采，爲時所重。

## 戈尚書公瑄

瑄，字良玉，景州人。成化乙未進士。授嵩縣知縣，擢御史。會萬妃怙寵，率同官上章論之，憲廟震怒，撻之午門。或尤其戇，瑄曰：「進言受責，何辱之有？」復上疏獨論，不報。弘治初年刷南京文卷，癸丑推掌三法司事。歷陞四川副使、山東按察使、浙江布政使，到處著有風裁，民俗丕變。正德丁卯，陞南京都察院副都。時丹山屠公掌院事，瑄佐之，有所執論，屠欣然稱善。時劉瑾專政，嫉其違己，追論浙江布政時事，罰米七百五十石。再陳休致，不允，改南大理卿。甲戌陞南刑部尚書。乙亥乞休，不允。己卯復乞骸骨，乃得所請。居家敦倫爲善。會上兩宫尊號，詔進階資德大夫，未幾卒。

# 孫僉事公博

博，字約之，景州人。倜儻有志節。領鄉薦爲歷城教諭，登成化戊戌進士，授禮科給事中。論事不避强梗，聲振鎖闥。成化庚子，汪直用事，立西廠，密令左右親校覘察公卿以下官，得失輒注考語，乘間聞奏，或徑自捕繫考鞫。博上疏論直盜弄國柄，作禍作威，使君相廢職，漸不可長。疏入，上令毁西廠，直大恨之。會虜寇雲中，直與都御史王越、保國公朱永受詔北伐，將團營軍伍萬人出山後，直乃奏用博紀軍功，陰欲中傷，博曰：「論諫，吾職也。榮辱生死，命也。將安避乎！」既抵雲中，虜勢猖獗，每出戰輒令紀功官隨行營。博雖書生，意氣峭拔，兜鍪繡襖，彎兩石弧，馳突萬衆間如健將。時或聚議機務，益侃侃雄辨，指畫利害，不少挫衄。直始心敬之。越亦從旁時時救護，得不死。師還論功，陞山西按察司僉事。博既禁闥舊臣，又襟韻疏暢，居法司鬱鬱不得意，遂乞致仕。茅茨蕭然，日役蒼頭課田園，遇故人賓客觴詠不倦。弘治甲子，知州馬貪虐毒民，博累言之，觸怒，反以事見侵凌。博發憤詣京師，論其罪惡及人命十餘事，得賜詔獄問，且遣使者詣州覈實。馬度不可解，佯爲謝罪，置酒毒死。馬竟伏誅。博爲人卓犖開爽，慮事不欲太深，又不設城府，故始以此立節，中以此去位，終以此致死焉。

## 李主事公旦

旦，字啓東，獻縣人。由進士任刑部主事。成化末年，條奏《修人事以謹天戒》凡十事，其一正君心以培治體，大略謂：「陛下欲求正理，先辟邪心，如神仙佛老之説、燒煉修養之術、私外戚、納女謁、聲色、貨利、奇技、淫巧之屬皆陛下素所溺惑者也，加以宦官宫妾、左右近習，有欲苟慕富貴、覬保身家而誘之，以蕩上心、逢君意，則以物交物、以非遂非，能正者幾何？繼自今務養心以正，制心以理，異端罷而不談，修煉置而不講，聲色不邇，貨利不殖，外戚不私，女謁不行，奇技不尚，淫巧不作，而便嬖倖臣擯斥之、驅逐之，日進儒臣講求治道，大開言路，款納忠良，然後此心不爲所動，而正大光明之體不失矣。」餘俱切於君身、裨於治道者。疏入，貴戚權倖側目，竟坐是罷黜。君子惜之。

## 王少卿公濟

濟，河間人。成化丁未進士，任户部主事。才智過人，博學好問，動遵禮法，居官以清慎自持。陞山西參議，擢太僕寺少卿。以得罪逆瑾繫獄卒，卒之日家無餘積。朝廷特賜祭以表其忠焉。

## 于按察公大節

大節，字守正，其先自進賢徙任邱。舉進士，由行人擢御史，巡薊州山海關。劾中官暨武臣曠職，詔督責之。再按大同，劾去一切僨事者。後按湖廣，悉心疑獄，刑得不濫。聞京師地震，條上八事，忤中貴，左遷鶴慶府推官。報至，賦詩曰：「武昌城裏得交懣，小小扁舟載我行。莫訝滇池荒服外，版圖猶自屬皇明。」值歲饑，發廩賑貸。俗不知學，選秀民補郡學弟子員，時親指授。勘夷獄諭以情法，竟息其爭。陞四川僉事，尋陞浙江按察使。以目盲致仕。復起按察山東，剖決如流，民賴以寧。卒於官。大節性溫厲，篤孝友。

歲寒老人曰：諸君子俱以直諫得罪下獄，詔撻之午門，或謫或罷或死，禍云慘矣。獨約之疏罷西廠，且不罹禍，幸何如之！乃脱於虎啖之餘，而反遭毒吏之手，是豈善處死者哉！小不忍而亂大謀，故古之英人不爭小禮，不報小仇，蓋所圖者大耳。發憤上京，殊犯小不忍之戒。

## 王府尹公宸　附張中丞公宏

宸，字具瞻，其先郟縣人，因從戎籍於真定。弘治庚戌進士，授吏科給事中。遼東守臣妄殺降夷冒功次，宸往按之，罪人以千金賄免，不爲動，竟置於法。尋遷禮科都。正德初年，番僧那卜堅、道士陳應循以左道出入禁掖，宸請明正其罪，言極剴切，朝論韙之。逆瑾擅權，恨宸忤己，矯旨繫獄幾死。瑾敗得釋，遷光禄卿，歷官應天府府尹。孔姓冒先聖裔，以萬金賄，叱之。乞歸。四年卒，賜葬祭。宸始終清慎，居官所在著聲，居家孝友，内外無間言。

歲寒老人曰：孝友爲政，自不爲威惕、不爲利誘。君子人與？君子人也。

宏，字維裕，真定縣人。正德三年進士，任御史。以劾逆瑾謫蘇州府推官，陞青州同知。歷官延綏巡撫，致仕。

歲寒老人曰：中丞公劾瑾之外無別載，故附之。

## 王大理卿公綖

綖，字邃伯，自鳳陽徙開州。登弘治乙丑進士。由户部陞衛輝府知府，權貴過者連車接轙，惟庭見一揖而已。遷湖廣副使，群臣迎世廟嗣統，巨閹谷大用，八黨之一，强之跪，綖不屈，肆行悖侮，綖脱冠裂服，奔赴王府伏啓，即日棄官歸。比登極，疏劾大用奸惡，辭甚激切，凡五上而大用斥矣。尋改河南副使，鑛寇王鏜横行河朔間，討平之，陞山西參政。計擒巨寇黄大賨，陞雁門行太僕卿，巡撫江西。擢大理寺卿。參駁不避權要，左遷山東參政。疾作乞休，不允。再具疏，未上而卒，年六十一。平生絶不干謁，有司取與進退，毫分不苟，日用居處蕭然如寒素。雖好爲詩文，多不存稿。痛兄早亡，撫諸孤若子，先世遺産盡以畀之。

歲寒老人曰：脱冠裂服，即日棄官，真强項矣；而討平王鐣，計擒大寶，饒有幹略。

## 邵中丞公錫

錫，字天祐，號石峰，安州人。由給事中仕至中丞。武廟議北征，錫上疏力陳其不可者十，語極切直，疏入不報。旋又命輔臣草威武大將軍敕，特進鎮國公，錫復上疏曰：「人君以至尊而下行總戎之事，以天子而下襲公侯之封，於名分則倒置，於事理則乖謬。播之中外，取四方之譏；書之簡册，貽萬世之誚。」章再上，俱留中。比駕出德勝門，錫率科臣遮道泣留，上怒曰：「這廝再三阻擾！」欲拔劍手刃，太監蕭敬跪奏曰：「此忠臣也。」釋之。迄世廟踐祚，權奸相繼就僇，籍其家歸内帑，錫以此穢濁不祥物，請發邊鎮優恤貧軍，制曰：「可。」中官梁諫等匿大半不以聞，錫復疏内帑積貲不下數十萬，乃今所發曾不什之二三，業奉綸音而中匿之，非所以示大信於天下。上復可其奏，盡出之以給諸邊。

歲寒老人曰：石峰真可謂名臣也哉！諫武廟北征，辭氣直烈；至以籍没之物爲穢濁不祥，請發邊鎮優恤貧軍，意又婉切。

## 袁侍郎公宗儒

宗儒，字醇夫，號静菴，雄縣人。正德戊辰進士。己巳授江西道御史。榷茶陜西，盡釐宿弊。癸酉按浙江，浙俗嫁女費侈，多不舉〔一〕，宗儒嚴爲之禁。乙亥按河南，會有河決，宗儒定規畫，慎出納，省費巨億，民力甦，復上六事，深切利病。丁丑陞大理丞，丁内艱。嘉靖癸未補原官，值議大禮，宗儒執論不移，受杖幾斃。甲申陞本寺少卿。乙酉奉命勘襄藩事，據典執律，研審詳確，降敕褒獎。丙戌陞右副都，巡撫貴州，剿平巨盗沙保、王阿滕〔二〕等。捷聞，有金衣之賜。戊子以事忤當路，回籍别用。辛卯復起，撫鄖陽。未幾改撫山東。歷城、章丘有窪田無數，積久廢爲沮洳，乃以田數定夫額，令鑿渠以通河，導河以通海，匝月而就，遂成膏腴。癸巳以災異自陳致仕。言官交薦，乙未起原職。丙申陞南户部侍郎，戊戌改北。己亥春二月，上南巡，宗儒扈蹕勤勞，回京浹

〔一〕「舉」，原作「育」，據《國朝獻徵録》卷三十改。
〔二〕「滕」，原作「勝」，據《國朝獻徵録》卷三十改。

其旬而卒。上哀悼，命禮、工二部給葬祭。宗儒歷中外三十餘年，冰蘗之操如一日。其居第卑隘，自奉甚約，淑人之冠帔尚未克備，雖隆寒盛暑手不釋卷。嘗曰：「吾以忠孝事吾君親，以勤儉示吾子孫，吾事畢矣。」霍文敏有言：「文官不要錢，惟户部侍郎袁宗儒一人而已。」

歲寒老人曰：予童時聞袁侍郎家只有瓦房三間，人稱其清直。夫清乃直之本，不清何能直，所謂「慾則不剛」耳。

## 朱端簡公裳

裳，字公垂，沙河人。正德甲戌進士。擢御史，巡山西鹽法。錢寧差官市鹽，拒不與，有倖人奏討鹽引，司空石公曰：「爾徒往無益，朱御史定不允也。」時御史王相被閹鐺構下獄，裳抗疏曰：「朝廷設御史，如齊民蓄猫捕鼠，猫鼠相持，主人其可助鼠耶？」疏鐺八罪，王得從輕。又勸上戒佚樂、近儒臣。武宗巡幸，諸司請大治備以候，裳不許，後果有以重斂獲譴者，人曰：「如朱公在，免此矣。」還朝諫止南巡，數孌人熒惑之禍。庚辰出知鞏昌，民儉而富，俗不好學，裳興文振教，郡大治。嘉靖初，詔舉先朝故典，選天下方面知府治行高者賜燕勞，得八人，裳與焉。給事中劉世揚等舉内外清正臣大學士石珤而下八人，裳居次。嘉靖四年，陞浙江副使。冬夏惟紗絹袍各一襲，無可更者。

夫人荆布菜羹，親操炊汲。迎父就養，同列共製一衣爲壽，父力却之，其家教嚴正如此。七年，陞福建按察使。十年，陞浙江布政使。十二年，陞都察院右副都，總督河道。十三年，丁父憂，敕賜葬祭。自都御史守制還，寒約如素，居無賓堂。十八年，再起仍前任。本年夏卒於官，謚端簡。性淳篤樸直，目所見必行、言雖久可復。凡在官鑰户遠嫌，堂室如蕭寺。窮經探賾，以聖賢自期，謂「尊德性、道問學」其的旨也。士頌其廉知，友服其不市名，民惠其不取。享年五十有八。

歲寒老人曰：公自爲諸生，奉父之訓刻志自砥，衣食不繼，裕如也，此便是學人根器。清直固其天性耳。至「尊德性、道問學」一言，原是聖學的旨，雖衍而成論，惜無人暢其説，令端簡之精神面目未得盡露，後死者寧辭其咎乎？

## 趙尚書公廷瑞

廷瑞，字信臣，開州人。正德辛巳進士，由庶吉士改給事中。時張璁以詹事擢兵侍，上章論列「進士六年遽爾擢貳本兵，恐後進奔競之徒率以璁借口」。因論吏部尚書廖紀徒負重望，不能因事納忠，聞者憚其直亮。武定侯郭勛專恣詭法，常以私意釋罪人於配所，刑部尚書高友璣、侍郎許瓚、右都御史熊浹、大理少卿曾直、錦衣衛指揮使路安等不能執法，并論之。疏上，友璣致仕，餘各罰俸有差，勛革去禄米及營務、保傅。提督宣大軍務缺員，兵部推左都王憲，憲難之，瑞論憲擇官避事，非大臣體，憲竟罷去。他如論李琮爲江彬爪牙、齊佐等爲鐵寧羽翼、張仁以幺麽伶賤，潛通逆藩，及太監韋霜等奸狀，皆見嘉納。爲光禄，駕幸承天，廷瑞扈從，乃上言行營倉卒，珍膳或不能辦，請以上産時物供用，公私兩便，上從之。駕還，以建儲事推恩得蔭子，疏讓其弟廷璋。巡撫陝西，時俺答阿不孩率衆渡河，住牧套中，乃與總督劉松石定方略，大致克捷，擒殺兩酋長，斬獲首級百餘。疏聞，上悦，進兵部侍郎，仍巡撫其地。鎮三年，累奏膚功，上遣行人賫白金、彩幣。秦人稱撫秦中者馬端肅、余敏肅之後惟瑞能不愧云。在本兵，會北虜劫營，直抵隆永，郊圻震驚，疏防護京師内外五事爲國家根本之慮。虜遁去，素體孱弱，加以軍務憂勞，眩暈顛蹶，懇求休致。里居簡出，親友罕見其面。忽造父墓所，低徊不忍去，少頃疾作，遂不起。

歲寒老人曰：公在言路而人欽其風裁，撫邊疆而人多其保障，入本兵而人服其調度，可謂能盡職掌矣。

## 王主事公承恩

承恩，號盤山，高陽縣人。正德甲戌進士。授工部主事，修康陵。是時宦人黨横，恩日與處，不苟一言。轉河東運，同舊視爲利藪也，恩不染一文。以强直歸，茅屋一間、薄田數畝而已。時與野老話桑麻，量晴較雨，不自謂官人。林隱四十年，不及公門。雖上官周恤、里人饋送，悉却不受。郡守吴嶽再造其門，未獲一見，嘆爲一世高人。任邱劉學士謂王部郎獨行絶俗、似段干木者儔，知言哉！孙文正承宗爲立傳，載邑志。

## 石主事公麟

麟，字邦瑞，完縣人。正德戊辰進士。筮仕户曹，出納惟允。出守太原，却羡餘千金，出冤獄五十人。未幾，力乞骸骨歸，竹林詩社，以樂餘年。解組逾三十載，曾無一書通要人，八十四歲嗜學教子不倦。祀鄉賢。

## 張按察公天衢

天衢，字叔通，高陽人。弘治癸卯，以《禮經》中順天第四。明年成進士，授封邱令。機警有辨才，事至即剖，無留牘，即疑獄久不决，一訊立得。有布商失布，莫可按，獨曰：「偶置石狻猊而失也。」天衢即輂石狻猊而鞭之，闔門罰入觀者布，察所輸布號而得盗狀，人號「斷石公」。或殺人而匿其屍，久不解，公訊之，適羊角風起，跡之得匿屍，坐其人，釋誣者，更號「斷鬼公」。弘治五年，入爲湖廣道御史。九年，以滿考授階。嘗疏泰寧侯鶴齡憑寵不法狀，上慰諭不問。十年二月，按山海關，舉覈將吏、飭諸邊備唯謹，從兵戈中勸學興文，人士郁如也。七月朵顏入掠，上從部議，專敕防密雲，且曰：「以爾練達老成，卓有識見。」明年四月，敕同給事中尚衡盤邊糧，是年復命。會清寧宮災，應詔陳言，略謂容直言、寬民力、罷傳奉、恤冤抑、飭織造、定鹽法、革漕運之濫陞。且言：「都御史王越，交結太監汪直，變亂成法，開邊起釁，先帝已斷發爲民，尋令以左都御史致仕；近又夤緣太監李廣以至今職，乞仍發爲民，以杜姦邪之門。且李廣罪惡貫盈，業已敗死，乃復賜之葬祭，是褒著之典加於首惡之人，何以勸戒將來？近年以來，中外臣工或因言事得罪，或因他事詿誤，如湯鼐、劉概、吉人、丁喆皆罪有可宥，如楊茂元、王雲鳳、武衢、何喬新、劉大夏、林俊、曹璘皆才非可棄。」且謂：「祖宗以來，親近大臣、斥遠邪佞，伏望取以爲法；內府甲子庫及京通內外倉等處，添設內官數多，乞量爲裁革，其鎮守太監如臨清李全、江西董讓、陝西劉瑯、四川房懋，皆貪酷害民之尤者，乞盡行取以紓民困；天下州縣人户徭役乞行巡撫等官詳審，務使均平。」疏入，上曰：「納忠言當自處。王越既用之邊方矣，置勿論；其餘令所司斟酌以聞。」又奏請當時因烟火而陞官如程通者十三人、因建亭而陞官如康表者三十餘人、又因五官司歷陞官如皇甫政六七人、及平日夤緣李廣傳陞者通行革罷，併奏裁革弘治六年以後乞陞傳奏匠官六十八人、及冠帶人匠一百二十人。疏入，上令逮皇甫政刑部，其餘姑置之，而一時宦貴凛凛側目。

## 張知縣公效仁

效仁，新安縣人。芮城知縣。解官歸里，止有十八金，以鄉賢名宦著聲。爲孝廉時五日絶糧，有人以五金請託其僕乘閒從臾，效仁曰：「汝以我絶糧，故欲敗我行耶？」劈面擲去，竟不從。學者稱其居爲「夷巷」。

歲寒老人曰：三公可謂孤意獨行之士。士大夫若愛一文，便不值一文，三公庶不愧矣。鹿忠節爲孝廉時與予同過范一泉，先生曰：「孝廉作請託事，邇成定規，絶不聞有人作中流之柱。」僕初年亦隨衆亂做，今得二君力擋流俗，當爲孝廉痛洗此陋規也。因採訪前輩介節士彙成册，以爲切劘之助。然静言思之，其有愧於前輩也多矣。前輩非有清德，未敢輕議入祀鄉賢，今日鄉賢之濫觴，則又不啻孝廉之作請託矣。世道陞降，可爲一慨。

## 毛知縣公玘

玘，字國珍，任縣人。進士。母久失明，玘祈於天，母目復明，人以爲孝感。授蒙陰知縣，有通税不完，召逋者理諭之，不數日報完。民有犯逆者密以金祈脱，玘竟正其罪。某參政以均徭役意有所需，曰：「殘下媚上，吾不爲也。」郡守有子喪，他邑賻甚厚，玘獨不致，守銜之，遂歸。

歲寒老人曰：不媚上，不虐下，俱是平常事，却是極難事。

## 劉宗伯公斯潔

斯潔，號峩山，易州人。嘉靖丁未進士，歷官南京禮部尚書。清介剛方，不阿權貴，位躋八座，囊無餘資。居家恬静嚴整，遇子姓儼若朝典，日夕督課之不少怠。部使者取道易水時或一面，去曾無所報謝，有廉頑立懦之風。

歲寒老人曰：予童時赴易水試，過公之門，蕭寂無多僕從，門旁題爲數字云：「本宅從不爲人請託。」偶晤其子若孫，皆布素有寒士風。

## 陳御史公登雲

登雲，字從龍，唐山縣人。論議慷慨，有烈丈夫風。印以古今善敗，犂然洞晰，下筆千言立就。少病痞，百療罔效，自念「痞者，否也，可以通否惟窮理乎」，因下帷日發諸載籍讀之，更無他念，二載而病如失，所詣益以深。萬曆丙子舉於鄉，明年成進士。初令鄢陵，見細民苦於豪强，文法舞於奸吏，冗費無節，賦役不均，田野荒蕪，學校頹廢，嘆曰：「此邑之所以病也！」首黜積役數十人，捕所謂五虎者置之法，躬履畎畝，度境内田爲三等，賦役以是爲差。令訟者得以墾田贖罪，所墾歲百餘頃，爲建屋宇、置器具牛種以招復業。洪溝、青泥諸河爲扶溝所壅，歲溢爲災，力爭於部使者，令鄰封毋得壅激，而河患頓息。斥俸餘，捐贖鍰，新學宫，給學田，一意以教化爲務。癸未拜御史，初按遼左，次按晉、按中州。在遼條上安攘十事，特論賞功之異，大略言首功之賞給發不時，貧軍不能枵腹以待，不得不鬻之富人，富人挾其貲以冒功，累級多貴至參、游者，此其人力不能禦敵、智不能謀虜，而冒濫名器、糜費俸給，邊鎮之蠹無大於此。在晉、在中州，值歲大饑，晉人猶以木皮草根雜土爲食，中州則父食子、夫食妻，登雲請蠲、請賑、請弛山澤之禁、請借留都之儲，上發帑金數十萬，以至宫闈寮采咸捐俸佐之，登雲請贖金三千爲郡邑糴米，而民獲甦。先後侍經筵、主計吏，有觸必言，丰裁卓然。信陽王太史見其《祈天永命疏》，嘆爲隆、萬以來奏章第一。

歲寒老人曰：從龍雖未得盡展其藴，施爲次第自是豪傑之士。有本之學，其出無窮，倘天假之年，治痞一段學問引而伸之，理學經濟一以貫之矣。

## 厲給事中公汝進

汝進，字子修，灤州人。嘉靖戊戌進士。推官池州，判十年疑獄者七。撫按賢之，凡諸郡大獄皆質成，道路有神明之頌。辛丑徵拜户科給事中，歷轉都掌科，論相嵩爲國大毒，子世蓄弄權納賄，其勢方張，童牛之牿宜禁於始。疏上，嵩黨黄瑺者御前給之曰：「當大雩齋戒時，何得又來救楊杲？」上大震怒，不及覽，命庭杖八十，謫雲南亦佐縣典史。慨然曰：「生即懸蓬弧，長何計秦越！」即日就道。次年竟以考察罷，例不復錄，楊忠愍繼盛疏云：「嵩考察外官時逼嚇吏部，將汝進罷黜。夫言官縱言不當，既降之爲典史，則無過可指矣，乃以私怨罷黜之，則外臣被中者又何可勝數耶？」曩在池州，建德徐紳爲諸生，以事逮繫，汝進奇其才，特釋之。後紳舉進士，至都御史，巡撫順天而稱門下士，人咸服其識鑑。直聲遠震外夷，高麗使入貢時問曰：「厲給事安否？」其名重如此。居鄉二十餘年，徜徉泉石，詩酒自娱，好義樂施，濟貧赴急，不計勞之輕重、囊之有無也。隆慶踐祚，方復原官，尋卒。訃聞，京師朝士大夫罔不咨嗟曰：「正人未究其用，世可無斯人哉！」年五十有九。

歲寒老人曰：子修其人如玉，苦學博覽，里中名士多出其門。侍父疾，嘗三月不解帶，舉孝廉，或有以百金助息者，悉却之。生平建樹已預卜於未入官之前矣。

王知縣公命

命，字欽甫，饒陽人。嘉靖甲子舉於鄉，累上公車不售。除鳳翔令，履任，一主於節愛，盡減諸供應，不以煩民。直指行部至，僅具廩餼，且自言邑貧甚，令不能加賦以飾厨，傳令當罷去，直指大駭，既而廉其治狀，語諸守巡曰：「令，古人也。吾儕當共調護之，俾行其志。」命以此益展意自信。驛遞往來，無敢多索一馬者，歲省若千金。兩造具備，判其曲直，不科贖鍰。歲時公宴不用，行户計費授直平市之民，所省若千金。戊戌入計，騎乘皆大都視民如子，視官事如家事，無利不興，無害不除，三載如一日。自備之，蕭然僕隸數人而已。既而竟罹察典，陝之藩臬士人皆錯愕，從役爲之號泣。或問其故，命曰：「某不能善事上官，負罪實多。有某者移檄，治衣費可五十餘金，未有以應。今牒具在，訟言於朝，當與兩敗矣。吾實以拮据病困，緣是得歸爲幸。」

歲寒老人曰：受謗不急自解，寧人負我，勿我負人，欽甫可稱長者。《本傳》稱饒城被水，不浸者數板。命爲文登城，祭畢水落，迄不爲災。治鳳時蟲食苗，命爲文禱於神，蟲跡如掃，竟亦莫知所往。精誠感格，從古記之矣。

王尚書公好問

好問，字裕卿，别號西塘，欒亭人。嘉靖庚戌進士。授太常博士，擢御史。以風節自持，行都城博擊無所避。會元夕，一巨璫張燈邸第，陳百戲，都人士女聚觀，有蹂躪死者。璫俛好問勿以聞，竟按其事奏劾，豪貴斂手。嘉、隆之際，内庫册籍沈匿，莫可究詰，宦豎浸漁無算，公請清之，得隱漏軍器二萬二千有奇。又用事近習謀督營兵，復抗疏謂自古未有以閹人監軍者，即有之亦衰世事，唐宋勿論，如本朝王振、劉瑾足爲殷鑑，言甚切直。再被命按秦晉，時上好言祥瑞，隴西山白鹿芝草、榆次天書皆斥不以獻，公論韙之。在職八年，所言悉軍國大計，如裨聖治、止行幸、肅戎政、隆大典、彰主德、一政體、飭禮儀、勵新政、慎恤典、重孝忠、陳時議、勤聖學諸疏多見時行。當是時，王侍御之名聞天下。尋遷大理寺少卿，晉太僕，累陞至南總憲，轉大司農。乞歸之疏屢上，及入賀聖壽，再請如初，不允，以滿上計，遂四疏堅請，得允。歸數月卒，賜祭葬，贈太子少保。壯年每好古自負，留心聖賢之學，至老彌篤。嘗謂「道本平實，安事苟難；學貴定志，勿爲利動」，能踐其所言。終身恬澹，寡交遊，雖位躋崇膴，食不兼味，衣不重帛，卒之日家無餘貲。平居手不釋卷，著作甚富，今止有《春煦軒集》行世。

歲寒老人曰：劾巨璫不法並近習典兵，此論列之大者；而祥瑞不以聞，更有識度。卿貳即抗疏求退，尤見知止之義。

## 郭知府公文輔

文輔，字共臣，宛平人。父雋，仕至兩浙運司。文輔性貞澹好學，持論可觀。舉進士，授行人。嚴嵩專國，其子世蕃受賂鬻官，文輔斂跡自守，不與通。行人每使還，必奏金錢方物於嚴氏，文輔不顧，人咸笑爲迂。會考選言官，世蕃聞文輔名，欲引之且藉以示無私，陰遣客諷文輔，且期以五百金，即入臺無疑，文輔笑而佯應之。客反報，世蕃甚悦，即白其事於嵩，授御史。客如約責金，文輔笑謝而已。世蕃以爲誑己，大恚。居部屬旱甚，考察百司，世蕃陰令冢宰誣奏文輔懦不稱，改户部主事，怡然不爲意。居部清約寬雅，秋毫之利不漏也，人稍稍稱之。知常州府，孤介爲政，持大體，與民休息，絶無干謁，當事益嗛之。調永昌治如常州，久之投劾而去，去之日惟圖書數篋而已。家更貧困至不聊生，益肆力於學，無所不闚，藏書數萬卷，躬自校讎。與驃騎將軍馬應乾爲友，應乾直亮博雅，有古人風，交相砥礪，相得甚歡。雖居朝市，門堵蕭然，他人莫敢望也。應乾嘗稱之曰：「共臣之爲人，虚不逆物，卑不失己，依依自遠，雖跡同軒冕而肥遯之貞，卓然獨往，讀書持論不軌轍於古人，冥心析理不膠結於胸臆，養恬致知，實宗廟之瑚璉、幽冀之旃角也。」人以爲知言。

## 李憲副公日茂

日茂，號培吾，青縣人。萬曆丙戌進士。初令修武，尋調武陟。在任寬和撫民，而馭吏胥甚嚴。修武僅三月，即以才見。武陟瀕沁，並受黄不時潰決，行河使議捍以石堤，疏且報可，茂持之甚力，曰：「沁固流沙，善崩，不能載石也。何徒縻金錢而罷民力爲？必欲竟此役者，寧以不仕罷去，不忍勞百姓手捧巨萬填此壑也！」以治最擢御史，孜孜憂國奉公。會内旨三王並封，一二抗疏如朱維京、王如堅等皆削跡去，茂慨然曰：「是當以死諍，何問竄逐！」迺約同志公疏，單疏極論儲位不可久虚，大信不可屢失，傅會不可以服人心，杖斥譴不可以箝忠臣義士之口。奏入，皆不報。又奏記首輔，責以大義，首輔因上章引咎，事遂寢。侍父湯藥四載，無間晨昏。居喪三載，茹饘粥外寢，杖而後起。諸臺使後先勸駕，堅卧不出。先業悉推仲季，婚喪禴祀一秉文公家禮，歲時伏臘必齋戒灌獻，合族會食。族子弟貧不能具束脯，爲延塾師；宗人不能給朝夕，爲賑義穀。任東海嘗曰：「李憲副生平孝友著於家矣，經濟著於官矣，忠直著於朝矣，恩施利賴著於宗族鄉黨矣，然止覺其藴藉淵涵，尚未罄其用也，其人豈可以一長一善名之也哉？」

歲寒老人曰：憲副不可以一長一善名，止覺其藴藉淵涵，未罄其用，此可想其誠慤篤摯無粉飾之意，一有粉飾則索然矣。

## 傅太常公好禮

好禮，號約齋，固安人。萬曆甲戌進士。授涇陽知縣，以治行徵授雲南道御史，因事納忠，建白六事曰：「君臣之情當通，奸欺之罪當誅，外戚之爵當停，内操之兵當罷，山陵之行當止，後宫之宴當節。」不避齒馬投鼠之嫌，如尚實杜漸諸疏曰：「勤講學、修實政、禁興作、復常朝、賤貨物、戒輕出。」至請誅怙寵之中官、裁跋扈之戚畹，尤人所不敢言。奉命按浙，值大祲，動帑錢二萬、留漕糈萬石賑之，先發後聞，曰：「候命至而發，民已溝壑矣。」未幾陞僕少。丁内艱，起補四夷館太常少卿。時榷使四出，海内騷動，遂抗疏言都門咫尺，假官充斥，黄旗紛立，威劫勢奪，歲入内帑幾何，而數千百萬盡入虎囊狼橐矣。疏上不報。於是跪闕三日，觸上震怒，群璫又從旁陷之，禍幾不測，竟降廣昌典史，仍書其名於御屏。公歸田，布衣蔬食，蕭然若田叟，家亦清素。好急人危難，不近女謁三十年，精神矍爍，七秩之九尚與相知者手談徹夜不倦。飲少醺，輒吟堯夫《安樂歌》、武穆《滿江紅》以見意云。天啓朝總憲鄒元標等題覆，贈太常寺少卿。

歲寒老人曰：吾邑去固安百里，童時即聞公名，繼而與固安人交，無不亟稱者。及欲往晤而公往矣，不能不恨覿面而失之。

## 趙通判公養冲

養冲，號赤霞，灤州開平衛人。貢士。父濬丞隴西，視令篆庫存積羡三千金，久不入考覆，老吏陳説可充便宜，濬不允，達兩院，院請於朝，一時稱廉吏。冲授延安之甘泉令，推誠待人，五年奏最，遷甬東别駕，甘民卧轍者千萬人，爲立祠。天子璽書旌之，有「不愧廉吏子」之句。别駕冷署，簿書期會外無他事，當事檄兼定海縣篆。邑濱大海，島夷初定，瘡痍未復，一切善後機宜文武大吏倚爲左右手。巨猾王萬金叢璫勢爲奸，用睚眦仇殺人都市，屢屢莫敢問；占良家子女若取諸其私家，攫金高北斗；門下多東南亡命徒，釀亂長禍，爲地方隱憂。新巡方某入境，群愬萬金不法狀，下檄定海捕治。萬金初易之，笑曰：「癡別駕五日視事，與金爲仇耶？」冲遴諸役之黠有力者捕之，示與罪人互爲生死。金托詞林某爲之治其盤碗、杯匕多金玉，主人酒闌，促膝爲萬金道意，筵案器具聊贄以充下陳，冲佯爲不解，翌日促捕益急。萬金意亦動，謂别駕避詞林，知愛金爾，謀及館賓詹生，以奇貨爲東主言，冲聞而面赤，峻拒之，促捕役愈急。明日萬金伏庭下稱囚。又二日，並萬金兩子亦械至。冲集諸被害家，焚香告神，鞫得諸淫掠貪黠狀，竟斃於杖。居間，竿牘湧至而死者不復生矣。

歲寒老人曰：噫！錢至十萬通神矣！無不可回之事！王萬金黄白斗量，詞林曹丘、館賓緩頰而聊不爲動，非中無慾，烏能至是？家傳中可述者不及備錄。

田兵憲公一井

一井，號平埜，安州人。萬曆辛丑進士。素甘清苦而友誼極重。授户部，差竣旋里。於途次三受相知者餽遺數十金，原封未啓，與賈、吴二孝廉三分均之。管通州倉，一粒不私也。妻子布衣糲食，至論是非、爭職掌，即堂上官不少遜讓護。歷官兵憲，到處施實德於民。

歲寒老人曰：公性直不能容人過，人多憚之，然慕近君子。予習其人久，不苟於小節，不奪於大節，真古之遺直與！

王太僕公大智

大智，號濬宇，世籍遷安，父流寓玉田，因家焉。萬曆甲辰進士，授西安司理。富平太宰孫丕揚之婿骩於法，大智曰：「太宰婿骩法，法復安所用？」乃下獄抵罪，而謝不佞於丕揚。丕揚特重之，再起掌銓政。適畿輔司官缺，丕揚颺言於朝曰：「三輔清方士安有過王某者！」竟授智。智益以澄清天下爲己任。歷任考功，代主選事，復掌計典，無有敢以一幣至其門者。智進署不用火房，備饌携數青蚨、米數合，長安傳爲笑談，智恬安然之。崔呈秀方貴幸，王與薊相鄰，絶不聞問，崔常語人曰：「王濬宇何獨相棄！」智不應，輒移病歸。崔、魏敗，起太僕寺卿，未幾乞歸。天啓辛酉至崇禎己巳，畿東卿貳一罹於璫逆、一罹於城陷，百無一全，智乃以介特之節超然事變之外，人僉謂清德所致云。丙子卒於家，予祭葬如制。

歲寒老人曰：予往聞玉田令徐廷松談公之清德，後三十餘年，玉田人李及秀按豫，又歷歷爲予言，大約一如廷松語。公真清貞絶俗之士也哉！公不能俯仰當事，孫立亭以不俯仰而成相知，若崔、魏者正以不俯仰而結天下，後世不俯仰人者之知丈夫自立豈可苟焉而已耶！

## 倫御史公之楷

之楷，字百式，永平灤州人。天啓丁卯舉人。庚午東兵抵永平，楷負母避渤海間。見時將亂，就商邱諭嗣，陞滎澤令。調臨潁，以績最，壬午拜御史。尋丁母艱，值國變，輒痛哭不食，欲以性命殉，戚友力勸始食，髮終不髠，兀坐一室，恒手一劍。會部牒下郡縣，强公官，長吏及當道欲要一見，楷塞其門終不出，幾欲自縊，家人防之嚴，弗克遂。其志鬱結於中，忽背生癰，遂不起。

歲寒老人曰：世間好事惟忠孝，臣報君恩，子報親，百式兩無愧焉。予初聞之灤州馬廣文，繼復得之盧龍，兩生語相符合，故亟收之。廣文有《倫御史傳》。

# 畿輔人物考卷之五

## 方正

叙曰：方正者，古所謂賢良方正之科，世之吉士、國之嘉賓也。人既爲善人君子，而與時相安，身迪康吉，非有意求容；而未經險難，自不必蹈厲發揚、定求仗節死義。嘗神遊古昔君臣相得之盛，令人低回感泣，而忠而被謗、貞而見猜者，古今正不少也。方正之人處此，引分自安。「天王聖明、臣罪當誅」，古人豈欺世語哉！所謂方正未必人皆見道，然規模大略須是如此，乃爲真方正耳。

## 李尚書公彦名

彦名，字資善，安州人。自幼穎異，博極《墳》、《典》。洪武中以通經儒士舉用至京，洪武二十年試禮部尚書。時詔天下行養老之政，自八十以至九十有差，上慮有司奉行不至，令彦名申明德意。二十二年詔定歷代帝王廟，配饗名臣，彦名奏以風后、力牧、皋陶、夔、龍、伯夷、伯益、伊尹、傅說、周公旦、召公奭、太公望、方叔、召虎、張良、蕭何、曹參、周勃、鄧禹、諸葛亮、房玄齡、杜如晦、李靖、郭子儀、李晟、趙普、曹彬、韓世忠、岳飛、張浚、博爾术、赤老温、伯顔、阿术、安童，凡三十六人，帝去趙普、安童、阿术，進陳平、馮異、潘美及元臣木華犂，餘悉如彦名所擬。上親臨軒策士，命彦名磐石題名，又命彦名申嚴巾帽之禁。魯王檀薨，詔議喪制，彦名等奏宜輟朝五日，皇帝於諸子無服，宜素服五日而除，其諸王及世子服制悉條議以上，上從之，遂著爲令。彦名在朝贊定禮制，最效勤勞，出入拱手按步，不差尺寸，端謹群臣莫比。二十三年致仕。

歲寒老人曰：歷代名臣三十六人，以一手定之而帝略爲去取，遂無異議，亦難矣哉！

## 劉侍郎公敏

敏，肅寧人。洪武三年舉孝廉，爲中書省吏。家貧，每暮以小車市江上蘆葦，旦載於家。而後人錄事，妻以蘆織蓆，鬻以奉母。人或瞷亡以絹帛瓦器遺其家者，敏懸於梁，候其復來，竟還之。爲楚相府錄事，值中書以没官婦女給文臣，家衆咸勸其請給以事母，敏固辭曰：「事母乃子婦事，何預他人！」及權奸事敗，敏獨無所與，人稱其有識。洪武十三年，由工部侍郎轉刑部侍郎。

## 武學士公周文

周文，大興人。洪武末年以儒士明經入侍燕邸，成祖龍潛時命入侍講。永樂丙戌召至，慰勞備至，特命爲侍講學士，賜冠帶、織金羅衣一襲。上謂學士胡廣曰：「朕守藩時，閒暇喜觀《易》，時王府官僚亦有知者，然未若武周文切實，但所言亦有拘滯不流通處。蓋《易》貴知變不失其宜，古人隨時從道之說最爲要妙，亦在虚心玩之耳。」又曰：「爲君不可不知《易》。只『内君子、外小人』一語，人君用之功效不少。」次日周文入謝，上憫其老，乃命爲侍講學士，賜之休沐。

歲寒老人曰：文皇談《易》，謂公切實，但所言亦有拘滯不流通處。説者曰：「是必於靖難之師有未貼合耳。」

## 董學士公倫

倫，字安常，宛平人。處山林間，布褐藜藿已懷憂世之志，學者多從之遊。以所居貝川〔一〕，因稱「貝川先生」。元末徵辟不出，世高其行。國初，擢用單縣儒士張寧，寧以

〔一〕「川」，《國朝獻徵錄》卷三十五作「州」。

倫薦徵爲春坊。倫事懿文皇太子，陳說多長厚語，高皇聞而善之，陞左春坊大學士。會東宮晏駕，出爲河南左參議，盡心民事，名其退食思政之堂曰「後樂」。嘗草封事數千言，無一不當上心者。又上書薦肇州吏目諸葛伯衡，太祖遽擢爲陝西右參議。三十年以詿誤免官，典教滇南。行至成都，蜀獻王賦詩八章以導。行至滇，凡作養成就，用夏變夷，漸摩膏煦，雖蠻童夷豎皆知向方。建文即位，眷戀東宮舊臣，左右亦多言倫可用，召至京師，慰勞備至，拜禮部右侍郎兼翰林院學士，與方孝孺同入內閣侍經筵，御書「怡老堂」及髹几、玉鳩杖各一賜之。初監察御史解縉以權臣讎嫉，謫河州衛吏，倫爲之言，乃召縉還，以爲翰林待詔。其汲引人才類如此。倫爲人質直敦厚，富文學，爲時所重。建文間屢懇言當務親睦，不聽。文皇即位，時年八十餘，有旨令致仕，數日卒。

歲寒老人曰：公與正學同入閣，「當務親睦」四字便與正學相左。正學死如是之烈，公致仕出京，悒悒成疾卒，君子未嘗非之，亦各求其心之所安而已。

## 張內閣公瑛

瑛，字子玉，邢臺人。弱冠，中永樂丙子鄉試，初授陝西寧州訓導，調武德衛學，所至嚴教條、責實效，生徒多成材者。擢吏科給事中，稽考銓法，封駁章奏，克舉其職。宣宗爲皇太孫時，太宗選文儒侍從講學，瑛與焉。宣宗正位東宮，陞左春坊左中允，改洗馬。宣宗即位，陞行在禮部侍郎。宣德改元，兼華蓋殿大學士，入内閣典制誥。明年修太宗、仁宗實錄，爲總裁官。既而命蒞南京禮部，蓋以根本之地，非重臣不可也。後以父喪歸，遣官治葬祭，詔瑛復職視事，而竟不起矣。瑛善講解經史，每與上言帝王傳授心法，與夫修齊治平切要之言、漢唐以下人君行事可爲勸懲者，反覆敷陳，日見親信，賜賚甚厚。當起復入見時，宣宗特出御製詩并緡錢二千錠以賜。瑛性寬厚，喜愠不見，待人接物一以真率爲本，推賢讓能無所介意，臨事毅然不可奪也。

歲寒老人曰：公可謂方正大臣也哉！終始與景陵魚水无間，足覘伊時堂陛間明良景色。

## 賈恭靖公銓

銓，字秉鈞，廣平人。永樂甲申進士。擢刑科給事中，彈劾無所徇，當道憚之。出爲雲南大理知府，革弊勵操，聞於上下。會征麓川，大理當其要衝，銓區畫盡善，事無不集。時靖遠伯王驥總督軍務，甚爲嘉禮，陞雲南布政司右參政，仍掌府事。既而陞左參政，管司事，尋陞左布政。久歷雲南，稔知俗尚，凡事不拂人情，民夷晏然。天順四年，陞左副都巡撫山東，兼撫河南，往來二省，便宜行事。爲政務實而耻虚名，或面稱其美即推而不受，喻之曰：「此某同僚之所主，而某受委任之所行也。」成化二年，敕掌都察院事，卒於官。謚恭靖，遣官祭葬。

## 郭尚書公璡

璡，字時用，新安人。洪武時太學生，由主事歷官尚書。初名進，質直寬厚，臨事從容不見喜怒，精練吏事，簡約有條，宣德初爲行在吏部左侍郎兼少詹事，上爲改名璡。四年，代蹇忠定公爲行在吏部尚書，罷兼職。五年冬，上諭曰：「朕以用人之權付卿，卿宜爲朕擇才。昨郡守多缺，命廷臣薦舉，古人當斯任者必勤於咨訪，有得即錄，故官不乏才，呂蒙正夾袋、虞允文《材館錄》是也。慎留意。」正統元年，進士李賢入選，公試賢《嘉禾詩》，奇賢輔相才，授驗封主事。未幾旱蝗，侍臣言大臣尸位妨賢，内批令自陳，諸大臣遂皆乞去謝天譴，公獨不可，曰：「主上沖年，吾輩皆先朝簡任受付托，一時請去，誰與共理？宜引罪乞改過。」璡老矣，官至冢宰，豈敢貪位！顧君臣恩義如此。」衆是公言，疏上，盡留諸大臣。公秉銓十四年，名不及蹇公，然潔廉務採實行，不用浮薄游聲譽之士，雖爲内閣所侵，然堅忍持正，自行其志。正統七年請老。卒年九十，贈太常伯卿。

歲寒老人曰：按《古穰雜錄》、《一統志》、《名世類苑》諸書，稱公之賢者不一而足，其爲名臣可知。劉景澤兑謂應謚未舉，以王鳳洲筆記爲左證，非溢辭也。考公塚次，非惟無名器、並無表碣，豈當日奸璫亂國，戎馬倥偬，即祭葬且不聞矣；抑國初質樸，後嗣衰微，不克顯榮之耶？予嘗修《新安志》，懼久而失傳，故詳筆之如此。

## 劉修撰公矩

矩，字仲方，開州人。垂髫時恪執禮度，過市未嘗舉目他顧。孜孜問學，不少以外物攖心。就試行部，拔置第二，廷對太宗復擢第二，蓋永樂八科中，北士之及第者自矩始。矩官翰林，由編修陞修撰，前後九載，引疾家居踰二十年。德性温粹如玉，生平殊無疾言遽色。尤篤孝友，外艱歸，毁瘠，終三年，禮無少違，内艱亦然，方聞母疾即疏乞歸侍。時宣廟實録成，立遷官不俟也。在職忠敬其事，雖微必謹，一時朝野自宰執下見者，罔不稱曰「君子」。家居嚴於祀先，蔬果必薦。掃跡公門，聞人過失，口未嘗一談，犯者弗校。酒愈酣，儀檢益整，清苦之操始終不渝。嘗有寄以金者，其人死，初無遺言，亟致書其子悉歸之。故人魏良夫以蒲守遠戍，窘甚，惻然出囊中賜金濟焉。環所居無遠邇，强梗者率革而良，士大夫無論及門與否，僉表式之，有過者恒慄然懼其聞。人才藉以造就尤衆，諸門人皆列職中外，卓卓爲時所稱。其爲文詞黜華藻，務以理勝。壽七十一而卒。

歲寒老人曰：公不講學却是真道學，傳中無一事不中理中程，自非謹微慎獨，勿能令終永譽。此夫子所謂「躬行君子」者與？

## 王毅愍公文

文，字千之，束鹿人。永樂辛丑進士。與王翺、于謙同時爲御史。彰德奴〔一〕人張普祥，於士民之家曾受一飯一茶者悉簿記姓名，後謀逆事敗，有司欲按簿盡捕之，坐以同謀，文曰：「此賊未反時以募緣，與之飲食，豈知後日爲逆耶？坐之非朝廷意！」取簿焚之。南畿富民因〔二〕山周以私債殺人，御史按之以法，周乞請大同納粟三十萬贖死，詔可其奏，集廷臣議，文正色曰：「宗祖律殺人者抵命，貪贓者落職，奈何貪富民三十萬糧，廢祖宗法乎？」衆莫敢異。文爲人嚴毅廉介，寡言笑，熟知國家典故，屢鎮大藩，兩總憲紀。還，加少保兼東閣大學士，自奉無異布衣時。英廟復辟，石亨等乘機誣陷，四方冤之。英廟尋悟，成化復原官，弘治特贈太保，謚毅愍。

〔一〕「奴」，《國朝獻徵錄》卷十三作「妖」。
〔二〕「因」，《國朝獻徵錄》卷十三作「固」。

## 王安簡公宗彝

宗彝，字表倫，束鹿人，文之子也。嘗鄉試不第，景皇帝欽賜舉人。天順初，文被法，宗彝亦謫戍。事白，登成化丙戌進士，授户部主事，歷官南禮部尚書。正德丁卯，逆瑾用事，乃罷歸。年八旬，耳目聰明，手不釋卷。端謹厚重，所至靡不盡力，然不事表暴，故無赫赫之名。卒賜葬祭如例，謚安簡。

## 王莊簡公復

復，字初陽，固安人。正統壬戌進士。土木之變由給事加爲禮部侍郎，往迎上皇。也先謂復等小官，可令胡濙、于謙、楊善等來。復歸。英宗復辟，改兵部，又改工部尚書，識治體，善節縮。卒贈太子太保，謚莊簡。

## 董襄敏公方

方，字仲矩，滳縣人。正統乙丑進士。授大理寺評事，善决疑獄。神策衛軍詐稱錦衣旗校奉旨詗事，誑取人財。事覺，有司以詐傳詔旨論，應死，方以彼冒名誑財耳，傳旨無實跡，因得減。金吾衛卒領銅内局，中道竊符板尺許，邏者得之，有司以盗内府物律斬，方以物既領出，非潛入内府盜者，宜以監臨自盜論，遂減從徒。其諸平反多若此。天順丁丑，爲本寺右丞，時石亨用事，或欲引之往見，方抑之曰：「士貴氣節，屈千金軀忍耻以要權貴，吾弗爲！」庚辰曹欽謀逆，舉兵焚闕，方及同官李賓急趨軍士救護。賊平，遷本寺少卿，巡撫大同，籌略周至，士卒用命。以刑部尚書召還京，條陳邊務十五款，上嘉納之。卒贈太子少保，謚襄敏。

## 李襄敏公賓

賓，字廷用，順義人。正統乙丑進士，授御史。己巳值虜深入，奉敕招募河南懷慶諸處民兵，得壯丁萬餘，操練以法，軍威遥振，虜遁去。癸丑提督永平、山海諸處軍務，凡關隘、城堡、器械、車馬無不整敕戒嚴。英廟復辟，首召爲廷尉。曹欽謀爲不軌，躬率家人子弟挺身擊之，於長安右門撲滅火勢。擢右都御史，尋陞南京兵部尚書，參贊機務。見餓莩載道，首以民食爲急，奏發倉廪賑貸，復令有司各設常平倉，俾饑饉無流移之患。時有鹽徒乘巨艦，張旗幟，數出江上肆掠商旅，乃嚴督操江將士捕獲渠魁，餘黨悉平。參贊數年，奉璽書二十餘道，夙夜匪懈。上章乞歸，不允。丁酉乞休，時年六十有二。優游林下數年，微疾不起。祭葬如例，贈太子太保，謚襄敏。

## 田文懿公景暘

景暘，字時中，高陽人。景泰甲戌進士。授御史，陞大理寺丞，累進本寺卿。成化乙巳致仕歸。景暘峭直精敏，有幹局。爲御史按治，貪墨斂跡；推掌三法司事，彈劾無所避；在大理持法不撓，詳讞平允。林下二十餘年，吟味自適，絕世故。進階禮部尚書，卒，謚文懿。

## 李文康公時

時，字宗易，任邱人。弘治壬戌進士。由庶吉士歷官少傅、謹身殿大學士。時議姚廣孝佐文皇雖有帷幄之功，而崇秩顯爵已償其勞，今以削髮緇流，配享太廟，實所未安，乞移祀大興隆寺，從之。時嘗與夏言、郭勳同被召，泛舟西苑，命蕩槳近龍舟，被顧問，賜晏無逸殿。自宣宗賜蹇義同遊萬壽山、楊榮同遊西苑後，迨此乃再見云。卒贈少傅，謚文康。

歲寒老人曰：自毅愍而下七人皆有謚矣，然非有品望之大臣而何以謚也？王莊簡、田文懿諸公事有未備，嫌太略；王毅愍立朝即爛然可述，迎復易儲猶有遺議焉，功過豈相掩哉？總之朝廷易名之典，臣子原不得濫承。較之具一節一目之善者不同，彙録於此，以俟後考。

## 芮副都公釗

釗，字宗遠，寶坻人。正統壬戌進士。特選御史，尋掌河南道事，考覈郎署，激揚有方。按遼東、河南、江西，所至持風裁，鋤强擊貪，不少寬縱，在江西，能聲尤著。擢按察使。尋丁外艱去，十三郡士民訴於部使者，冀奪情，釗請終制。起復授陝西布政。陝三邊嘗屯重兵，釗區畫有方，邊儲以足。天順丁丑，詔拜都察院右副都，巡撫甘肅。庚辰丁内艱。朝廷重邊計，特命奔喪且遣官營葬，釗襄事始還鎮。辛巳虜寇凉州甚急，釗率輕騎馳赴，隨機應變，分兵追剿，所向克捷，虜遁去。壬午以疾卒。總戎暨中貴視其裝惟衣服簿書，相與嘉嘆。訃聞，上悼之，遣官葬祭。

## 谷監生公大用

大用，薊州人。正統甲子處六館諸生間。恂恂謹飭，務强力植志。會祭酒李文毅時勉忤權璫王振，困首木於監門，三日不釋，時炎暑蒸鬱，病昏欲仆，大用義激於衷，以隻名具疏懇請自代，謁銀臺，則懼之以法，大用曰：「死生以義，何懼之有？」疏入，並蒙釋之。在廷文武臣咸嘖嘖嘆賞，求識其面。

歲寒老人曰：國師械繫，六館師生宜合詞叩閽而請，乃獨令谷君隻名具疏，獨爲君子，在廷文武、六館師生寧不汗顔耶？谷君可稱一代人物，擬之古人亦不多得。

## 廖僖靖公紀

紀，字廷陳，東光人。成化庚戌進士。時總憲屠公甚器重之，薦爲考功主事，歷遷文選，不阿時宰意。歷太僕太常，擢工部右侍郎，督易州山廠，歲羨餘萬金，悉以上供，因定爲例。陞吏部左，既而擢南京吏部尚書，又轉兵部，參贊機務。凡勢權所役，奪之，俾盡還伍，戎政用肅。因人言求退，家居踰兩載，起爲吏部尚書，總裁獻廟實錄。進太子太保，賜鞍馬金幣。請老，給人夫月糧，敕乘傳歸。日惟杜門研索古義，嘗著《〈學〉〈庸〉〈論〉〈孟〉管窺》，晚年尤嗜《易》。卒贈少傅，謚僖靖，賜祭九壇，命工部營葬。

歲寒老人曰：跡公之生平，蓋措履無咎，人稱長者。

## 杜府尹公時

時，深州人。永樂十五年舉鄉試第一，登進士。授御史，督學政，校文崇雅黜浮，士子頌服。宣德七年，特下求賢詔，在廷重臣以時爲首。時公忠方正，操行益堅，平居不妄發一語，及論天下得失、生民利病、社稷大計，則亹亹便便，面諍庭辨不稍囁嚅，必欲直以理而後已。及巡兩浙，强衆不敢凌暴寡弱，至今猶誦之。後陞順天府尹，卒於官。

## 邊侍郎公憲

憲，字汝成，任邱縣人。祖永歷，官户部郎中；父鏞，累官南京刑部侍郎，皆有清德。憲甫十歲，能爲韻語，書過目即成誦。既長，學於楊少傅邃菴。成化甲辰，成進士，授青州推官。年在弱冠，人皆以少易之，憲發奸讞獄如老吏，衆咸畏服。值歲饑，撫按以賑恤屬憲，處之有法，全活甚衆。又屬憲均六府之役，其輕重盈縮，一視貲之高下，里書莫能售其奸。擢御史，按山西，繼按宣大，别白賢否，裁抑貴勢，風采凛然。比還，遷太守，歷淮安、鳳陽兩郡，陞浙江副使。時逆瑾竊政，羅織不附己者，罰憲米二千餘石，竟不肯少挫。後歷陞都察院右都御史，巡撫山東，有斬獲流賊功。次年賊勢益熾，近臣率邊將剿之，久無功。言者請罪重臣示警，憲與保定巡撫蕭翀俱就逮繫獄，賊平始釋家居。再起，巡撫寧夏，禦虜花馬池，斬馘若干，又禦之紅兒山，五日七捷。事聞，獎賚有加，陞南京刑部右侍郎，尋改户部左。年六十一卒。憲資禀篤實，天性孝友，口未嘗及人過失，人有犯亦不較，而取與最嚴。侄億以進士歷官湖廣左參政，不畏權勢，輯亂除寇，朝廷旌賚之。

歲寒老人曰：予北地推氏望，咸知河間邊氏，相傳漢有司馬者，其家至今猶存。公以功績大祖父之業，又不徒以科第相承而已。邊氏何多才，亦地靈然否？

## 邢副使公端

端，井陘人。永樂庚子鄉試，授御史，尋陞湖廣襄陽副使。素性剛直，莅政守法，不阿權勢。時僭苗作亂，端奉敕征之，剿其寨三十餘所。及回，賜金幣褒嘉之。秩滿，屬民詣闕保留，復任三年。卒於官。

## 李都御史公侃

侃，字希正，山東人，籍容城。正統壬戌進士。由給事中進都給事中。己巳之變，一時言官奮發言事，侃居其間，多所建明。景泰中嘗面糾户部尚書金濂格詔徵斂罪，有旨宥之，侃膝行近前，厲聲言濂罪不可宥，遂下濂獄。易儲議下，侃不署名。選宮僚，以侃爲詹事府丞。時史館欲採宋元事實，倣朱子《綱目》例續其書，奏選文學之士充纂修官，侃與焉。書未成而英廟復辟，改太常丞。丁外艱。改太僕丞，進少卿。未幾陞右僉都御史，巡撫山西兼提督雁門等關。首奏巡按御史李傑不職，傑坐除名，貪墨者望風斂避。時方無事，侃於固圉廣儲、選將厲兵之外，專以變化風俗、興起人心爲政，時時有所建請，多合人情。尋以丁内艱解任，軍民擁留，至不得行。服除，再陳休致，如所請。年七十有九而卒。訃聞，遣官諭祭。侃氣節方剛，論議持正，無所回撓。好學嗜書，平居手不釋卷。性尤孝友，虜犯京畿，二親在容城，請告，冒白刃迎之。晚年家居貧甚，死之日幾無以爲殮。子二人。

歲寒老人曰：公剛方有執，至欲變化風俗、興起人心，真是「仁以爲己任」。

## 趙參政公向

向，無極人。永樂中由歲貢入仕。性剛介寡合，尤恬於勢利，不趨權貴，遇難處事識見風生。歷任俱有能聲，士民戴服。官至湖廣右參政。鄉人祠之。

## 侯尚書公璡

璡，雄縣人。景泰甲戌進士。授户部主事，奉命視湖廣饑，奏免税糧八十餘萬石，民困以蘇。歷員外郎，出守鳳翔，下車即振濟流移，全活者衆。九載陞山西參政，進光禄卿，轉右僉都御史，巡撫甘肅。時有哈密之變，璡召赤斤、蒙古二衛，授以方略，克復八城，俘馘千五百餘，不自有其功。兵部奏聞，降璽書嘉諭，兩賜金幣。繼陞兵部右侍郎，遷南京工部尚書，轉兵部參贊機務。數懇致仕，進階榮禄大夫，卒。子觀登進士，官至户部尚書。

歲寒老人曰：存心濟衆之德，復建復城俘馘之功，深恩偉烈，俱超等夷；而不自有其功，尤是大臣識量。

## 燕尚書公忠

忠，字良臣，薊州人。成化甲辰進士。爲常州、寧國兩郡推官，豪右莫敢窺其庭户。弘治甲寅，擢御史，以災異，陳親賢納諫、重名器、節財用、嚴賞賚事，孝宗嘉納之。按陝西，風聲凛凛，贓吏望風棄去。執政者有親厚被摧折，乃病其苛察，遷按察副使。正德元年，擢苑馬司卿，尋進右布政使。以簡静爲治，往事公罰聚以給用，因是封殖，至是一切禁絶。逆瑾柄國，陝固鄉土，尤所屬意；忠獨無饋遺干謁，瑾雖銜之，莫能害也。寧夏變作，經畫兵餉，食足而民不勞。擢副都，巡撫宣府，軍政一新。改大理寺卿，雖貴近不少假借。江西藩臬交奏，致興大獄，忠往按無異言。吏部初擬薦忠爲吏侍及兵侍，皆不報，或諷使少貶以求進，忠曰：「進退當以正。求而得之，人將謂何？」性狷介峭直，不輕交際，人望而畏之，有包趙之風焉。自奉儉約，禄入僅供朝夕，田舍無所增。卒年五十七，贈刑部尚書。

## 王副都公詔

詔，字文振，趙州人。天順八年進士。授給事中，論事務持大體。睿皇后崩，值秋享太廟，時議謂不當以卑廢尊，詔言：「禮有『喪不祭』，則移日請俟釋服行之。」雖不果行，然議禮者不能屈。遷都給事中，與同列會奏，起致仕尚書王竑、李秉而斥都御史王越。或有譖之者，憲宗召至便殿，賜杖且詰責之。衆莫敢對，詔仰呼曰：「臣等言雖不當，實區區犬馬之誠，非有他也！」聞者壯之。歷遷貴州左布政，獨携二僕之任。未幾，擢副都，巡撫雲南。以孟密亂招集有功，再荷褒諭。奉詔錄囚，冒險觸瘴，平反甚衆。尚書吴雲，洪武中繼王禕死事雲南，歲祀禕而不及雲，詔言於朝，謚雲忠節，與禕并祭。赴任南京，病卒，年六十四。詔偉儀坦衷，自處不苟，歷官顯要，清約如寒生。

歲寒老人曰：二君子生同時、居同郡，賦性端方，風概亦同，要皆操行之士而能適於用者。此等人在朝則有關於生民社稷，在野則有俾於世道人心。文振雖生稍後時，其淳風古道、直措之躬行，可爲後起者之師表矣。

## 段都憲公正

正，字以中，號介菴，澤州人。宣德間其祖籍錦衣，居京師。登進士，由知縣拜御史，河南、江西兩奉巡按之命。遷浙江按察司副使，尋坐累謫柳州同知。繼丁二艱，改汝寧，進擢荆州知府，旋陞江西左參政。爲御史持大體，小故不瑣。及出巡，三司輒屏息，貪墨望風而遁，吏書斥以千計。江西歲薦饑，閩盗起，賑理隄備，布約束四十餘條，嚴而有要，得無事。尤明於知人，所舉劾無不確服者。巡按例歲一更，再留江西一年，而假以巡撫都憲之權，前所未有。汝寧科率重，民病無告方，力爲爭於守，得損三四。荆州藩封宗屬多撓法，道路以目，疏奏移幽、松、滋三將軍於中都，而遠長、安陽二郡諸將軍中尉俱削官禄，郡境遂寧。吉、興、岐、雍四府第肇建，費不浮而告成速，贊襄功居多。再臨江西，時嶺北九江多盗，南昌湖西多訟，分歷剸治，芟獮易於破竹，而大害利興除尤力，蓋正精吏事，能斷簿書，率躬自檢察，奸黠無所售。治惡雖不貸，然惟其罪不事文致，以故所至吏畏民懷。汝寧江西聞其再來，多灑酒相慶。巡撫藩憲，上其治行章，前後亡慮數十。生平嚴於自律，寡言笑，棋酒無所好，服食無重帛、無兼品。清勤廉介，夷險始終一致。自入仕來先廬久僦，無一椽一瓦創。學業該博深厚，於書無不讀，恒以通儒自期。所著有《介菴集》三十卷、《宦遊紀》十卷、《柏臺公案》十五卷、《課[一]程日記》三卷。弘治戊午卒，至無貲以殮，年僅五十有八。

---

[一]「課」，《國朝獻徵録》卷八十六作「諸」。

歲寒老人曰：常情銳意有爲，一入譎籍事便不着手，介菴公綜理精密，自始至終有功可紀、無懈可擊，兼材也。

## 劉尚書公宗仁

宗仁，字體元，祥符人，曾祖輝徙任邱。成化中登進士。弘治二年，擢户科給事中。奉敕覈薊州邊儲，摘奸剔蠹，人咸畏焉。巡視光禄寺，疏陳節供應、專任使、實邊儲、汰冗食四事。五年，天下郡縣以災告者百九十餘處，宗仁疏請賑恤。有建議者以國用不足，欲令齊民得入粟受千百户，仍帶俸。宗仁曰：「名器濫至是耶！此令一下，軍士將解體，況一時所得不足償帶俸之費！」抗疏言之，復上崇聖學、嚴考察、理冤滯三事，多見采納。晉尚寶司丞，尋轉南京太僕寺少卿，疏陳馬政四事，深切時弊。正德四年，改太常寺少卿。明年晉南京太僕寺卿，尋改北。六年改光禄卿。時權奸用事，費出不經，宗仁據弘治初供應例，日省百金。上偶幸光禄寺樓，宗仁承命進芽茶等物，僚屬少之，且虞得罪，宗仁曰：「有罪在我。」或傳上且去，笑爲「節儉管家」云。七年，擢都察院右副都御史，提督雁門等關，兼巡撫山西。孟縣礦賊千餘人流劫村堡，宗仁檄雁門、寧武兵，合民兵捕之，斬首二百級，擒其首惡，餘黨悉降。各關缺馬，宗仁市千三百餘四，復請太僕寺馬三千，分給軍士，仍時廩犒，禁侵牟。於是軍士欣躍，復伍者二千餘人。偏頭關西北二百里許曰草垛山，有甘泉甚美，虜恒持以牧馬，間爲抄掠，宗仁令以毒藥置泉水中。寧武城北山險，虜每據之瞰我堅脆，宗仁益以雉堞，又以沿邊坎地爲窖，增於舊者十五。虜知我有備，邊患遂息。九年召爲户部右侍郎，提督倉場，監通州水兑，陳六事。十二年，宣、大二鎮奏虜且近邊，命兼左都御史，往督軍餉。未幾，帝幸宣府，又幸大同，宗仁從十五騎先驅，會計芻粟三晝夜，冒險行六百餘里，抵懷仁，是夜凡五嘔血。以應州之捷賜蟒衣三襲，廕一子錦衣衛百户、世襲。十六年，奉懿旨迎世宗於新鄉，扈從至真定，犒之羊酒，至良鄉，饋之盤飧。登極後降手敕，進一品俸，賜金幣，尋進尚書，仍總督倉場。漕司故有折耗銀四十七萬餘兩，多爲典守者所侵，宗仁置綱司簿稽之。嘉靖元年十二月卒，得年七十有二。訃聞，命禮部諭祭者再，工部營葬域。

歲寒老人曰：公爲光禄卿，時廷鞫逆瑾事，瑾厲聲曰：「内外文武官皆出我門下，惟田尚書、劉光禄無私謁，又何問！」只此足見公矣。

## 陳副使公壯

壯，字直夫，其先山陰人，父移京師，隸籍京衛。中景泰丙子鄉試，癸未成進士，授南道御史。素負直氣，不能阿世求合，讀書務實踐。翰林章懋、莊昶、黄仲昭諫鰲山，謫官，壯疏救，得改謫。自是每上章大要從根本立説，直欲置國家於無窮之休，而人有不能盡知者，獨與一峰羅倫善。以父喪歸山陰，結廬墓側三年，讀《禮》，不與世交涉。起仍補南道，疏論中官汪直、尚書姚夔、苗守朱儀，言皆剴切。乙未丁内艱，一如居外艱時。復起爲御史，遷江西按察僉事。念父母既殁，雖官不爲榮，遂乞歸。居鄉即如鄉人，不復知爲御史。布袍蔬食，作鷗沙亭，讀書其中，爲老焉之計。踪跡寡出，非公事未嘗入城府。弘治丙辰，南吏部尚書張悦薦，起福建僉事，辛酉陞河南副使。到處盡職，剛直之氣不衰。林俊時爲都御史，特舉壯自代。癸亥歸田，甲子卒。

歲寒老人曰：直夫兩執親喪，孝也。參宵人汪直等，救正人章懋等，忠也。不濫交，獨與羅倫善，獨受林俊知，信也。務實踐，不近名，知希自貴，爲己之學也。允矣，正人！

## 郭知府公忠

忠，肥鄉人。成化乙丑進士。少有志操，爲諸生時嘗旅宿，北舍有女子夜奔，拒之不去，乃出避之。筮仕户部主事，督收京儲。尋督天津諸衛及汗石諸場芻賦，諸弊盡革。遷員外，督儲臨清，職務畢舉，進郎中。有宗室訟民田，久不決，敕忠勘實，歸奏稱旨。及擢守處州，嚴關防，判訟獄，忠信明決，人不敢欺焉。處有銀冶，士人競利，恒據險爲患，忠痛懲其不悛者，復設法禁之，其患始息。至於感神夢以獲大盜、敷惠政以還逋民、禱雨而雨輒應、祝蝗而蝗盡死、瑞竹瑞蓮嘉禾異草疊見於郡，衆咸歸誦於忠，而忠不自以爲德也。是秋鄉試，郡士無一中式者，忠欲以樸示教鄉大夫，力爲先容，庭見之際，峻言勉諭之。自是以作興文教爲己任，士類奮然，來科遂中數人，嗣是蟬聯科第者比比也。忠治處之政皆取諸所豫策者行之，處人輯其條教曰《爲政紀綱》，曰《括蒼規約》，爲建生祠祝之。忠家教甚嚴，弟恩舉鄉貢，懋、惠皆有文名，子豸、猶子某俱登進士，鄗亦鄉貢進士。所著有詩文若干卷。

歲寒老人曰：不邇聲色，不殖貨利，此聖者事也。公避女子夜奔，只此一節天君作主，真性不迷，世間再無棘手之事矣。祥瑞不任德，天功原不可貪；興學不避怨，人事所當自盡。

王侍郎公寅

寅，字敬夫，容城縣人。成化辛丑進士。爲諸生執經都憲楊一清，清愛其慤而文、動循規則。及爲評事，執法惟謹，權利不能奪。山西豪右有坐法當死者，懷白金二千求脱，寅怒，將執之，其人懼走。陞福建僉事，運籌策剿海洋群寇，申嚴號令，寇畏威遁去，海道肅清。在陝西分理馬政，稽牒按籍不遺餘力，復墜緒於磨滅之餘，還牧地於官數萬頃。至其分巡諸道，理戎務，覈邊情，所至刮奸剔蠹，拒請託，制强禦。韓藩支庶因姦毒一女子死井中，有司誤坐他人，獄且具，都憲楊一清以屬寅。罪人之父出寶帶求救，寅正色拒之，竟論如法。遷廣西按察司，一方之獄稱平，而簡易安靜不失柔遠之體。川藩命下，會南北邊警告急，詔廷舉習知邊務者數人備用，寅在列。被徵爲太僕，擢工部侍郎，專理易州山廠，剸繁析紛，得其機要，完逋負二十餘萬。尋改户部侍郎，奔父喪。正德甲戌服除，改刑部。以疾休，疏三上，詔許疾愈起用。歸兩月卒，壽五十七。

歲寒老人曰：公侍郎家居，侍童師張希古無異授讀時。先輩之敬慎如此。持敬慎心以涖官作事，夫豈有失焉！

## 劉太保公機

機，字世衡，大興人。成化戊戌進士。長身玉立，音吐洪暢。爲詩文惟取達意，不事雕琢，蓋志在建立，不屑章句間也。喜談名理，亹亹不倦，善辨者莫能奪。在吏部適逆瑾用事之後，忠賢放逐，流品混淆，機洗雪振拔，鋭意甄别，所用多當其才。流賊犯江上，機謀於同事諸公曰：「今日之事惟擇主將、立賞格、修營栅、恤軍士爲急事。」李都督昂自貴州罷鎮還南京，遣人邀致而委重焉。李以未得朝命辭，機曰：「朝廷敕諭我輩，有曰：『凡敕内該載不盡者，爾等便宜區畫。』此即朝命也。」亟取瓦屑墻竹木爲營栅，使沿江軍士免露宿之苦；又欲發官帑銀七千餘兩犒軍，衆皆猶豫，機曰：「某當獨任。」遂草奏，行之。防守有備，人心以安。既歸自南京，日與故舊飲笑爲樂。性孝友，事繼母甚謹。雅尚儉素，無世禄之習。仕三朝，歷踐華要，同考會試，主考應天，教習庶吉士，自侍郎至尚書皆兼日講，銀幣冠履金玉束帶之賜不一而足，以南兵部尚書家居九年。卒贈太子太保，賜祭葬特厚。

歲寒老人曰：公建事持論動中幾宜，誠不屑屑章句間。

## 梁端肅公材

材，字大用，大城人。弘治己未進士。起家知縣，入爲御史，值逆瑾誅，爲榜諭天下及錄付史館皆公筆，爲當時所稱。宸濠之亂，公按察浙中，浙近南昌，鎮守太監畢真與濠通，御史張縉就公謀，公乃自往說畢撤兵衛，二浙遂安。世廟初，按察雲南，有土酋相仇殺，六載未定。公諭以「王法當誅，今姑貸汝，罰牛羊若干以贖罪」，土酋叩首輸服。御史謂太輕，公曰：「治夷法如是足矣。」十七年召爲大司農。時永嘉用事，嘗以氣上公卿。一日於朝堂厲聲語曰：「梁大用某處糧草當辨！」公應曰：「諾。」「某處折銀當發！」復應曰：「諾。」永嘉意其闇闇弗了也，既而偵之無弗具者，乃心服公。上念吏治不馴，特命公以司農行考察，所簡汰數百人，大厭時論。又大讞久不決四事，命公兼司寇勘之，數日悉得，上喜曰：「得尚書十二人如材者，朕無憂矣！」及劾翊國公郭勳落職歸，卒。久之，邊儲大乏，上乃嘆曰：「令梁材在，當不至是。」後追謚端肅。歲寒老人曰：端肅立正、嘉兩朝，著有偉績。李西涯稱其文章，崔後渠贊其經濟，徐宗伯《識餘録》著其名、著其地。

## 屈都給事公伸

伸，字引之，號螻菴，任邱人。弘治初登進士，由庶吉士授禮科。時條興利除害數事。下禮部，倪文毅是其議。崇王就藩久，太皇太后言於上，擬召至京師，大臣臺省力諫不得，伸以「輕離封守」一語寤上，立止其使。屬虜入寇，首將提兵至榆林，以退聞，虜實自它道入内地，張甚。而永順宣慰彭某，黠酋〔一〕也，幸有急興事，上言欲帥所部人助戰，伸謂同列曰：「是關國體也。」乃劾將帥逗遛，請降詔責之，而駁某無勞遠方助順，詞婉而厲。將帥懼，擣巢致勝凱歸，四夷乃絶。他覬將家子不才褫職者攀戚畹謀復起，而越人吕紀者，畫工也，暨一二兵官相繼内降，注授要職，伸大憤，次第率言者排之。鎮守河南太監劉瑯請柴夫舊制。柴夫者，名爲夫，實入銀於〔二〕官以備爨薪者，而數

〔一〕「酋」，原作「酉」，據《國朝獻徵録》卷八十改。
〔二〕「於」，《國朝獻徵録》卷八十作「干」。

則視其官之品，中官例[二]無之，而瑯請至四倍於尚書。伸乃獨言祖制柴夫爲庶官，養廉助爾，中官無當得之例，上爲殺其半，朝野悚息。居禮科，凡兩使兩廣之役，則人多以貴戚憚行，伸毅然請往。至則挺與奥援敵，卒直尚書秦[三]公之誣，積獄遂解。兵科同考禮闈，所得多名士，會權幸卓爭長進用，上章切言，觸犯諱忌，逮捕繫獄，而讜直愈堅，嘗書座右曰：「富貴自有定分，世有奔走而得者不過一二，不得者千萬。以一二人之故，至於勞心費力、死而無成者多矣。」卒之日不能備棺斂，惟書二籠、藥二瓶、□二隻、故衣數件而已。伸歷諫垣十五年，所上四十餘疏，每一疏上，孝宗斂容敬憚之。

歲寒老人曰：敬以直內，義以方外，任邱即多才，如公政不多得。

韓知府公肅

肅，字宗仁，平鄉人。進士，授刑部主事，諸司有事恒咨决焉。弘治甲寅，河南藩府與撫臣交相論奏，上命法司選能者往按，衆皆難之，肅獨毅然，至則裁决允當，兩皆稱服。上嘉之，陞金華知府。凡所興革皆以愛民爲心，修理學校，與諸生講明經學，折

[二]「例」，原作「倒」，據《國朝獻徵録》卷八十改。

[三]「秦」，原作「奏」，據《國朝獻徵録》卷八十改。

衷義理、預修荒政。兩浙大饑，獨金華民粒食無恙。迎養二親於官，出理政事必入告，思貽父母令名，不敢爲親辱。在郡八年，聲名籍甚。以疾卒。

歲寒老人曰：宗仁蒞官廉明，循吏也。其吏治根本尤在於不敢辱親，真所謂孝子而仁人也哉！孝者所以事君也，忠孝原非有二。

## 李中丞公珏

珏，字廷重，開州人。弘治乙丑進士。初授常州知縣，年甫二十有五，剪剔吏蠹，人稱神明。居二載，逆瑾用事，誣逮至京，邑人爭斂金帛以饋，珏正色拒之曰：「余爲民獲罪，若復民以脱余，是益余罪也。」事亦得白。三年陞刑部主事，歷郎中，邃菴楊公每言法曹中，才能明練，必曰李廷重。三載陞東昌府，政先大體，事集民安。調劇常州，未幾丁繼母艱。起補青州，有青鹽礦多巨盜，比至，擒其渠魁，撫其餘黨，郡人祠之。陞按察副使，兵備徐州。裁浮節冗，交際悉有定式。自奉尤約，過客雖貴公知厚，僅留一飯。大盜王鏜聚衆數萬行劫兖、濟，選委調集，指授方略，戎服督陣，入賊巢穴，遂蕩平焉。總督余公疏其事以聞，有白金、綵幣之賜。陞浙江右參政，一年陞山西按察使。素性明敏，剖決如流，凡疑獄數年不決者悉解。陞都察院右僉都御史，巡撫甘肅。抵任三月，以福建事被逮回京，福建事原臬晉時所勘也。朝見致詞，上深奇其丰采異常，貴中密示上意曰：「廷鞫之日若能少順上意，諉責巡按，豈但脱罪，當有不次之擢。」笑曰：「死生榮辱自有定分，臨難二心，非君子所爲！豈敢欺天以邀寵也！」獄成，謫戍廣西潯州，去國萬里餘。羈配所十餘年，隨行親屬瘴癘死者自秦安人以下十七人，處之泰然。尋蒙恩還里，居四載，爲嘉靖壬寅。時虜闌入，雁門失守，畿甸震驚，廷臣交薦，召以原職起任，提督雁門等關，兼巡撫山西地方。被命毅然就道，至之日督率將領行視關隘，增參將四員，築邊垣八百餘里，至今賴之。又調選民兵分布要害，是歲虜不敢南犯。璽書褒奬，賜以文綺。居晉一載，焦思運籌，寢食俱廢，引疾乞歸。又四載，爲戊申，遼左不靖，上復起用，增築屯堡，奏調河南青州之技卒，添募錦義寧前之兵馬，選用土人之精壯，區措大備。召爲大理卿，時方俟代，虜謂不復設備，數萬入寇。珏督諸路兵馬，設伏扼險，鏖戰略日，得虜首一百五十級，虜器倍焉，遼人謂二十年來斬獲未有如斯之盛。廷臣議行賞，乃爲勘者所儕，功遂不錄。上疏乞歸，賜致仕。

歲寒老人曰：據公生平清直足錄，經濟亦優，然不肯臨難二心、脱罪於人，便見是正人君子。

## 鄭尚書公紳

紳，字公佩，涞水人。正德甲戌進士。起家武蔭，雅嗜詩書。成進士，授户部主事。

遭父喪，務竭其情，廬於墓側百日，以母命歸，處中門外，不入私室、不與晏會者三年。服闋補官，歷郎中，遷鴻臚寺左右少卿，晉正卿。丁母憂，哀毀備至。自入官三紀，凡九遷，不出都城而隨處奏績。晉工部尚書，累有金幣衣帶之賜，士論榮之，紳曰：「吾其止足時矣。」上疏乞老，得旨歸休。紳故居都城，朝大夫舊遊及諸後進，輿馬相屬，紳概謝避之。於都城南里許，築南池書院，引泉種樹，鼓棹中流。又去都城數十里，於西山得冷泉之勝，築北泉書院，偕舊子姓數輩探幽尋樂，作清世間人。紳事父母孝，事仲父如所生，與諸兄弟約曰：「母爾我視也，母有餘不足論也。吾黨今七人矣，其先一身耳，頤世世同堂。」合食久之，食指繁，勢不得終合，乃悉捐先世遺業讓諸兄弟。篤於師友之誼，竟日正襟端坐，以敬名齋。卒之前二日手書別親友，年八十有一。

歲寒老人曰：吾見居高位而身其康彊、子孫逢吉者，必孝弟敦睦之士。

## 吕御史公秉彝

秉彝，字性之，晉州人。正德戊辰進士。選爲御史，辭弗就，復選爲給事，又辭弗就。友人詰之，對曰：「居諱言之朝，處必危之地，享其名而怠其職，非仁；趨於始而悔於終，不智。」既尹章丘，適歲大饑，而上官督租尤酷，民多逋亡，乃權富人輸粟以賑貧窮，民用少蘇。是時誅求孔棘，燕、趙、青、兖盜騷然煩興，所過郡邑十七屠破，崇城浚隍，練器撫士，嚴賞必罰，以作忠勇，盜薄章丘輒遁去。民有訟人以死罪於上官而詭其名[二]者，上官移縣捕未獲，會有他訟詣庭者，見其辭懇，遽曰：「爾非誤人以死者耶？」其人驚服。凡發奸多類此。去章丘，民攀轅泣留。未三載，大水浸城不陷，民相謠曰：「昔非此城，吾其虜乎！今非此城，吾其魚乎！仁人之利，何其裕乎！」於是鑱錢立祠及去思碑。既抵京，太宰知其循良，卒授御史。甲戌三月，以母喪歸。初自章丘被徵，過家遭母疾，日夜親湯藥；既瘳，猶不忍離，故久而後授職。除喪未幾，又遭父憂，痛楚結衷，頰肉頓減，遂成黧瘁，至庚辰始獲實授。時天下多虞，武人用事，宣、大尤急，而巡按且缺，竟以越例奏往。既至，邊商同儕有被殺者，餘商法當誅，故緩其獄，尋果獲殺商者，邊鄙以爲神。凡兩鎮，遺奸積弊刻革殆盡。卒年四十八。貌偉行莊，望之知爲端士。且醇愨明垣[三]，人樂與之遊。至其辨析物理、該括群書，足聳人聽聞。且持正不私，寬厚不忮，奉身儉約宛如諸生時。惜天奪其年，不究所蘊云。

歲寒老人曰：「居諱言之朝」數語是大有識見人，而依依子舍不忍赴官有孺慕之意，況又有燭奸之明，公洵不可及已。

---

[二]「其名」，原作「於民」，據《國朝獻徵錄》卷六十五改。

[三]「垣」，《國朝獻徵錄》卷六十五作「坦」。

## 頓長史公鋭

鋭，字叔養，涿州人。正德辛未進士。初授高淳令，以廉直稱。國朝舊制，百司必三年報政，課殿最，然後黜陟，巡方以公守正不阿，特薦召用。舊制縣令之治行最高者入爲科道官，但年未三十，例不得與選，重老成也。公時二十有六，補户部主事。然公雅性山林，不樂仕進，遂以疾乞歸。卜築於郡西之懷玉山，罕及城市。尋丁外艱，杜門謝客，益大肆力於學，棲遲十餘年，母梁氏暮齡孀居。三載考績，進秩本員外郎，方有外臺督學之推，忽補代藩右輔，衆咸知爲太宰桂公意。而一時名流如鶴江蔡公、玉溪張公輩，觸冒時忌，遺以長箋，全比爲董江都、賈長沙，公勉之。任甫及三載，王重其名行，爲之請，上允四品服色，特恩也。公竟不欲久羈宦途，決意歸懷玉山，取佳勝處構亭濬池爲終身計，因别號「懷玉山人」。自是枕山棲谷，謝軌却掃，監司守牧罕識其面。公容貌奇古，若列仙之臞，音響鏗鍧，胸次超勝，望之知非塵埃中人。尤任氣節，重名教，接引後學，希踪往哲，嗜學之心老而不倦，凡縉紳過涿者，無論知識，皆知其爲鷗汀先生也。所著有《鷗汀集》、《鷗汀别集》、《鷗汀漁嘯》、《涿鹿先賢傳》，行於世。

歲寒老人曰：中有自得原不論官。以官之得意爲得意者，畢竟物大而我小，所謂超然者安在乎？鷗汀少年乞歸，長史結局，倘佯山水之間，俾千載下知鷗汀爲董江都、賈長沙一流人，所得多矣。

## 劉司農公體乾

體乾，東安人。嘉靖間進士。爲給事中，值國計告乏，令廷臣會議，或欲徵歷歲逋負，或欲加增賦額，公上疏獨以「蘇軾有言豐財之法惟在去其害財者，害財之大者有二，革冗吏、清冗費，乃當今理財第一義也。我朝自成化五年武職已逾八萬，合文職蓋十萬餘矣。今邊功之陞授、勳貴之傳請，不知其幾，是武職不止八萬也。各衙門之添設，大臣之恩廕，不知其幾，是合文職又不止十萬也。成化時視洪武爲冗，今視成化時尤冗，遠視宋之官制三萬四千員、唐制一萬八千員、漢制七千五百員，又不啻倍蓰矣。文武官制外，如閹宦之收入漸廣，錦衣之充選漸多，中書等衙門帶俸漸濫，與禮部之譯字生，鴻臚寺之通事、序班，光禄寺之厨役，神樂觀之樂舞生，各監局之勇士、匠人及大工，陞除狐假猿攀，尤不能悉數，蓋已萬萬於祖制矣。乞敕各衙清查，節省禄俸無算，所謂革冗吏者此也。又聞嘉靖元年至十五年，光禄寺積剩銀尚有八十萬，自二十一年以來供應日增，餘銀頓盡，其本寺進御膳疏果初無定額，惟以内監片紙據數供納，内監官乾没輒以所進鬻之行户，所以前後多寡頓異者，内官之滲漏冒破也。其供應各衙門侵盗尤多，乞敕禮部再三酌議，著爲令典，年終遣科道官查覈，所謂革冗費者此也。二冗既革，國計自然有餘，何患軍興乏儲哉」。疏入不報。後累陞至大司農。隆慶初，内降取買真珠、黄緑玉等項，公執持不行，上切責，予閒住。

歲寒老人曰：司農主國計，去其害財者便是其生財者，此雖一節，足概全體。《本傳》稱「公惇謹，事持大體，始終不渝，其操有古大臣風」。

## 湯都御史公賓

賓，字繼寅，南皮人。八歲時隨父之吴江丞，道途二千，所經行山川郡邑能舉其詳。嘉靖庚戌成進士。母病篤，侍湯藥，目不承睫，衣不解帶者逾月，晝夜焚香，籲天願以身代，而母霍然，人以爲孝感。初授安福知縣，潔己愛民，政事原本經術，士民戴之。越三年，轉户部主事，榷崇文門税，再巡通州草場，三轉邊鎮糧餉，四督淮安倉政，所至以勤廉著聲。尋轉員外郎，知萊州府。甫一歲，丁内艱，服闋補常州府。常州爲東吴劇郡，差繁賦重，弊竇萬端，賓明以察之，寬以劑之，竟用治行高第，擢按察司副使，兵備蘇松。時當島夷兵燹之際，賓外捍海岸，内安黎庶。其時開府大吏不問人情，徑裁兵餉，地方洶洶，賓開誠告戒，許以括帑金爲餉，而諸黨叩頭散去。是年挑七府塘百里、白茅河百二十里，度地程工，胼胝爲勞。先是賓父丞吴江時曾濬白茅，工未竟，而賓卒成之，人羡其父子有德於吴。庚午轉河南按察司，便道省親上九十壽。辛未轉湖廣右布軍政，無何再進左。癸酉擢撫治鄖陽右副都御史，賓領節抵鎮，稽察山寇，招撫流移，軍政修明，地方寧謐。俄以外艱歸。乙亥以中讒言致仕。日惟課農教子，凡大夫有司之干旄並皆謝絶，暇或群居二耆宿共話桑麻。賓儀貌修偉，内無城府，與物甚和，而介然之守萬夫難奪。萬曆十三年卒，年七十二歲。

歲寒老人曰：爲名臣、爲孝子、爲廉吏，只是隨時隨地自盡完其平常日用之事而已。公自八歲隨父至七十二告終，無一事不平常，乃無一事不高遠。

## 劉副使公效祖

效祖，字仲修，系出山東濱州，始祖當文廟時徙實都下。效祖早有文譽，以孝著聞。登進士，出理衛輝，嘗謂擊賣菜傭爲風裁不爲也。蠹奸剔蠹，暇則進諸生談藝。延津周氏某冤罹大辟，竟白之，其所平反無算。癸丑陞户部主事，歷郎中職，市金珠爲内供。時上用主豐，臺省建白主儉，效祖籌盈濟〔一〕虚，權可剔否，大司徒據之以請，如調劑。比歲烽火無警，各營草日腐累商，效祖議散之諸營，而見貯者給商以直，人人誦便。清苑高公以諸司事盡委視草，分宜父子每見其疏，私重之，欲羅之入幕，乃婉爲謝。遂陞

〔一〕「濟」原脱，據《國朝獻徵録》卷九十四補。

陝西兵備副使，行不入辭，别不具饋。固原於平凉冏寺，地去步武，冏卿某有内援，日庇牧卒如私人卒，每縱横，有問者輒撼以危言。效祖不爲意，徑執之置於法。郭公宗皋謫戍原州，請間一歸葬母，諸大夫但佯應，效祖大言曰：「戍者以失柄臣心，吾儕可錮人以媚人乎？况累臣非埒大僇，且也以親圖歸，何失孝子心？第歸，我即罹譴勿恤！」中丞裴公行塞，歷平凉，朝王，就席次以逋禄請，裴公難之。既罷，遂誣以舉爵壽王緩，屬不敬，欲上其罪，效祖聞之乃曰：「嘉禮有注『責在藩相』，所不預具焉用彼哉？當先繫瑲！矧王以糧故於杯酒責望，如國體何？」瑲語塞。既而諸王孫遮道以挾〔二〕，則請姑面允去，裴又否否，諸王孫鬨效祖以危言，身獲裴以行，王與諸王孫乃知朝廷紀綱森然如此。一日虜忽闌入花馬池城下，元戎提兵出，無乘城者，效祖先登，鼓諸老稚備矢石。虜覘有備，竟解去，城以完。癸亥大計，爲忌者所中，當東歸，原人扶老携幼，號泣車前者聲震四十里。歸則闢日涉園，陶情觴咏，間少醺，作樂府數闋，擊節歌之。乃肆力修詞人業，與海内詞客爲詞林盛會。王大成變有欲以奇禍中素隙者，事屬〔三〕白金吾，

〔二〕「挾」，原作「陝」，據《國朝獻徵録》卷九十四改。

〔三〕「屬」原脱，據《國朝獻徵録》卷九十四補。

曰[三]：「詣決策。」則握手示曰：「族人徇人毋論，非丈夫所爲，如冥冥何？第譏罪人，自得其情。」白如其言，大成伏辜，幾中者得無恙。京兆曹公念京畿首善地，闕專誌，欲徵載筆，督府劉公以薊門邊乘先聘之，因而如檀州，作《關鎮志》，凡三閱歲。以是縱遊諸塞上，所至輒有紀。卒年六十有八。著述有《四鎮三關志》十二卷、詩文若干卷、《塞上言》一卷。

歲寒老人曰：公韻人多韻事，一洗齷齪齟齬之陋。爲郭公歸葬暨與白金吾語，見丈夫風概。

王尚書公遴

遴，號繼津，霸州人。少而穎悟異常，嘉靖丁未進士。初授紹興府推官，丰裁太著，爲人側目。考滿至京，於貴要一無所謁，陞武選主政。時楊公繼盛爲武選員外郎，甚相得也。一日，楊公上疏劾奸輔嵩，自分必不免，過遴寓相别，並以妻子託之。曰：「君爲社稷計，吾不能爲社稷以安君子之心乎？」楊曰：「余一女二子，一子已有親，次子與女皆幼，長而婚嫁皆在君擇焉。」遴乃以女許其次子，楊泣拜而别。時嚴嵩威勢甚赫，

[三]「曰」，《國朝獻徵録》卷九十四作「白」，則當斷爲「白詣決策」。

人人避匿，楊疏下，逮繫刑部，遴往送至獄。時奉旨查嚴效忠、嚴鵠冒功一事甚急，兵部尚書聶豹，嚴之門人也，遴言冒功之事甚實，長安無不知者，宜據實具覆，聶使人約至火房，語曰：「此何時也？況嚴未嘗冒功，併陞示有事例。」出一稿付遴，遴曰：「嚴未嘗冒功，嚴效忠安在哉？效忠鬼名，嚴鵠乳臭，厠養子耳。併陞雖有事例，皆奸人骫法舞文，非祖宗舊制也。」聶面赤，但曰：「將稿付郎中，明日書題曰必欲如此，幸無列名！」次日約同官另具一稿說堂，聶曰：「有稿矣，此稿云何？」曰：「司稿查據節年邦政事例，不敢欺皇上，不敢負老先生。」聶怒曰：「如何欺皇上負我？」曰：「嚴效忠、嚴鵠本是冒功，而今日不然，此不欺皇上乎？老先生平日講學以聖賢自處，且皇上起之廢籍，不二三年至大司馬，安敢負老先生而不救正？且天下士大夫朝覲、會試俱在此，恐堂疏一傳，名節掃地矣。乞熟思之！」聶擲稿於地曰：「君爲君子，豹爲小人矣！」聶知遴不可奪，乃密報嵩，嵩上疏辭冒功之官，奉旨嚴鵠陞錦衣衛指揮同知，前論冒功遂免覆。嵩切齒於遴，會有窮弁聲冤者，逮公下錦衣衛獄，查無干涉釋放。楊公之獄上論死，遴徬皇如失左右手，自往西市收其尸，作詩二首哭之，時口語籍籍，不顧也。未幾陞巡兗州道，有宗室爲盜，人不敢問，至則擒置於法，四境肅然。又自河北道轉山西岢嵐兵備副使，聲望大著，撫按皆忌之，乃具呈告休，撫按益怒，遂會疏糾劾降調。會新撫按公疏薦復任以救危鎮，上特陞爲僉都御史，巡撫延綏，促之赴鎮，隨有保安之捷。旋轉宣府巡撫，加俸一級。以親老請告，不允。陞兵部右侍郎，提督京營。復三疏控辭不允。然以亢直與張江陵語多不合，適有閲視之議，遂自請行邊。事竣，中途患病，疏乞致仕，不允，又懇請，得回籍。萬曆壬午起補原官，陞南京工部尚書，改兵部尚書、參贊機務。又改北户部尚書，正值議從祀諸儒，力言諸儒從祀須以實踐爲主。乙酉改兵部尚書，時兵部政務衰敝已極，一切聽命於内閣及大璫，拱手受成而已。既受事，凡有請託悉行拒絶。一日，會申内閣時行託以奶子府管事指揮羅秀陞堂上僉書，曰：「錦衣堂上僉書舊由南北鎮撫陞轉，奶子府經陞無例！」退耳房。羅秀乃内侍滕祥家奴也，置之不顧。具疏請告，允令致仕。家居杜門，薦用之疏無歲不上，四賜存問。享壽八十四終，祭葬如制。所著有《大隱集》四卷、《二鎮疏草》八卷、奏議十卷。

歲寒老人曰：只結婚忠愍，識見力量都不落第二人，故於權姦之力、掉肩游行絶不犯手。

## 穆憲副公文熙

文熙，東明人。嘉靖進士。少穎悟，□籍無所不窺，尤尚節義。莊廟初，給事石公星以言忤，廷杖幾斃，文熙奮不顧身，周旋醫藥，得不死，解官歸，士論壯之。後歷官憲副，所居有逍遥園，坐起一編，文藻蔚然，爲一代名家。所著有《逍遥園集》、《〈左〉

《史》《戰國》《纂評》諸書行於世。

## 劉副使公珂

珂，字伯瑲，開州人。奉母至孝，登嘉靖癸未進士，未授官即上疏乞終養。吕涇野先生雅重之，贈以詩：「曾子終能傳一貫，《孝經》真脈未嘗差。」既歸里，足不履公府，定省之暇惟授徒講學，平凉趙太史時春，其門人也。後數歲，母疾卒，哀毁過禮。已而授刑部主事，歷郎中，以廉平著聲。是時有貴戚干犯法紀，諸司皆避事無敢當者，大司寇每委重珂，珂立爲剖斷，卒無異議。尋擢山西僉事，盡心屯政，甚著勞績，上特勞以金幣。歷陞本省副使，俱有清慎之譽。然於仕進澹如也，遂乞休歸，鄉之後進咸稱珂有古人風云。

歲寒老人曰：未入官便乞終養，真是不以三公易一日孝子哉！未有孝而不爲廉使者。

## 王都御史公鎬

鎬，字宗周，灤州人。舉於鄉，分宜爲司業，欲收之門下，不顧。嘉靖乙丑，登進士，授大理評事，廷尉雅重之，疑獄必屬焉。擢御史，首言：「追崇之禮出聖孝，議禮諸臣不過將順而已，何敢貪天功以徼榮自私？當時中外臣僚群起攻之，未必無所見，何至廢退者不起、禁錮者不釋哉！」按江西，典試事，分考官呈中憂相婿，鎬曰：「寧得罪於一家，不得罪於多士。」竟黜之，而相亦不銜。再河南，下令蠲贖鍰，出餘帑大築黄河堤，連獲十城，全腴田萬頃，境内人材不通姓名舉之，而鼓勢行私者抑焉。巡視京營時，京營冒鉅萬計，奸利不可勝數，提督爲宰執肺腑，人莫敢問，鎬輒奏去其甚者，宰執銜之。出爲山西副使，兵備〔一〕代州，邊有警而代當衝，鎬禦免虜患。銜者仍左遷湖廣參議，提督太和山，至則督發中貴人贓弊，人以天神目之。轉山東參政，却羨金四千〔二〕兩。湖廣按察使禁戢〔三〕宗室爲暴者數人，王以書來，使去即投櫝封之；或於法得釋，使來謝，乃引至櫝取書還之，實未發，曰：「法當如是，吾安敢低昂耶！」轉右布政，攝左事，論解銀，入則所司緘封進，出則原緘發之，惟據案端坐，錙銖無所移，帑庫不得與。時倭寇猖獗，爲繕城池，備〔四〕守具，檄上着子弟出奇設伏，左右翼擊殲之，沉大艑

〔一〕「備」，原作「備」，據《國朝獻徵錄》卷六十三改。
〔二〕「千」，原作「十」，據《國朝獻徵錄》卷六十三改。
〔三〕「戢」，原作「職」，據《國朝獻徵錄》卷六十三改。
〔四〕「備」，原作「備」，據《國朝獻徵錄》卷六十三改。

數十，擒斬俘無一東還者。功當超擢給蔭，忌者沮之，轉右僉都，巡撫寧夏，入境輒有斬獲。會楊襄毅入吏部，欲擢貳司馬，分宜子世蕃大恚，嗾給事中某論之，召回京別用。既入京，遇嚴相長揖而已。遂乞骸骨，歸與兄同居。貴不置私橐，視猶子如己出，終世未嘗一言干有司。遇親舊有婚喪者助之，而佐士之貧者，交薦無虚歲而堅卧不起。

歲寒老人曰：人臣寵利不可太過，功十酬五盡可矣，功五酬十不獨同儕妒忌、鬼神亦自不容。殲倭之役雖賞不償勞，想公定不介介耳。「追崇之禮出聖孝」一段亦確亦婉，乞骸歸里免遭分宜之毒，不可謂非厚幸。

## 馮中允公有經

有經，字正子，京師人。萬曆己丑進士，戊戌以右中允充東宮講讀官。一日講官進拜，皇太子偶不爲起，奏曰：「臣等承乏春宮，輔導無狀，致殿下失起立之禮，敢請其罪。」光宗改容謝之。事母甚孝，立身謹飭，人以孝義稱。

## 楊中丞公宜

宜，字伯時，衡水人。嘉靖癸未進士。任御史，以風力著稱。督學南畿，藻鑑精確，士一經其賞識，無不得雋以去，如瞿文懿、陸文裕諸公，位卿寺、登八座者不可勝紀。

釐正文體，敦崇行誼，時以司馬文正公方之。後總計留京、開府西浙，所至聲績蔚然，士林稱正直忠厚者必曰裁菴先生云。

歲寒老人曰：衡水人爲予談公兩次督學南畿，士子稱之爲楊聖人，惜未得詳其歷履耳。

## 王尚書公本固

本固，字子民，邢臺人。嘉靖甲辰進士。繇樂安令授御史，按浙。值倭寇猖獗，時有海寇王直者逃罪居倭，數爲浙患，督府以計誘歸，欲釋罪官之，本固不可，竟阻其議，仍置大辟，朝論韙之。督府以縻兵餉爲言者糾，冀其勘報掩之，竟以實聞。由是督府愈結分宜，每求所以中傷之。會遼左饑，奏命固往賑，給米六萬石，以騾車運，意爲緩不及事，假此禍之耳。固奏改一半折銀濟遼陽遠地，一半本色濟廣寧近地，凡再閱月而完，遼左安焉。故事御史八年序宜留内，竟以分宜憾出陝西西寧副使。後分宜敗，陞大理寺少卿，晉南京右僉都御史，尋移北左副都御史，歷刑、兵左侍郎，協理營務。隆慶初改部，會新鄭以政府攝銓衡，屢以不合故竟遷南京吏部尚書。時當大察，京官有爲江陵忌者，一給事中、一御史，遺書欲俱罷其官，竟不允。始末歷二柄臣，毫不少挫，持正不阿蓋如此。以疾乞休，謝人事，閱醫藥。江陵殁，屢被薦舉不起，卒年七十。歷事三朝，偉節豐功昭人耳目，賜祭葬如例。

歲寒老人曰：既不得於分宜、江陵，而又不合於新鄭，其人之古板可知。

## 趙侍郎公孔昭

孔昭，字子潛，邢臺人。嘉靖甲辰進士，以鄢陵令擢御史按遼東。時遼將李錡不法，咸寧侯仇鸞恣横，言官側目，難於先發，昭首劾之。繼按福建，再按兩浙。會倭寇猖獗，大肆殺掠，廑世廟宵旰，有詔切責撫臣剿之，昭以巡按御史紀功罪，一不當即置重典，當事者難之。時督撫某結歡權相，氣焰薰幟，異己者傾擠立至。時應天府臺曹横被陵轢，且欲誣以重罪，孔昭對衆抗辨，略不少遜，事竟寢。會監秋試，前督撫陰置所私，欲其子中式，微以意示之，即出示令勿唱名，其計遂沮。及試禄成，某序多溢美，盡削之，簾内外諸執事相視有變色舌者。巡撫宣府贊理軍務，時黠虜入寇，京师震動，同總督江公統兵星馳直走岔道，虜乃遁去。巡按董公欲以功狀上，且云當得陞蔭，力辭之。再撫浙江，舊宫闈服御倚辦東南，中官織造，歲不停遺，尅減騷擾，民不勝苦，抗疏罷之。又條陳時政十事，上嘉納焉，陞户部侍郎。兩次巡撫皆有科臣媒孽論劾，不俟終日以行。庫有羡金數萬，守者以請，竟不取。爲人剛方廉介，言動直率不設城府，無世俗依阿淟涊態。故宦轍所至，每有虜功偉績，雖間值沮抑，殊不爲意也。歸家十年，春秋墓祭外，静坐觀書，蔬食布衣，晏如也。嘗題趙清獻《琴鶴圖》云：「德馨何用更焚香，琴鶴隨事亦覺忙。但得洗心無一事，只將義命作行藏。」又題楊伯起《却金圖》云：「清夜孤燈獨坐時，關心西事總天知。却金自是平常事，太史標題似好奇。」年六十五而卒。訃聞，欽賜祭葬如制。疏稿、詩文若干卷。

歲寒老人曰：子潛與子民同里同科又同在臺中，而風裁氣誼亦無不同。且皆能官至大卿，惡在剛方正直者之不適於用，而必熟軟圓融，始能諧於時哉！

## 許御史公大亨

大亨，字貞甫，安肅人。嘉靖乙丑進士。初授山東兖州府推官，辨張子時之冤，人號神明。徵拜御史，初按雲南，至却樣金珠寶巨萬，又奏免採金之額，劾黔國沐朝弼之暴，滇人尸而祝之。再按蘇松，以不阿江陵相國轉漢中知府，遂疏請休致。歸家杜門謝客，片刺不入公府。母病，籲天以代，夢賜良醫而疾果愈。按滇時寓書鄭範溪洛曰：「邑中舊友，甕孟所、鄭範溪與不佞大亨所謂三人莫逆者也。三人兒子各成立，盍令其結姻，永世好乎？不佞大亨屬有孫與孫女，倘與孟所之家相當則姻甕，與公之家相當則姻鄭，如兩相當則甕先。」後鄭念孟所朝露急生死之交耳，是互爲婚姻。後孟所子用鉉登鎸，適值鄭家有喪，爲之罷鼓樂宴飲之會。公引疾還里，有諸生張棟者，才而不得與有司選，公爲奮髯告於主者，竟成進士。歷官清直，後以忠勳顯。歲寒老人曰：公正直立朝，孝友宜家，而友誼又復篤摯，君子人與？君子人也。其孫爾顯能文，作令不墜家聲。

## 魏中丞公允貞

允貞，字懋忠，别號見泉，南樂人。萬曆丁丑進士。初授荆州推官，凡疑獄久不决者廷鞫數語立剖。荆爲張相君梓里，官其地視爲畏壘，率以縮朒從事，惟允貞與觀察馬文煒廉貞自矢，民賴以安。而張氏奴有不逞者，衆咋舌莫敢問，允貞獨繩以三尺，相君聞之亟爲讚服，致諭諸子毋輕舉動以撓法也。壬午徵入，授御史，會江陵相殁，遺表薦潘宗伯爲身後之計，乃抗疏，亟言潘品下齒衰。疏入不報，然竟不復用。既而陳四事曰：「公文武之用，嚴科舉之防，慎臺諫之選，務戰守之實。」語多侵執政。張蒲州四維子聯翩高第，允貞言廷試閣臣爲讀卷官，其子須俟去任後方可預試。蒲州不悦，遂降爲許州判官。户部郎李三才上疏力救，亦貶外。未幾蒲州以憂去，轉南吏部，三才亦轉南禮部。南吏部事簡，獨吏胥有貼班銀以佐四司僕馬之費，公悉革之。日與鄒元標、李化龍數人者登山觀水、講學論文，如是者二年而聞仲氏之變，公不勝痛，疏請致仕，不允。轉光禄丞，陞少卿，以太公春秋高請告。三年起順天府丞，陞右通政，未幾陞山西巡撫。

至則條上五事，皆報可。平陽守歲所節省銀數萬以報，允貞極其褒讚。用克平陽一歲租，每歲交際銀千兩、酒課數千、并贖鍰不下數萬，公一無所取。山西自款市之後，武備日弛，允貞親歷其地，視要害，覈軍實，建議整飭，又修文中子諸賢祠及書院，皆取諸所節省者，一時山西吏治幾於兩漢，閭閻安樂，歌頌遍野，邊外部落不敢飲馬於河。值宮殿災，張新建位以開礦之説進，而武弁仲春等爭言礦處，允貞上言：「人主玉食萬國，何以開礦爲？頻年貶逐諸臣，其中豈無忠臣義士，有一人焉可抵萬黄金。不此之寶而發天地之藏以求利，諸臣之爲計亦左矣。」疏入不報，而抽税之議起。公蒿目憂心，寢食爲廢，乃陳君臣交警之謨，責張新建位以嚴嵩、夏言爲戒，趙蘭陵志臯以李本爲戒。又言：「去年二臣以二月加恩而三月兩宮災，今年又加恩而三殿災，天意甚明，臣誠不忍陛下爲二臣所誤至此也。」疏入奪五月俸。自抽税之使四出，文武吏士逆其意者逮繫纍纍於路。公上疏言陛下不宜重閹寺而輕言官，疏入不報。税閹遂奏允貞沮格礦税，而誣以八年公費酒税等銀數十萬皆私囊，旨下，九卿合詞上言：「撫臣允貞清苦之節天下共聞，彼既參内臣，内臣亦參之，詆讕相報，天下共知其枉。」不報。南北臺省之疏俱至，山西吏民數千人叩閽籲留，事遂寢。撫晉九年，屢推卿貳不下，求歸養者二十餘疏，乃得旨。允貞天性孝友，父子兄弟皆賢達，人艷稱之。

## 魏考功公允中

允中，字懋權，南樂人。萬曆庚辰進士。除太常博士，尋移考功。病卒，年四十二。公丙子秋試，王元美偕同官飲於署，戒閽吏曰：「小錄至，非魏允中第一無伐鼓以傳也。」抵暮鼓發，相與叫絶。懋權與其兄允貞、弟允孚皆舉進士，稱三魏。入以道德相敬爱，出以忠貞相勸勉，退以經籍爲娱樂，其同年顧憲成相與鏃礪志節，以名世爲期。江陵專政，公與憲成皆不肯阿附，每譏切時政，江陵聞而恚之。詩可追唐，有《魏仲子集》行於世。

歲寒老人曰：南樂三魏名震寰中，兩弟早逝，而見泉公爲萬曆中名臣，予弱冠嘗聞父師稱之，極切嚮往。壬了讀書都下，公嗣君讀中秘書，尚肯過予，氣誼藹然，不意後以比匪殞家聲，致令南皋有「見泉無兒」之嘆。可惜也！

## 崔太宰公景榮

景榮，字自强，長垣人。萬曆癸未科進士。選平陽府推官，以治行擢御史。時青宫久虚，中外危疑，宦官張鯨怙寵構隙，舍皇長子别有所屬，御史何出光疏論不報，公列鯨不法十二事，上知其奸，下法司治罪，次年遂定儲位。己丑按甘肅，初議四事，繼陳六款，又復條議十二事，邊事鑿鑿如指掌，邊人始知有法，不敢狃款忘戰。辛卯按楚，時李經歷懋檜以建言謫，何照磨選以薦鄒元標降，公俱以賓禮待之，人訝其過，公曰：「吾爲天下培正氣也。」以病歸，起補河南道。會吏科林材建言忤旨，包見捷請罷礦稅觸聖怒，俱從降調科道，公疏申救，復罰治之。公抗疏陳古來禍敗之源、天下騷動之勢、人心離亂之機，亟言礦稅不可開，内臣不可縱，言甚切直，不報。尋以内艱歸，起按四川。時值楊應龍之亂，上起李化龍討之，朝議公久諳軍機，且與化龍同梓里，賜璽書俾公監軍事。劾大帥劉綎跋扈、吳廣違制養寇，奉旨究處，諸將股栗，決意殺賊。播平，請停全蜀行刑並採木開礦之役，陞太僕少卿。庚戌陞右僉都，巡撫寧夏。嚴諭將領毋致養亂，亡何，諸酋從銀定大舉犯六羊河口，公親督參將潘國振出奇扼之，大捷者三，斬級一百七十有奇，奪獲馬駝七十有七，輜重器械無算。開荒地六萬餘畝，積谷二萬餘石，以備軍需。在鎮三年，陞兵部右侍郎。會延鎮吉能等挾款補八年市賞，延撫遽以一年兩市請，公疏駁之曰：「莫若以飽敵之資飽士，俟其來犯重創之，而後聽其乞款，則一市之議可決。」疏駁者三，並移密札撫鎮爲指陳方略。未幾大舉入犯，如公指大敗之，乃懼而求市，不敢作兩市之請，而各鎮俱帖然矣。戚畹輩鄭養性乞襲父職，得旨襲左都督，公執奏「爵人之典，君不得私其臣、父不得私其子，皇上奉天無私，奈何以犀玉之榮輕加孺稚之子乎」，上感悟，遂中寢。會吏部侍郎缺，擬推公。御史潘汝禎輩以隱語中之，公遂請告。己未，北邊順義素曩〔二〕構家難，爭市賞，順義不貢者九年，廷臣復推公，公欣然履任。進諸道將，諭以「宣雲款久備弛，戎每闞隙欲借事敗盟，今毋再言款，惟有飭防待之，兵勢振揚，邊外攝服，乃共誓定進貢之期」。尋陞兵部尚書，時東事已不可支，文武將吏動相齮齕，袁經略應泰誤用收降之策，公得報驚曰：「遼事危矣。」抗疏止之，反復駁正，亡何，降丁内應，遼陽失守，自劾求褫，不允，適有奸細劉保之事，遂以攻公，公引疾去。甲子冬起爲吏部尚書，時逆閹擅政，其黨田爾耕爲爪牙，以同鄉來謁，拒弗見。凡事關用人行政力與逆閹爭執，閹與其黨皆銜之。一日經筵畢，閹傳内閣留六卿議事，公曰：「吏部事體與司禮無關涉。」竟出。閹目内閣曰：「彼豈謂吏部無弊耶？」閹鍛楊漣、左光斗獄，公再三申救，不報，公杜門求去，疏九上始得請。將出國門，仍以手書遺内閣，謂：「昨見爲楊、左上揭，午後何復有嚴刑追比之旨？如是，則二人必死，死則關係聖德不小，幸公極力回天，不佞行矣。病亦且死，忠告止此。」内閣乃以書遺閹，御史倪文焕參論公爲東林黨人，奉旨削奪。崇禎御極，閹伏誅，復官，補給誥命，給事中章允儒等薦公，謂「當舉國如狂之日，獨立不懼，可謂得公之大者矣」。殁，贈少保。

〔二〕「曩」，原作「囊」，據文意改。

歲寒老人曰：予知公與李大司馬同里閈、同立朝、且共事，彈丸之地産此兩人，亦奇矣。《本傳》稱公「五十年忠勤之績、孤介之操，始終不渝」，殆庶幾乎古之名臣與？

## 張職方公主敬

主敬，字楙倩，柏鄉人。萬曆癸未進士。爲長治令，地素稱善，公一無所染，政聲大著，己丑大計舉卓異。一同年出使過其邑，恨無所饋遺，造言公入計時欲言其座主典試通私，侵及兩政府，以故不得與徵書。久之事白，始擢工部主事。去之日父老空里出送，夾潞河而泣，爲祠祝之。既而調兵部，癸巳陞車駕司郎中。先是上久不立太子，言者貶絀相屬，至是忽降御禮欲並封三王待嫡，當國者遂奉行之。公上疏言：「無嫡立長，三代以來所通行，未聞待嫡之說；且往者群臣之請立大子也，上一則曰幼弱、二則曰幼弱，及請之不已，一則曰激聒、二則曰激聒，未聞有待嫡之說也。敕論一頒，中宫斯重，豈往者忘情於皇后而至今始可待，即輔臣悖理阿意曲從，欲希一身之寵榮，萬一危機潜伏，禍及社稷，臣恐輔臣之罪天不能蓋、地不能載也。」疏入不報，然其事亦竟寢。乙未以父憂去，己亥起補職方。時倭躪朝鮮，國家爲大出師以援之，倭虜退，我師躪朝鮮。議者欲撤兵，舉朝皆慮倭復來，敬獨以爲倭至而救之仁也，倭既去復代之守，無論久戍海外，糧運甚艱，本非中國所宜也。大司馬難之。公力主撤，歲省餉五十萬。未幾播州酋楊應龍叛，議者多張其兵若蚩尤、項羽，鋒不可當，兵必不可輕用，撫爲萬全，公主剿益堅，不兩日而捷書至，夜郎千里悉爲郡縣，人皆以功歸公。仗鉞非遠，會中使榷税遼左者疏劾大將軍馬林去，上怒遼左缺大將，何不亟推補，公遂削籍。

歲寒老人曰：公抵家，因舊業數椽稍葺之，稱「恬暢齋」，奉太孺人之暇，與友人王義華讀書吟詠其中。及歿，趙忠毅題其墓曰「正人張公之墓」。

## 劉少宰公元震

元震，號復齋，任丘人。萬曆丁丑進士。以庶吉士授編修，充經筵展書官，理詔敕，纂章奏，修會典、世穆兩朝實錄。九年秩滿，累陞左庶子，皆充日講官。戊子陞國子監祭酒，申明賢關造士之意，必以敦行爲先。是時儲宫久虚，并出閣講學亦遲廻久之，乃上《儲訓疏》，其略曰：「自昔帝王莫不以建儲爲本，以豫教爲大，今諸臣疏陳明旨頒示主器長子，兄弟天倫已顯白於天下矣。顧册禮尚闕，訓誨未行，謂將待時而舉耳。臣聞皇太子天性英明，睿齡漸茂，以年而論，正蒙養之時。過此以往，智識漸開，積習已熟，施功則難。《學記》所以禁未發戒後時也。臣愚以爲皇上宜及時下德音、舉隆典，慎簡端人，用充輔導，實宗社無疆之修。」疏入不報。久之陞南禮部侍郎，改南吏部，入爲禮部侍郎，即改吏部，以三品報滿。未幾三殿災，上疏略曰：「舊歲乾清被燬，今皇極三殿俱焚，臣當奔救之時，仰見瓊樓玉宇蕩燼飛灰，叩地呼天，驚心慘目。臣職掌詹事府也，其官爲青宮而設，敢不明其職守。伏念建儲爲萬世計，上天祖宗垂神最切，故儲位久虛，譴告疊至，即今道迎善氣、協和天人，此爲第一事。臣忝官僚，宜以職諫，而猶然逡巡失其職矣，願陛下退臣之身，用臣之言。」疏入，當國者忌之，故六年秩滿，但准復職，恩禮無加焉。庚子冬三品三滿，越明年不得旨，累疏請歸。元震孝念純篤，宦遊三十年，每接家報，必南向頓首而後開。嘗自言筮仕以來，一差一轉，聽其自然，生平於奥結廣交、詭遇捷趨、巧取貪得、妒人害物恥而不爲也，故能於國政輒不避忌諱，侃侃言之。萬曆庚申卒，壽八十有一。弟元霖官大司空，亦以賢著。

歲寒老人曰：建儲一事舉朝爭之，申公以鼎鉉重臣陽隨衆進疏、陰具揭固寵，至今爲人詬厲，視公徑行其意者相去何如也？人亦何必鼎鉉然後爲重哉！

## 余文恪公繼登

繼登，字世用，交河人。少孤，族人不利於公者厝薪其門燔焉。火方延，若有撲之者，得不死。年十三補弟子員，甲子舉於鄉，丁丑成進士，選翰林院庶吉士。學無不闚而原本經術，務考當代典制及前世治亂所繇以究於用。授檢討分校，士所恥務，雅正修會典，書成進修撰，遷右春坊右中允日講官。與同官馮公約以《資治通鑑》進説，而授引古誼，傅以時政，旁喻曲證，冀有感悟。辛卯典都試，則與諸士約曰：「藝文，儒者末技耳，其以緣階致主、砥行立名，惟今日勿不自恤愛以即戮辱也。有如余之不恤無以見諸士，士之不恤無以見余也。」累遷詹事副總裁，修《武宗實錄》，擢禮部右侍郎。戊戌知貢舉，請皇長子選婚，疏凡九上。明年擢尚書。公性忠真，自處簡正，士大夫與語無敢及非義，取與廉，不問生産，茅屋土垣，蕭然而已。既典秩宗，雷擊太廟樹，公上言：「弭災以實不以文，今所謂修省皆文耳，不郊祀，不廟享，皇長子不册立、不婚、不冠，而礦税日亟，祖宗寧無望於陛下乎？霆怒也，兵象也，循理度勢，恐有勞苦之民弄兵潢池者。此時而洩洩循省之文，欲應變回天，豈可得哉！」上嘉納之。是年秦晉齊地皆震，西寧鐘不擊自鳴，鄖縣地出血，復上言：「願陛下以愛民實心爲應天實事，罷諸弊政，爲民患苦者。」疏入，上報曰：「仰承上天仁愛，深深用警惕，群臣宜增修其職，以祈時和，毋以虛文應。」播州酋楊應龍叛，徵諸路兵討之，登請罷四川礦税以靖民，不報。是秋太白經天，狄道山崩，地湧土山五，公復上言「天不和、寒暑鄗，人不和、贅疣生，地不和、丘阜出」。不報。公見士習浮靡，敢爲悖常叛教，上言：「祖宗設學宫頒布大全書爲聖經，翼別黑白而定一尊；比乃有唱爲異説，竊二氏之餘以煽亂天下之耳目，共相推挽，靡然從風，謂傳註爲支離，謂經言爲糟粕，謂躬行實踐爲迂腐，謂人倫物理爲幻妄，謂紀綱法度爲桎梏，謂禮義廉耻爲虚僞，惟一了此心，則蕩閑踰檢皆爲率性矣。」章數上，極切直。是時儲宫三禮，復久格不行，公深爲根本慮。具疏以請，凡十八上。疾且革，猶伏枕草奏，每談及國事輒蘇蘇隕涕曰：「吾爲禮官，誰執其咎？死且不瞑矣。」已而聞詔旨將舉三禮，促具儀，則欣然强起視事。會子道一卒，疾轉劇，乞去不得請，遂卒於官。上聞悼之，賜祭葬有加，贈太子少保，謚文恪。所著有文集若干卷、《通鑑進講録》五十卷、《國朝典故紀聞》十五卷行於世。

歲寒老人曰：公之奏疏通達政體，是陸賈一流。言到真切有關係處，則言即德也、即功也，豈徒以空言目之？

## 鹿御史公久徵

久徵，號豫軒，定興人。萬曆庚辰進士。初任息縣時，有均田之令，部使者令諸屬各署上中下壤，則獨息盡以下田報，批駁至四五，至面嗤讓之，公嘆曰：「是紓民乃蹙民乎！」持初議不移，得無加賦。息田故額二萬八千頃，以履畝占隱畢出，溢四千餘頃，則盡以見賦通攤之，而田乃大均。再蒞襄垣，襄連歲大饑，民流亡者衆，前令以逋賦責存者，久徵爲按籍開除懸額七百户。吏白損户爲令殿，公曰：「人以僞增，我以實減，何不可？」存者以蘇，流亡漸次復業。尤加意於興學廣教，擇諸儒生材美者課藝授粲，貧不能婚者爲擇配資給之。以治最擢御史，首言民生凋敝，由守令不職而吏治無所風勵，則以撫按舉案失實，言言痛切。後因司馬曹軍政事，移怒南北臺省，斥五十餘人，馬侍御經綸以爲言，亦鐫職。公適以除服還，謂是不言無可言者矣，乃上疏申救，辭極切直，譴判澤州，而直聲動中外。久徵仕宦潔清，爲邑令，常禄外纖毫歸公帑。按吴得代餘公費千五百金，移各屬抵額賦。既歸里，橐裝蕭然。杜門謝客，理先疇自給，教子弟讀書，泊如也。嘗語同鄉要人曰：「有兒能明農，有孫能讀書，吾事足矣。」孫即伯順，伯順幼時寄書向公索《陽明集》，公手字報云：「春，汝所言有曾點、漆雕開之意。擴充得去，便是天地間第一等人，眼前功名無論也。但致良知須要在應事接物上體貼天理，此是實用功夫處。若概云致良知，不加學問工夫，將至於臆見爲良知，其去道也遠矣。」天啓朝冢宰張問達、總憲鄒元標題覆，贈光禄寺少卿。

歲寒老人曰：公按蘇松回，圖書數十卷，囊無長物，田廬依舊，門庭蕭寂，惟以兒孫耕讀爲樂事，其言曰「致良知須要在應事接物上體貼天理」，開伯順理學之傳實基於此。

## 王按察公嘉謨

嘉謨，字伯俞，順天人。萬曆丙戌進士。授行人，擢禮科給事中。侃侃偉議，一時稱爲朝陽鳴鳳。其疏最有關係者如請建儲諸疏，略曰：「禮本緣情，從衆則易行，失時則難必。影樣之多、姿態之變遷，觀古昔有足傷心如《緑衣》、《白華》之詩，青雀、黄臺之事。名號筐牀，轉移甚易；笑言涕泣，瑕隙常開。愛使勢移，慈父不能保其子；機從中制，賢相不能必其君。巧售一時，恨貽千載。」又云：「元儲繼體，必不可置於可帝可王之介；天命難諶，必不可稽於且行且止之間。册立大典必不可玩以或近或遠之期，乾坤神器必不可處以如戲如疑之跡。」如因災變上修省疏：「大臣以格君心爲要，以變理陰陽爲功，以防微杜漸爲急務，以責難陳善爲恭敬，故人不足適，政不足間，孟氏之明訓也。臣觀近事，清論甚明，群臣咸奮，所争者常在於皮膚枝葉之間，而受患者常在於元氣根本之内。」又云：「君臣之間不求同意而求同理，不防其事而防其欲。且如唐玄宗號爲英主，其相張九齡，事無大小皆力爭之，卒成盛治，繼而荒於酒色，九齡罷相而漁陽之兵起。又如宋真宗，明君也，其相李沆日取災異奏聞，事事克謹，王旦輒之，及晚節侈肆，身奉天書，而後嘆其見之蚤也。啓沃之功、防閑之要，於兹可睹。」如論用人諸疏云：「忠言直道之士指斥稍過則逐放相隨，汲引稍加則禁錮益甚。籍如鍾羽正輩大臣皆以爲言，陛下亦常許之而卒不用，豈以舊日矯激不足任使耶？使過之仁、容直之量蓋兩失之。」又云：「如南京吏部尚書會推沈鯉，月餘不報。冢宰，人臣之藻鏡也。沈鯉雅望清修，允堪簡迪，何其宜用而不用，此會推之當而未允者也。又如都察院左副都御史首推吕坤，用其次；南京工部尚書首推王遴，用其次；保定巡撫首推曾乾亨，用其次。廷議先後諒必有見，何其舍此而用彼，此會推之用而越次者也。」又云：「理安有同異？人安有朋黨？在上用之何如耳。昔晏嬰論君臣之交如五味相和、八音競奏，然後可以成治。宋仁宗時言事者輒指人爲黨，仁宗不復記憶，一切進用翕然稱治，卒亦無黨。在昔患君子之難用，而當國者敢於播弄，不準於理義，此王安石之所以誤熙寧也；知君子小人之相爭，無道以處之，而務爲調停，此范純仁之所以誤元祐也。」又云：「人臣比肩事主，孰無得失？終日議事，孰無可否？前代治朝，賢人君子未嘗不互相評議。宋韓琦社稷臣也，而吕誨力詆其失；包拯爲宋直臣，歐陽修亦嘗論之。故以疏遠而敢指摘時務，未必非治朝；以上下而盡徇乎國是，未必非亂世。以無心聽議論則是非日消，以採擇視群情則忠直自見。」又如《貪憸宦官結黨行私》一疏參權璫田義八罪，尤爲侃侃，直聲震天下，蓋卓然君子其人也。萬曆甲午典試關中，闈未撤陞陝西參議，未任改河南參議。未幾有播酋之變，總督李化龍疏公以參政管上川南道。寇平，陞俸一級，仍任川南。陞按察使管川西道。以父病告歸，卒於家。

歲寒老人曰：公所上諸疏皆大議論，所薦舉之人與所共事之人皆大品望，此可知公矣。公生平好讀書，手不釋卷，雖家京師而狷介不妄交，門庭閒寂，有如山林。所著有《薊丘集》四十七卷行世。

## 成文穆公靖之

基命，字靖之，後以内閣謝事家居，題改字爲名，避廟諱也。大名人。萬曆丁未進士，以庶吉士授編修。歷十三年而陞中允，又歷十年陞吏部侍郎，由侍郎入内閣，當署祭酒。時疏請視學不先關白内閣，又疏中「天子之學名曰『辟雍』，蓋辟者，積也，積天下之道德也，雍者，雍也，雍天下之殘賊也，故古者辟雍禮得謂之泰徵」等語，内閣弗善，毅然請告。癸亥起修《光廟實録》，爲講官，皇太子生，以資進禮部侍郎。逆閹魏忠賢用事，衆羶趨，靖之獨澄峻。及黄門北寺獄興，有中堂指公爲東林黨人，逆閹側目，因決意去。或爲之謀曰：「南樂相公固姻戚也，一語可解。」公曰：「講官，皇上規繩也。規繩不在講官，安作皇上規繩？」乙丑杜門稱病。遂以原官掌南翰林院印，舊無是例也。便道歸里，再疏請告，不允。比赴留都，奉旨冠帶閒住。崇禎御極，臺省交薦，起吏部侍郎。疏陳人才自逆閹摧折，野多佚賢，賜環無幾，請將見任諸臣暫停陞轉，缺出先儘起廢，半年後仍兼行酌用。上報可。未幾東兵入口，召對平臺，薦舊輔孫承宗才兼文武，爲人推重，上允之。至是始得旨陞禮部尚書，入閣辦事。與承宗同召對，公奏請以職守機宜盡付承宗，使盡其才，必能仰副聖衷。上初亦欲令承宗守都城，旋有人言令守通。未幾兵薄城下，袁崇焕率祖帥入援，上召赴平臺。上數崇焕罪狀，命錦衣衛拿下，靖之晲大壽而心悸，叩頭曰：「臣願皇上慎重。敵在城下，非他時可比。」明日祖大壽東奔，舉朝惶駭，靖之奏以崇煥手札招大壽，首輔韓爌、次輔李標俱去，東兵尚在遵永。大司馬梁廷棟恚總理馬世龍，謀更置之，將以撼閣部承宗也。靖之力破群忌，從中調護，世龍卒隨閣部監遵永之功。上銳意精覈，大小臣工相繼就繫，一時四尚書：張鳳翔、喬允升、胡應台、韓繼思。靖之反復申理，俱從寬典。易副憲逮下詔獄，執奏改下刑部。又如御史李長春、給事杜齊芳以私書奉旨會官處決，公疏救，不報，乃長跪會極門，謂「祖宗之法雖直正死罪猶必三覆奏，豈有詔獄一訊未經刑部而遽處決」，上使人偵，見其長跪自辰至酉未起也，意解，俱得謫戍。主事李逢申參靖之，向爲袁督乞慎重，乃受線索，欲出脱其罪，公再疏請告，慰留視事。無何，逢申以炸砲同徐申懋擬遣而上嫌輕，靖之謂大辟下即遣，而永遣又遣之重者，兩人文墨書生，未諳約束，以致貽誤，非有他也，戍之外無可加，上從之。公以偶恙不入，直邊有袁督議罪之事，錦衣張道濬、主事陸澄源又相繼有言，公以病請，疏三上乃得允。先是詞臣文震孟疏參冢臣，上御批「挾私妄詆、不堪講官」。靖之揭謂震孟實以才名氣節素負時望，今被此訶譴，覺於講幄之體太失，且於冢臣和衷之願不安，衆人側目开始於此。公以己巳十一月入閣，以庚午八月予告，又六年乙亥八月歿，贈少保，謚文穆。

歲寒老人曰：文穆受事於危急之日，首勸上起用高陽，寄以軍旅，可謂獨見其大矣。及大敵在門，遽逮渠帥，勁旅東潰，事已瓦解，非公在内、高陽在外，宗社之墟不待異日也。公護惜人才，培養元氣，允矣，正人！

## 魏侍御公純粹

純粹，字乾仲，别號見玄，柏鄉人。萬曆甲辰進士。初任陽武，以才幹著聞，直指使者薦循良第一。調永城，適河決，民苦昏墊，相機濬築水循故道，救水中男女以千萬計。議開荒十二政，倣古井田法創渠井，都保爲均田，給牛授餉，開荒三十頃，是歲麥兩岐，民歌樂之曰：「永清堡，北岡後，麥穗長，皆雙偶，魏公之澤真不朽。」直指使者又薦河南，治平第一。庚戌選授山西道御史，侃侃條議皆中竅要，不一謁權貴，出署閉門焚香讀書而已。時仕途紛雜、正邪相構已露幾牙，遂以父病堅乞歸侍。其疏云：「有子而不奔父之急，則世間安容此子；有臣而不盡子之道，則皇上安用此臣。」不候旨竟策蹇歸。家居最久，臺劄屢催，竟不出，至癸丑卒於里。純粹學術純正，孫文正嘗稱之。平日留心經濟，謂定國宣威當以兵屯爲勝，故所著屯兵開荒諸議，鑿鑿可行。守祖父之訓，不感於方士、不溺於浮屠，其識趣非人所及。

歲寒老人曰：急父之病不候旨而歸，孝何篤也。家居久竟不出，其恬退更足多焉。雖曰設施於世者經綸未竟，而存貽於後者元氣正長，乾坤不盡開時色，士大夫要知此段留餘忌盡之意。

## 陳光禄公采

采，字冲然，清苑人。戊戌進士，以文選轉光禄。清介重氣誼，四壁蕭然。官府罕見其面，與明經許爾顯爲忘形交。盛暑徒步，穆然一老布衣耳。同鄉薦者趙、鄭二君以文不入格罷，鬱憤而死，采爲訂秦晉之好，終其身厚遇之靡倦。子燠亦清修士，舉孝廉。歲寒老人曰：久矣，世人之無交也！一貴一賤，交情乃見，一死一生，乃見交情。昔聞其語，今見其人。

## 賈郎中公錮

錮，字大承，清苑人。念其父之早逝也，號銜怙。性敏慧而攻苦於學，聞交河余文端、臨朐馮文敏以文章行業名天下，走京師受業其門。舉萬曆丁酉鄉試，令猗氏大有惠政，去後人皆尸祝之。官大理寺正，力相參駁，不厭平反，即要人撼以危語，屹如也。歷户部郎，管京倉，時省臺建議汰浮冗，諸曹郎以衆怨難任，格不行，公毅然立爲題覆裁減，歲省萬餘金。值歲歉，道殣溝瘠，慫恿諸御史臺各捐庫貯間架錢，置綿繻萬給之。嗣以病假歸。性至孝，於伯叔及伯叔之子遇之甚厚，瀕危時，子鴻洙宦秦中，猶貽書曰：「余官至大夫，壽至六旬，子孫已成立，當含笑從兩先人於地下。獨與弟侄族黨待之甚薄，前爲孝廉時，有買其地者，當各以其券歸之。」鈳坦粹沉毅，刻意以聖賢自律，而和易之氣，映人眉宇。高陽孫文正嘗云：「予郡中指數，開濟才則有若梁中丞醇宇、王少參振華，乃若有梁之易直而大、有王之英爽而沉，則賈計部大承。」時以爲知言。子鴻洙萬曆丙辰進士，官至河南左布政。服官謹慎，禔躬孝友，居計部，公喪幾至滅性。提學秦中，能得士。

歲寒老人曰：公，予姻家前輩也。久習其語言行事，真所謂端人正士也哉！公樂道人善，嘗書其座右云：「平生不解藏人善，到處逢人說項斯。」予極受公之知，然不能副公之望，良可愧也。公少從馮、余二公遊，刻意爲舉子業，入官後從鄒南皋、高景逸、馮少墟談學，亦不標講學之名。嘗謂予曰：「東林諸公未必盡皆君子，攻東林者畢竟多是小人。」此亦持平之論。

## 梁中丞公應澤

應澤，號懸簝，宛平人。萬曆乙未進士，授户部主事。壬寅出守徽州，三年，盡謝筐篚，前後執法與織璫相抗。攝徽寧道，擢河南副使。時大梁、睢、陳、河北道缺官，皆以公攝，案牘山積，判決詳敏。久之積鏹盈萬，吏持簿進曰：「是應取。」公曰：「吾攝官非攝庫贖也。」適巡按某嘗誣某都御史以貪污事，公極稱其清，忤巡按意，已酉遂以南計典及公，公奉母歸養。吏部理公枉，辛亥起公爲陝西鳳翔、平凉道副使。平凉有韓藩，宗人數萬，最難治，公法裁恩施，均其苦樂，至誠以感之，韓宗以安。甲寅丁母憂，服闋補山西河東道參政。三年舉卓異陞雲南按察司。辛酉，雲南撫按再舉公卓異。朝貴有忌之者，復調陝西平凉參政。明年改江西九江道，時魏璫毒縉紳，江西尤甚。守土者雖境内大儒名賢無敢通盟好，公不爲慴，時表式其閭。梁太僕黄介以甲子緩刑疏忤璫意，拷掠，汪文言誣贓二千，太僕罄産不能半輸，公爲贈助獲免。乙丑改河南右布政，明年改山東左布政。時毛文龍借牽制爲名先後請餉，增歲至五十一萬兩、米二十餘萬石、布二萬匹，至是復大言請餉百萬擣巢，而徹天津、東兖、磁州、真定兵，以其餉餉海外，部議將從之，公言數處皆帝畿運道，股肱咽喉地，不可徹，議上，得寢。丁卯擢撫鄖陽，提督軍務，應詔陳言天下大計兵餉爲先，宜使户兵督撫合爲一人，内外合爲一事。又言毛文龍非有大志，當覈其用兵幾何、駐兵何地，督帥受上知遇，度兵力未厚不能大舉，宜休兵屯田，生聚教訓，無專倚辦於餉，以寬民力。上温旨慰勞。條上軍驕吏窳七議，爲綢繆計，得報可。崇禎己巳，叛將結流寇出没無常，公借撫行剿，殲降其衆。未幾部城戒嚴，天下督撫赴援，公最先。庚午考績，加右副都御史，巡撫如故。辛未四疏引疾歸里，甲戌正月卒於保定之私第。

歲寒老人曰：公性孝友，入仕三十餘年，到處求實用，不飾文具爲虚聲以欺世。在東省時崔文昇、李明道閹焰方張，不爲少屈。撫鄖疏稿不一字稱逆魏功德。所著有《守徽錄》、《關西末議》、《涇原考臬晉議》、《東藩稿》、《撫鄖疏草》、《國朝成憲考》、《人物志》、《朝政記》、《宋韓忠獻、李忠定二大臣經濟略》，藏於家。

## 范同知公錫 附子員外公文源、馬同知公鐸

錫，號一泉，定興人。萬曆丙子舉人，歷官同知。蚤年豪宕，耻以小節自羈；迄壯齡逮没齒，矜嚴禮法，以名教爲己任，學者翕然宗之。鄉里有不善，曰：「幸勿令范先生知。」風俗遂變。不汲汲家人生産，手不握算，口不言錢，顧區畫治事條條井井，其州郡綜理之詳不遺瑣屑，措置之巧如出鬼神。即林居衰病癯不勝衣，每與客縱談兵農鹺馬諸大利病，則精神溢發，丙夜無倦色。自知許州轉陽和同知，前後二十餘次列薦書，未嘗遺一物謝主者。歸田不謁邑大夫，邑大夫慕其名往往造廬請，迫然後見。未嘗輒往報及干以私。然極重氣類，座客常滿，親知去來隨意隨時，與人交無樊畛，即草蔬相對真意盎然，人人以爲親己。天性峻潔，不營一切長物以及墨莊畫苑，視之若浼。布衣糲食，矮屋頹垣，終身如一日，没幾無以殮。然輕財好施，急人疾苦，生平助幣贈槽代贖人妻子不勝計，每嘆曰：「吾所欲盡者多，顧力不逮耳。」甲辰歲饑，蓄粟百石悉以佐賑。感

范文正公「自祖宗視之，無親疏」語，負郭田六百畝，割半贍族人，即其地立爲義庄。每稱接物須一「厚」字，立身須一「脱」字，凡便宜事不可做，其他居官經濟載各治志中。

文源，字景龍。以選貢授環縣，再補萬泉，皆有惠政。歷官員外郎，清修自砥，年未五十鰥居，房無侍妾，門無雜賓，蕭條高寄，不愧爲一泉先生子也。

馬鐸，字警愚，定興人。清廉有執，居鄉不濫交一人，居官不輕取一錢。初登鄉薦即遠女色，甚惡同儕之淫佚者。仕同官多循跡，祠名宦，邑紳士稱其賢，鹿忠節誌其墓。

歲寒老人曰：吾鄉做人兩字寔借范先生開山，然先生所得力在改過，是其大勇，謂無過可改而諱言之者，是不知先生也。先生平生談經濟，然僅小試於許州、陽和，倘得盡展其藴，可以足國、可以裕民，非臆說也。口不談學而接人應事日用飲食無處非學，予因鹿忠節乾岳事先生，論交景龍，區區少知名行，不甘墮落，敢忘提携之德耶？

劉司空公遵憲

遵憲，字可權，大名人。萬曆甲辰進士。初令壽張，調繁滋陽，修河堤，民永享其利。戊申陞户部主事，調兵部。甲寅爲職方郎，力絶請託。有中貴人持私牘至門，即據案草疏奏聞，大司馬知而力止之，乃劣處其營求者，而人卒不敢以一函相及也。乙卯遷武德道，旋以邊才改甘鎮西寧道，攝涼州道，嚴課衛官，大修屯田，飭法風勵之，三歲之中四奏大捷。以内艱歸，服闋補大同左衛，叙甘鎮功加左布政。壬戌陞本鎮巡撫，行邊至殺虎堡，方值開市，番漢雜沓，公曰：「此撫順之緒也。」亟移市於關外，邊人便之，而嚴禁其市者售者之税。乙丑陞兵部侍郎，旋署部事。值五載軍政，魏閹侄良卿疏援世廟時例，乞免考察，公上疏力爭不許，逆閹銜之。仲冬寧錦奏捷，以攝部勞晉大司馬，管少司馬事。上疏以侍養請奉，有「顯係規避」之旨，或勸求同府相國通意於閹，意佛然。復力請，始得予告。崇禎御極，逆閹伏法，庚午廷推大司空，兩疏控辭不赴。乙亥再召，復以病請者三，皆不允。七月東兵薄都城，以一身支應工費，稽察堅瑕，食息於睥睨，風露三月始解嚴。十月冬復以病請，不允。丙子上閲都城獎勞績，戊寅屢以勞積難痊請，皆温旨勉留。抵冬議城守功，加太子少保。時議幫築外城，上限三年竣事，憲以九月報完，上喜，賜銀幣，加俸一級。是時部事多艱，上責備嚴急，諸臣逮斥無虚月，刑獄幾滿。憲於諸司屬曲意護持，屢爲剖白，雖嚴旨鐫級終不坐以莫須有之辜，故主事駱方璽等卒從末減。有爲公言者曰：「聖怒難犯，公爲人獨不自爲乎？」曰：「人之愛其功名，誰不如我；且吾位至六卿，自謂踰分，向來求歸未得，倘因此獲罪去，固所願也。」人服其得大體。乙卯以病乞骸，不允。庚辰殿試閲卷畢，復引年三懇辭，俱不允。是歲饑人相食，請敕所在有司賑貸，上報可。四月召對文華殿，賜坐，上獎其清勤。時枚卜，清望屬憲，有相忌者，遂卧不出。章十餘上，始得請。行李蕭如也。

歲寒老人曰：時諸臣以罪去者，六卿中凡二十餘人，亞卿中凡三十餘人，内閣亦二十七人，獨公以清端受知。請歸之疏無月不上，其難進易退之節有足多者。所著有《揮麈亭集》、《雲西稿》、《籌邊餘咏》、《會心録》、《惺心録》、《友聲亭集》。

## 鹿封君公正 附孫解元公化麟

正，號成宇，侍御久徵子、太常少卿善繼父也。侍御宦遊，正拮据家務，一意以明農課子爲己任，故侍御公無憂内顧，太常未嘗北面一塾師而業就。生平勤儉持家，恤人之急甚於己，當厄之與寧直無難也，恒慮人有難盡之言也，慷慨好施自其天性。與人不設城府，不岐面背，臨事嶄然有斷。素性簡樸，聲色服御去之若浼。以孝友節義誨人，並以自律。侍御公寢疾，躬侍湯藥衣不解帶者三年；七十歲居母喪猶寢苫食淡，哭泣如禮，終身之慕殆謂是與？有司至門，恒踰垣以避。天啓中璫禍起，網羅密布，一時如左光斗、魏大中、周順昌皆善繼密友，俱被逮繫，三家子弟賓客絡繹江村，謀所以爲脱禍地。正挺身周旋，不計利害，甚至醵金應比，聲聞長安，旁觀者代爲危，公不顧，第曰：「老夫籌此已熟，不知命無以爲君子。」崇禎己巳之變，范撫軍景文入，公援，凑粟五百餘石犒師，嘗割腴田數十畝代合族貼軍。表弟劉正心，以一言之諾養其妻子終身，爲之娶婦者嫁女者二。其仗義急公類多如此。當善繼發金花落職後，復從高陽督師渝水，人皆爲正慰且危，正獨掀髯長笑曰：「臣子不當如是耶？持祿養交非吾子事，且如先侍御抗言大節何？」迄善繼殉義，猶毅然曰：「得其死矣。世受國恩，可借此以報九廟之靈，亦復何恨？」觀其所自處與爲子處，無論富貴，於死生又何如也？以諸生受太常封，後贈大理正卿。

化麟，字仁卿，太常公善繼之子也。萬曆辛酉解元。生而厚重樸訥，垂髫有聲，以至發解，絶無名士之色，識者卜其爲載道之器。痛父太常公慘死，以魁梧之資毀其過半，齋宿於外，不御酒肉，親知有以醴酒乾肉勸進者，愴然不忍也。竟以恤典未及憂懷鬱結，值有曾大父侍御公卿賢之事，勞瘁感傷，無疾而逝。時論比之魏子敬學洲之於魏忠節，蓋一揆云。

歲寒老人曰：予於公家四世相知，歲時風雨，談麈，棋稱，遇予必色飛；即忿怒激切，徐出一言無不立解，不知何以得此於公也。公高風古韻，生平爲王彥方、陳太丘逾四十年，鄉里蒸蒸慕義。其若孫能以忠孝而世其德也，庭訓身型豈容誣乎？

# 畿輔人物考卷之六

## 武功

叙曰：從來文士多輕武人，夫武人亦何可輕也？况乎其有成功也一。武功之成，不知拼多少性命，費多少糧餉，積多少時日，做成此一段功業，奈何以其武人也而少之！明季武功不振，國勢遂弱，將權既不歸一，朝中又多掣肘，釀成逆闖之禍。噫！不忍深言之矣！文武兩途不可觭輕，從來帝王創業垂統，未有不相資爲用者，故出入將相原合并一身。凡歧視之而相傾相軋者，不獨壞武功，亦何以稱文事哉？

### 周都督公玉

玉，字廷璧，家世滁之南湖，高祖從大將樹戰功，遂占籍永平衛。父賢歿於王事，特命玉嗣，授萬全都司都指揮同知。玉痛父忠死，感激奮發，居官廉慎自持，督理屯田，邊庾充贍。甲申，少宰葉文莊巡撫其地，首薦玉掌都司事。成化改元，威寧伯王公以都憲總制諸路兵馬，復薦玉志氣英鋭、號令嚴明，宜任遊擊將軍，統令奇兵以靖地方。是歲秋延綏有警，玉提兵往援，斬獲甚衆。癸巳虜寇漫天嶺，玉率所部據之，賊衆大敗，斬獲甚衆，進都指揮使總制。諸公遂建議，以爲賊雖挫衄，然尚據榆林河套以爲巢穴，非潛兵擣之未肯遠遁。時各路將領聞議莫有任者，玉乃奮身與前總兵都督許寧統兵出境，直抵紅鹽池賊巢，殺敗賊衆，殘虜奔竄渡河而北。進後軍都督府署都督僉事。甲午秋宣府西路屢報賊警，敕玉往援。八月戰賊馬營齊家溝，再戰赤賊袁家墩，斬獲甚衆，追賊出境而還。乙未奉敕充副總兵官，鎮守宣府。丁酉奉敕佩鎮朔將軍印，充總兵官，鎮守宣府。庚子春，堠兵報賊窺伺，玉率兵自青邊口出追賊，至紅崖兒，復至龍門、獅子衡，累敗賊衆，追奔出境至水磨灣等處乃還。以功進陞署都督同知。癸卯賊自柴溝堡出没，繼又自大同許家堡出没，玉兩率兵追逐，俱獲全勝。積二功與實授，仍署右都督。八月挂征西將軍印，移鎮寧夏，冬十月殺賊棗兒溝。丙午奉敕挂平羌將軍印，充總兵官，鎮守甘肅，明年實授右都督。先是迤西土魯番賊嘗於成化初劫哈密王母金印而去，至是復殺都督罕慎，占據其城，朝廷議討之，玉請因虜使之還者，使齎詔往諭，庶或有濟，已而果遣使入貢，并獻金印城池及所虜人口，始知玉所籌。上大悦，賜敕曰：「不勞士馬軍餉而坐收成功，由爾本謀也。」玉歷鎮三邊，勞於計畫，雖所至有功，兵民賴之，然亦坐是嬰疾，前後七疏乞解兵柄，詞意懇切，上皆不允。甲寅疾劇，詔俾〔二〕回京料理，聞命即日就道。明年正月卒，壽五十有七。

歲寒老人曰：凡臨陣無賀戰勝者，威既立矣。土魯番之役故不勞士馬而坐收成功，非偶然也。

## 郭忠武公登

登，武定侯諸孫也。永樂二十二年充勳衛，居京師。正統七年征麓川，靖遠伯王驥薦爲副，分兵鎮臨安。檄召諸夷長，宣布朝廷威德，諸夷長帖服，爭獻珍貝，却不受。宣、雲告急，進都督僉事，副劉安守大同。一日敵騎猝至，登出戰被執，欲加害，登叱曰：「我總兵也！」衆噤指不敢動，即以皮帳卧登，帳垂四角，以木梃舁登往見酋長，又與夾騎而行，登體肥重，敵以其不便趨走，防護稍懈；登忽縱身騰躍，拉酋子，隨攘其肘，奪馬突圍，疾馳還營，敵追之不獲。七月，上親征至萬全，成國公朱勇、西寧侯宋瑛、武靖伯朱冕〔三〕全軍覆没，倉卒議班師，登告學士曹鼐、張益曰：「駕入宜從紫荊

〔二〕「俾」，原作「伸」，據《國朝獻徵録》卷一〇六改。

〔三〕「武靖伯朱冕」，《明史》卷十云「武進侯朱冕」。

關。」鼐等入告，已得請，乃忽東折向居庸，纔四十里，敵至，上北狩。當是時，大同堡塢蕭條，城門晝閉，人心洶洶，登慷慨自奮，修城繕兵，拊循士卒，誓與此城存亡。八月敵奉上皇至城下，索金幣，約賂至即歸駕，登閉門謝曰：「賴天地社稷之靈，國已有君矣。」上皇怒，傳旨曰：「朕與登有姻婭，何外朕若此？」登遣人奏曰：「臣奉朝廷命守城，不敢擅啓閉。」劉安等同知府霍暄出見納賂，而也先實無歸駕意，登曰：「此紿我耳。莫若乘間出死士劫其營，奪駕入城，此上策也。」因召壯士與之盟，激以忠義，士皆踴躍願效死。將遣行，或以危言沮之，敵驚疑擁上皇去，登大慟曰：「奴才果敗吾事！」十月，敵以請和爲名犯京師，登率所部從雁門入援，先以蠟書馳奏，有曰：「忠誠在己，敢忘報國之心；成敗在天，不負爲臣之節。」奏至，賊退，優詔褒答，歷陞右都督。景泰元年正月，敵入境，率兵躡之，行七十里至水頭，諜報二十里外沙窩敵營十二，皆是朔州掠回。將士皆曰：「敵衆我寡，莫若全軍而返。」登曰：「我軍士去城百里，且疲困，一退避，敵以鐵騎來追，雖欲自全，得乎？」即按劍起曰：「敢言退者斬！」漏下二鼓，經薄敵營。天漸明，敵以數百騎迎戰，登憤勇率先，諸軍繼進，呼聲振山谷。登射殺二人，手刃一人，敵遂敗，追奔四十餘里至栲栳山，斬首二百餘級，奪還人馬器械以萬計。捷聞，封定襄伯。是役也，登以二百騎破敵數千，自有警以來爲戰功第一。登每憤邊事之壞，思得公廉共事之人，上疏曰：「往者承平日久，人心驕逸，在官既無廉耻之心，蒞政唯肆貪淫之志，致有夷狄之禍，釀成污濁之風。敵勢雖云請和，變態豈能預料？倘或渝盟，則大同一鎮首先受敵。及今無事之時，若不早爲措置，一旦賊至，又似前日束手無策。中國受侮已深，邊事豈容再壞？」又疏請屯田，民力困，乏牛種，乞官爲措置。四年秋，病召還京。登初至大同，士可戰者不及數百，馬百餘匹，不數年，馬至萬五千匹，精兵數萬。登智勇兼備，紀律嚴明，料敵制勝，動合機宜，一年百戰，未嘗挫衄。以己意設爲「攪地龍」、「飛天網」，鑿深塹，覆土木，人馬通行如履實地，敵人入圍中，令人發其機，自相擊撞，頃刻十餘里皆陷，相傳以爲神。天順元年，奪爵爲都督僉事，掌南京中軍府事。是秋謫戍甘肅，未幾召還，充團營總兵。八年卒，贈侯，謚忠武。所著有《聯珠集》。謫甘州時有詩送岳正曰：「青海四年羈旅客，白頭雙淚倚門親。莫道得歸心便了，天涯多少未歸人！」又曰：「甘州城南河水流，甘州城北胡雲愁。玉關人老貂裘敝，苦憶生平馬少遊。」

歲寒老人曰：《本傳》稱公性至孝，有文武才，所上章疏揮筆立就，尤工詩。至「賴天地社稷之靈，已有君」，真所謂社稷臣也。英廟回鑾實得於此，而于忠肅竟以此死，公僅謫戍，猶幸矣。

## 韓都督公志

志，字英氣，先昌黎人。父文，隸燕山左衛，從靖難伐北虜樹戰功，官大寧都司指揮僉事。志性剛毅，寡言笑，馳駿引强，衆莫能逮。年甫弱冠，以父請老，即拜金吾衛世襲指揮使。永樂中，每扈駕北征。宣德元年，從宣宗馳樂安州，平庶人高煦以還。三年，從大將出塞北，生擒一虜。五年，從征答剌安地，而一虜馳近營，志躍而擒之，衆服其英武。正統五年，調邳州衛。邳當南〔一〕北孔道，兵民多窘乏，志至則撫養士卒，時以《司馬兵法》練之，簡器械，葺城陴，使客過亦善待無忤者。令不嚴而肅，事不勞而理，下皆畏而愛之，遠邇稱譽，在朝多知其名。十四年，虜大舉入寇，京師戒嚴，志被薦入衛，陞署都指揮僉事，提兵出哨棗林諸處。景泰改元，從武靖侯駐山西大同府，虜寇北門外，志奮先突陣，大破走之。陞署指揮同知。天順改元，加陞中軍都督府都督僉事。五年，逆賊曹欽犯闕，志與諸將相犄角平之，陞都督同知，掌五軍營。忠慎勤勞，英宗大嘉之，時命帶刀侍衛，寵遇日加。八年，疏請致仕，乃歸老邳衛。日事農圃，賢士大夫樂與之遊，歷二十餘年卒。

〔一〕「南」原脱，據《國朝獻徵錄》卷一〇七補。

## 周都督公璽

璽，字廷玉，遷安人，英之子。成化丙午，英以老謝事，璽代爲指揮使。辛卯，征北虜，以功擢署都指揮僉事，用薦領十二營號令，尋統五軍右掖。戊戌勅充右參將，分守陽和。庚子與威寧海功，進都指揮同知，調大同副總兵。辛丑以黑山墩功進都指揮使，壬寅以黑石崖功進都督僉事。癸卯虜酋亦思馬因大舉入寇，分兵三千守懷仁，賊逼下米莊，中軍失利，璽還兵内援，夜忽直賊營，時賊乘勝勢甚鋭，璽大呼，厲將士曰：「今日之事有進無退，退則無遺類矣。」衆爭奮，無不一當百，鋭弩齊發，呼聲震天地，賊少却。良久，又突入短兵接戰，璽臂中流矢，令左右拔其鏃，督戰益急，與其子鵬及共事數輩斬獲十餘級。會遊擊將軍劉寧兵至，合爲一營，中軍潰卒多來歸，兵勢乃振。賊既退，失律者皆得罪。録璽功，進都督僉事。甲辰改元，充總兵官鎮代州，兼督雁門三關。弘治甲申，移鎮陝西。庚寅命充總兵官，佩征西將軍印，鎮寧夏。甫一歲，議修邊備爲久遠計，偶得疾，召諸子曰：「吾生獲佩印分閫，分已足，無所復望，獨未嘗大破醜虜爲朝廷報〔一〕，抱恨死矣。」瞑目絶，忽大呼曰：「好殺！好殺！」遂瞑。年四十有一。

〔一〕「報」，原作「服」，據《國朝獻徵録》卷一〇八改。

璽負氣蒞事斬斬，尤精騎射，知兵習戰，近時論邊將者必指屈焉。

歲寒老人曰：臂中流矢，拔鏃督戰，至瞑目大呼「好殺好殺」，純是一團義烈之氣。予每見文士輕薄武人，若廷玉者當斂衽事之。

## 施威靖公聚

聚，通州人。父忠，立功洪武永樂間，陞金吾右衛指揮使，出塞征胡戰歿。聚嗣官，累有戰功。正統九年，以都指揮征兀良哈功最，陞督府僉事，參將遼東，進總兵都督。英宗北狩，聚慟哭，即日引兵西，裨將爭進牛酒，聚曰：「主上安在？忍受此！」數日抵京師。天順元年，以禦胡功封懷柔伯，食禄千一百石，明年以守邊久，與世券。聚智勇樸直，與士卒同甘苦，在遼東訓練有法，增繕障塞，興修儒教，虜人畏服。卒贈侯，謚威靖。子榮嗣伯，卒。子鑑嗣伯，坐法謫貴州，立功赦復伯，不得任軍政。

歲寒老人曰：威靖急君國之難，不忍受牛酒，數日抵京師，可謂曙大義矣；又能興復儒教，其武人而兼文德者乎？

## 馬都督公永 附子指揮應乾

永，字天錫，遷安人。世金吾左衛指揮使，父榮，鎮番參將。永讀《左氏春秋》及兵法，襲父官，機警善騎射。正德六年，流賊起，督戰功陞都指揮同知。江彬統宣府兵練西内，永以千總隷彬，稱病不起，彬强起，稱病篤，以故得脱彬禍。十年，守備遵化，明年虜入馬蘭峪塞，殺參將陳乾，以永爲參將守太年寨。十二〔一〕年，虜入塞，戰柏崖堂，再戰白羊峪，斬首五十。十三年，陞署都督僉事，充總兵官，治三屯營。尋署都督同知，盡蘭諸軍，散遣老弱，聽其農市取其庸，倍給諸健武者衣餉，健武者又皆喜，人人奮習武藝。當是時，漁陽一軍稱雄。未幾，上至喜峰口，欲出塞，永扣馬諫不可，上注視久之，顧内侍曰：「此馬永耶？」一笑而止。朵顔酋把兒孫結諸虜邀官賞不得，輒入塞，永擊洪山口，大敗斬首五十八，陞右都督。嘉靖三年，把兒孫入青山口塞，斬其驍，酋遁去，把兒孫自是效順保塞。四年，大同軍亂，殺都御史張文錦、參將賈鑑，用兵不利，朝議且撫，永上疏力言不可撫，他日九邊效尤，將有唐室河北藩鎮之禍。敕永出居庸討賊，俄以流言中止。五年，永上言乞宥諸言大禮獲罪者，又言陸完有平賊功，宜贖罪錄

〔一〕「十二」，原作「二十」，據上下文及《明史》卷二一一改。

用其子。十四年，遼東軍亂，逐都御史吕經，召永總兵遼東。十七年，虜入塞，率兵五千人擣虜巢，焚其廬還。十八年，遼軍再亂，率家兵逼賊，斬四十餘人，遂定，陞左都督。永卒於遼東，遼人爲罷市哭，喪過漁陽，漁陽皆哭，兩鎮皆祠公。公爲將善詗虜情，先知所從來及衆寡，設伏待虜，以故虜往往失利去。能養士同甘苦，又善知人獎拔，蕭往、劉淵、祝雄皆起列校，爲方鎮。

子應乾，世襲錦衣衛指揮使，古樸開爽，絶去脂韋。性嗜書，清苦不異寒士。泛覽百家，精詩文，成一家之言，所著集數卷。年七十九。

歲寒老人曰：公以千總隸江彬，稱病、稱病篤，得脱彬禍，此其智識過人遠矣，固知其能到處立功也。

## 毛南寧伯勝

勝，字用欽，薊州人。天資剛毅，善騎射，凡於兵書，悉通大義。宣德辛亥，以父安泰廕，陞都指揮使。正統辛酉，從征麓川，敗其衆。督船濟江直抵巢穴，走其賊首思任〔二〕發，破寨而還，以功陞左軍都督府都督僉事。明年奉敕充右參將，復征麓川。勝益

〔二〕「任」，《明史》卷一五六作「卜」。

思自效，勇氣當百，平其寨栅而縶其黨與前後無算，還進都督同知。己巳秋，大同有警，勝適公幹，嘗遇寇於道，生致數人以歸。尋復委勝巡視邊城，屢敗賊衆。朝廷嘉其功，進左都督，往紫荆、倒馬諸關追殺邊寇，累行金帛之賚。是歲冬，奉敕左副總兵，往征湖廣、貴州苗賊，凡下百十餘寨，賊皆敗散。景泰初，重安江苗寇復叛，總戎者有難色，勝慨然當之。即日以兵壓其境，既與敵遇，勝獨發一矢，中其酋而斃，餘賊驚潰，由是香爐山諸寨苗賊皆望風讋服。生擒僞王韋同烈等，檻送京師斬之，西南夷之患遂息。壬寅鎮守雲南金齒、騰衝諸處，論功封南寧伯，子孫世襲，賜以誥券。勝在鎮，號令雖嚴，而御軍撫夷，率以仁恕，酋長聞風歸嚮，無梗化者。明年將兵詣金沙江，檻賊子思機〔一〕發送京師。又明年，餘寇刁〔二〕放革復叛，勢甚猖獗，勝率精兵突至騰衝，賊不暇爲謀，遂生縶刁放革，餘衆悉竄伏。事聞，獎勞有加。倚賴方殷，忽遘疾不起，享年五十有八，謚莊毅。子榮襲爵，亦屢有戰功。

歲寒老人曰：往聞將兵之道，有宜於北而不宜於南，宜於南而不宜於北，皆將之囿於一偏者也。南寧在鎮，號令嚴而御軍撫夷率以仁義，所以無往不可。

〔一〕「機」，《明史》卷一五六作「卜」。

〔二〕「刁」，《明史》卷一五六、《國朝獻徵録》卷九作「刀」，下同。

## 吴壯勇公成

成，萬全衞山後人。永樂中以軍功封清平伯，進侯爵。卒贈渠國公，謚壯勇。

## 蔣僖順公信

信，萬全衞山後人。以征虜功封忠勇伯。卒贈侯爵，謚僖順。

歲寒老人曰：二人功績未得其詳，因生同地故彙記於此，俟後考也。

## 朱錦衣公驥

驥，大興人。久官錦衣，憲廟時，掌衞事十四年，雖柄陟崇要，一務長厚，不少逞於糾緝，有涉詿誤者輒縱舍。歲饑，民以攘奪被收捕，自斗粟以上法皆死，驥矜之，奏從末減。時重妖言禁，邏卒多鉤致徼功，有真惠爲妖書，株連百輩坐死，驥奏遞減戍邊。往錦衣用巨梃勵威，驥獨易之。嘗從高陽伯禦虜，斬獲有功，擒把禿王以歸。小心慎密，未嘗妄興一事，亦未嘗輒遣校，上下安焉。前後所積擒捕功甚夥，驥有所論列率推諸官校，以故從之蒞事者多至顯官，而驥不與也。累荷恩賞，委任獨至。大司馬嘗奏稱其老成得體、敦厚不刻焉。

歲寒老人曰：公每於死法留生心，便是贊化育之事。彼借威戕殺者豈不干天和而自絶其生理乎？

## 趙壯敏公勝

勝，字克功，遷安人。系出漢充國之裔，世居河朔，至伯父赤考再興，國初徙家永平之遷安，勝襲職秩，甫髫齔，賴母王夫人〔二〕矢節育教，勝尅志勵行，事母極孝。正統己巳虜寇犯京畿，勝率兵出西直門，扼其衝突，躬履戰陣，斬馘無算。景泰庚子，擢僉都閫。英廟復辟，錄其舊勞，加僉前軍都督府事，佩刀侍衛。天順戊寅，選管三千營操。辛巳秋，曹孽叛逆，勝擒獲功多，遷都督同知。時虜寇深入陝西固原，勝率師剿敗之。憲宗嗣統，命兼鼓勇營典操，進榮禄大夫。成化乙酉，重建承天門，勝董軍應役。明年秋，勝往延綏，虜酋聞風渡河趨大同，納款入貢，師旋，即典操耀武營。戊子夏，海西諸夷弗靖，廷議請以勝總鎮之，佩征虜前將軍印，杖節以征。至則申嚴號令，簡閲軍士，調度有方，屢奏捷，賜敕獎諭。辛卯春召回，總典五軍營，壬辰春調三千營。是夏至甲午秋，兩奉制敕，佩印總師北征，虜輒遠却。丙申總督軍士濬築京城垣塹，兼葺西直門

〔二〕「夫人」原脱，據《國朝獻徵録》卷十補。

城樓，陞後軍都督府左都督。戊戌加太子太保，癸卯敕封昌寧伯，丙午加太保。丁未董工造墳於天壽山之西南，觸冒寒暑，遘疾輿歸，遂不起。贈昌寧侯，謚壯敏。

歲寒老人曰：公克敵之功固多，而濬築營造功亦不少。予謂濬築營造猶可因人成事，而克敵則生死呼吸俄頃之間，論功者應自有辨。

## 徐提督公珏

珏，字汝和，涿州人。嘉靖癸未武進士。性骨鯁，有膽智，以屢試不第，遂投筆事武。始贊畫寧夏即立戰功，後陞居庸把總。時大同軍叛殺鎮巡官，據城不下，上命職方郎往撫，乃携珏行。珏至，單騎入城，諭首惡以大義，衆咸感泣悔服。事寧，賜白金三百兩，陞大同都司，歷轉副總兵。庚戌虜犯京師，入援，與虜力戰，身中流矢，猶奮勇鬭擊，虜號爲天神。捷聞，上方食，即撤御前饌以賜，仍錫飛魚衣一襲，遣中貴親賫至營勞之。實授都督僉事，佩征西前將軍印，鎮守大同。以忤時相意，左遷紫荆鎮守，復改保定鎮守。是時虜薄浮圖，珏與虜據戰八晝夜，枕戈露宿，虜遁。當道薦之，以爲奮不顧身，雖古名將無出其右者。爲忌功者所擠，時論多不平。丙辰，南倭蹂躪福、浙，珏率子侄爲先鋒，夜抵倭巢，值大霧，諭諸子侄曰：「事危矣，余受國恩隆渥，以此腔血報朝廷，故願也。汝輩須念妻子，勿强從我去。」諸子侄感奮激勇，遂三獲大勝，至今子孫多食禄者，蓋其功焉。陞南京中府僉書，提督大教場。珏以直道不爲時容，被論。促裝未行，時南京有脱巾之變，殺黄侍郎、劫藏庫，珏聞奮然曰：「今雖不用我，脱身苟免非我志也！」即驅家兵戰於城中，擒首惡數十人，梟渠魁馬三兒首示衆，叛始解散。留都文武百執事交章，復留居舊職，未幾轉北京後府僉書。以老乞歸，恩詔進階一品。

歲寒老人曰：公忠憤義烈，不獨其勇足多也。

# 畿輔人物考卷之七

## 隱逸

叙曰：隱逸者，古所謂不求聞達、以山林自適者也。未必皆求志之人以儲行義之用，然衆皆競逐於名利而此獨安恬於邱壑，當今之世，借此一流人，以之廉頑立懦，亦何可少哉！荷蕢丈人輩固石隱高蹈之士，孔子未嘗不重其人；而時不我與、奉身而退，此正孔孟之徒也。嗣此而後，范少伯、張子房、李長源，非所稱名世者乎？究亦歸鴟夷之行、赤松之遊、與辟穀之往也。蓋孔孟衣鉢，終身行而終身隱；下焉者，雖樹遁世之藩籬，亦不過爲藏拙之門户而已。我思其人，爲傳隱逸。

### 吉公惟善

惟善，開州人。少穎悟過人，性恬淡進退，雍容而邃於性理之學，不事舉業。永樂初，以經明行修舉，辭不就。有司嘗敦請署州學事。端方整肅，言動不苟，後學宗師之。年八十有三卒於家。

王公循吉

循吉，開州人。潛心理學，不事舉業。齋居大成殿讀書十年，註《五經[一]圖說》，獻肅廟，蒙恩賞，加處士號，著《憂世圖》、《心法圖》藏於家。

王公永壽

永壽，魏縣人。少與申考功燧、劉貢士塘稱中三傑。由歲貢登嘉靖壬子鄉試，連不得志於禮部，而其文益高、行益苦。兵部李公脈泉延爲館師，時有大獄，其家持二百金爲請託，即李公亦欲緣此濟其貧，力謝不納。家蓄一琴，養一鶴，每客至彈琴，鶴即婆娑舞階下助客歡。後一日鶴死，爲《瘞鶴文》。居亡何，未病而化，遺命以琴殉葬。其生平高潔類如此。

王公一元

一元，魏縣人。少與南樂魏考功允中俱受知兵憲鳳洲王公，王公會考十二學諸生，

[一]「經」原脱，據下文「歲寒老人曰」補。

拔居第一，考功次之。由選貢登鄉薦，潛心聖學，有《〈大學〉〈中庸〉講義》，膾炙人口。生平不謁公府，無私讌會，雖望重一時，人罕見其面。天性孝友，族中死無棺者爲之殯，貧無貲者爲之養。没之日從容正寢，囑其弟曰：「無求墓誌，皆虚文，祇增不德耳。」魏人稱爲獨行君子云。

歲寒老人曰：隱而逸，非有所挾以爲藏者不能逸也。故聖門曰：「求志求志，則愈求而愈不足，何時是自信之時？」四子者開州兩公，一以經明行修、舉辟不就，有求信之意，如聞舉即赴，初志謂何？一於大成殿讀書十年，註《五經圖説》暨《憂世圖》、《心法圖》，則其所藏者裕矣，非苟於處者也。魏縣兩公，一不取非分而一琴一鶴自隨，一註《〈學〉〈庸〉講義》，不欲徇身後之名，皆中有所主、超然能自逸者也，庶不悖於孔門隱居求志之義。

## 郝孝廉公勳

勳，字孟直，涿州人。中嘉靖丁酉經魁。居房樹村，友人汪湛一題其廬云：「月窟天根真隱處，水田天色小江南。」故世稱「涿州先生」。公曾促膝老聃，記以詩，割南園地爲三清廟宇，人遂以方外異人目之。觀其「時哉師仲尼，全神會澄默」，「天之命曰性，命不已曰敬，豈無蒼生志，奈何舛運命」，「慷慨直希三代英，悲歌豈屑五霸慕」，頌其詩，知其人有體有用，豈耽玄守寂者可同日語耶！公絶跡城市，刺史岳嘗單騎造廬，極嘆其可仰而不可即。神宗朝銓司張特疏以賢良聞，公力爲辭，嘗語人云：「古人隱於山隱於水，不才隱於舉人四十八年，得不玷辱血肉之遺、入先人松楸，足矣。」公生平所友多名儒，所學亦淵邃，所立又卓越，而身無血胤。殁之日其宗叔某祭文有云：「論理學而返本窮源，孫淮海亟推爲獨步；闡性術而搜立剔隱，羅念菴亦幸其傳心。」陳白沙遺公手字，鹿伯順曾親炙公，亟稱之爲拔俗之士，北方之學者莫之或先也。公文多遺失，有《川上存草》。卒於萬曆甲申，年七十二歲。

歲寒老人曰：公曠逸而有介節，嘗爲人排難解紛而不納其酬；又却故人田夢鶴贈馬，曰：「我有朱游之牛車可乘，正不需此。」報聶副使書云：「樗散自幼多疾，子女俱無，不意苟全性命到今。不因貧，春試亦不去也。老矣猶入場，自鄙爲無耻一端。然與其求人，三年間賓興禮少，接續薄田，所出不給。」公之辭受取予，其無所苟，概如此。而促膝老聃也，殆姚江所謂「儒佛老莊皆吾之用」，公殆有用於老莊而不爲老莊用者乎！

## 李行人公思孔

思孔，開州人。嘉靖己未中禮部試，即陳情歸養。壬戌殿試，授行人。生平篤於倫理，薄宦情，翩翩自附於盛世之逸民焉。卒祀鄉賢。

歲寒老人曰：一登制科，卿相在手，誰肯以一行人而怡志林泉？況當嘉、隆盛時耶！真恬澹之士。

## 張茂才詩

詩，順天人，自號崑崙山人。初學舉子業於吕柟，繼學詩文於何景明，聲名籍籍。長安會府試士，士當自負几入試，詩使其家童代之，試官不許，遂拂衣出。一意爲詩，與諸名人倡和。至汝南視何景明疾，守七月，景明卒，還北平。所居一畝之宅，擇隙地種竹，每遇風雨飄蕭，披襟流盼，相對欣然命酌。杭守李士行稱其不狂、不屈、不惰、不驕，春風不足融其情，醇醪不足味其況。爲文雄奇變怪，覽者不敢以今人待之。字書放勁，得旭顛、素師遺，人謂懸之可以驅鬼。

## 韓侍御公應庚

應庚，字希白，號西軒，盧龍人。萬曆丁丑進士。爲諸生，直走都門，受業賈石葵太史之門。登第，筮仕彰德，理務寬厚，平反冤無算。拜御史視南城，一清如水。按甘肅，值大祲，急發倉粟濟之，司道有難色，曰：「雖矜饑餒，恐罪累使君。」庚曰：「如必得請後行，靡孑遺矣。一身獲罪，活數萬人，吾何怨？」事聞亦不罪。轉按山東，拔薤本，鋤貪墨，先後出死囚二百餘人。年四十七遂引疾求退去。釋褐剛十載，薦牘付之不聞，徵書踵至不一起，獨尋釣臺片石爲兔裘老焉之計。巡方使者至，不與接見；士雖卑賤，徒步過從。禮老而好學，壽七十有四。隆、萬以來急流勇退，稱東輔第一人。姑蘇管珍贊云：「天生俊士以爲人也。不出而從伊吕，則『儉德輩遯，自天祐之，吉無不利』者耶！道高益安，以永終譽，殁祝於鄉，鳳毛振采，西軒直仙隱焉！識者知其有道一見爾。」

歲寒老人曰：士苟有以求其志，則授之功名且弗顧，況富貴乎？然今之功名，古所謂富貴也。自富貴入人肺腸，而君臣父子兄弟懷利相接，尚安得有人品？西軒公蚤年致身，壯遂歸隱，其不以節義政事豪者。倘抱深心，懷碩德，問津性命，而悠然與孤竹聖人上下千百歲之間乎！

## 吉文學民

吉民，字君祝，灤州人。性澹泊不慕榮禄，以《春秋》名時。應制舉兩置乙卷，遂絶意進取。鼎革後，當鄉貢，邑令促之，不就。家貧，常閉户静坐，生平無喜愠色。手註《孝經》，五載始就，尋卒。嘗曰：「我夫子志在《春秋》、行在《孝經》，我註唯知經者知我。」此實語也。

## 張貢士果中

果中，字于度，新城人，世居白溝。天啓元年忠臣左光斗所選士，其選也忠臣。魏給諫大中曾薦之，果中不知也，後知而致知己之感，給諫不認也。未幾左、魏同被逮，果中周旋於患難之間，兩家子弟親知往返京師，潛以果中家爲歸，果中不避也。烈士之名滿天下，錢謙益、陳子龍曾疏薦於弘光朝。果中避地蘇門，窮困而死，年七十一歲。

歲寒老人曰：于度，鹿忠節門下士，與予五十年患難相共，客死蘇門，同人□云：「影形無愧，衾不足，可謚曰康；志氣尚雄，家雖遥，其斃以正。」又云：「家遠要離，應有地葬伯鸞之骨；友存東嶼，于伊人題思肖之碑。」錢謙益過白溝題于度屋壁云：「北寺生還惟我在，南冠死别累君頻。」

# 畿輔人物考卷之八

## 補遺

敘曰：既列七科以位置諸賢，何以又有補遺也？蓋才各不同，周知固難，而識認亦未易也。文獻既無足徵，況衰遲更自寡昧，且浮家來，典籍未備，故老凋零，欲以一耳一目而搜羅三百年數千里之人物，不亦難乎？嘉、隆以前猶有紀載，神廟以後未經序列，故偶有所得，置之補遺，尚欲與海内君子共評騭之。

### 劉公志

志，字景仁，順天人。通經史，爲近體詩，有警句。性謹朴，言若不能出口，每論禮必以朱子家禮爲的。爲某國公府教書訓導，某公欲遷其嫡母之墓而以生母配葬，請具奏草，志禮折之曰：「以若所爲，非獨悖禮，且不免於法！」某乃賂他訓導錢暄者草疏以進，英廟震怒，責某公究所爲謀者，枷暄於市，人咸服志之有識。志嘗勸或毁銅佛以鑄器，後志年未五十得奇瘍被面以死，人指以爲毁佛之報。李東陽爲之傳曰：「嗟乎！

志所存，一也。幸而免於禍，則服以爲是；不幸而得疾以死，則指以爲非。世俗之溺人如此哉！」今異端之説愈久愈熾，殆無以易天下，如志者尚可得哉？悲夫！

## 劉知縣公英

英，寶坻人。洪武中爲山西繁峙知縣，廉能守法，深得民心。秩滿，縣人詣闕乞留。詔復任，仍命禮部書其政績曉示天下。

## 何公顯周

顯周，内黄人。洪武初爲四輔官，賜坐，講論治道。命工圖其像，賜《待漏院記》及誥命以旌之。

## 袁錦衣公彬

彬，京師校尉。英宗北狩，彬左右翼衛，冬夜同寢，嘗以脅暖上足。彬爲人多計數，能諧謔博上歡。也先請以妹尚上，彬請上辭之曰：「返國而後聘。」彬中寒，上手治糜，壓其背，汗浹乃已。上還，景帝以彬爲試百户。既復位，超遷錦衣衛都指揮僉事，賜宅城東第一區，間召宴對，略用家人禮。累遷都指揮使及百户。門達寵幸用事，積官與彬並，百官憚之，念得言已於上者惟彬與李賢，故百計中彬，訐受石亨、曹欽賄凡數十事，上不悅曰：「彬倚故人恩負我。雖然，法當行，還我一活袁彬足矣，他任治之。」達退執彬酷拷，彬不勝苦，具誣服。長安中有男子楊塤者，善漆工，奮然擊登聞鼓，上書言：「駕留北廷，保護聖躬，惟彬一人，今卒然付獄，拷掠備至，誰爲辨此枉者？乞以彬等御前審錄，庶得明白。」并下達治，達恚，笞之百餘，曰：「此必有人甚汝。」塤知達意在賢，謬曰：「小人有陰事且告公。」達喜曰：「前、前。」塤曰：「某小人何辨此，此李學士草耳。」達益喜，出湯沐塤，醪肉之，奏請三法司會鞫午門外。塤至午門，懷其餘肉大呼曰：「天乎！冤哉！小人何從見李閣老！門指揮醪肉小人，令引閣老，肉今尚在！」且言即有饋彬者恒倍饋達，歷指數之，彬得不死。

歲寒老人曰：塤有如此才膽，實能生彬，天所以報彬翼衛之功也。

朱恭靖公希忠　附弟錦衣公希孝

希忠，字貞卿。以勳封，世居京師，嘉靖丙申，襲封成國公。己亥，上御啓祥宮，召諸大臣見，皇太子命公扶掖以行，因指示太子曰：「此汝將來師保也。」公以忠慎自結於上三十年，迨事穆宗及神宗，小心翼翼，始終一節。與其弟希孝友愛篤至，與士大夫處，貴而能降、久而彌敬。飲酒至數十斗，終不失一言。國家典故明習，晚年諸大典禮常以咨公，然不問亦不敢輕言，其周慎如此。萬曆癸酉，以疾終。追封定襄王，謚恭靖。弟希孝，字純卿，成國公能七世孫。初授錦衣勳衛，累遷左都。掌衛事持大體，務與人修息。常受詔杖言者，必持以平恕，多所全活，養國家和平之福。嘗草籌邊六策，累數千言，皆剴切時務。折節下士，好拯人於難。

歲寒老人曰：孝友謹慎，得之勳貴政難，而得之兄弟同心更難。

## 蘇中丞公臯

臯，固安人。以進士起家，官至中丞。宦跡所至有聲，固安人亟稱之。曾著《益智錄》數百卷，該博有實用。高陽孫文正欲覓之不得，後聞其書歸楊都尉家，予弟武城宰手錄其《兵機纂》數卷，後爲人借觀，其人卒於官，遂令此書并失。豈鬼神忌其洩造化之秘而故護惜之耶？楚人文安之驚嘆，以爲勝於《文獻通考》，當以此言存中丞耳。

## 何光禄公選

選，北直人。任湖廣道御史。萬曆十八年，以皇儲未建，草疏欲上。因思事求有濟，不在徒言，往説戚畹鄭養性，諄切以家門禍福相告，俾備陳於鄭貴妃。後養性上疏陳請，上知出選意，竟謫選。《廣彙紀》載：何選孤忠，天啓朝總憲鄒元標、冢宰張問達題覆，贈光禄少卿。

馬光禄公經綸

經綸，通州人。任河南道御史。萬曆二十四年，因言軍政考察不當，蔓及别科各道，革職爲民。鄒元標等題覆，贈光禄少卿。精易學。

耿光禄公隨龍

隨龍，北直人。任户科。萬曆二十四年，因言軍政考察欽勾爲民。鄒元標等題覆，贈光禄少卿。

劉光禄公道亨

道亨，字仰崗，新城人。任吏科。萬曆二十六年，因論輔臣降級。鄒元標等題覆，贈光禄少卿。孫文正祭公之言曰：「持議鑿鑿，直不傷訐，力怵薄瞻，氣回佞舌。」可想見丰概。

## 劉御史公廷宣

廷宣，山海人。萬曆癸丑進士。令儀封，有循聲，擢御史。時楊漣疏魏忠賢二十四罪，嚴旨詔獄，廷宣憤激申救，疏逮原任監軍道高出下獄。以言遼事被謫，左都鄒元標疏其言皆驗，准復原職。

## 高太保公燿

燿，號熙齋，清苑人。嘉靖乙未進士，時年方十九。甫四十，官户部尚書、太子太保，即歸里。居四十餘年，閉户不預外事。當路先修謁者始出報，無所造請。或事有關一方利害，則侃侃盡言。接人和易率真，大德容物，甚有鄉後進加以不遜者，亦領之不校，蓋先進君子也。年逾八旬，子姓振起，上谷稱望族焉。　按：過廷訓輯《天下人物考》止述林居之德，未及立朝之事。迄讀《李維禎傳》，謂公暨其僚與中貴人爲水火，中貴人誣奏之，又演戲上前，每借打諢以陷害正人。公名高燿，搬一生瘡人，衆曰：「保定府好膏藥！」曰：「好膏藥也要錢！」上聞而重述其言，公遂乞歸。鄭襄敏洛亦云：「公爲司農，受知世廟，然入朝見嫉。」公亦何罪？得君爲罪耳！

## 張主事公執中

執中，號歷山，清苑人。舉人，官户部郎。恬介不阿權相，甫强仕遂歸。家居孝友雍熙，人無間言。日取經史折疑衷理，成一家言。年八十二，部使者稱人瑞云。據此數語，自是端人，不致慨於文獻之無徵矣。

## 申按察公綸

綸，字廷言，永年人。生忠亮有雅度。弘治乙丑進士。自户部郎遷衛輝太守，政和民安，稱循良。歷四川、雲南按察使，風裁端嚴，得憲臣體。告歸，築室滏水之側，日夕徜徉其間，倡郡之耆宿，效古人爲真率會。郡邑大夫每就其家咨訪治道，均田賦、開閘河，多出其議焉。按：申氏之來舊矣，至公而著，嗣後文章節義代不乏人。所謂「仁者有後」，殆天道，亦人事也。

## 王評事公鼎

鼎，字重器，鉅鹿人。幼穎慧，好學能文。舉進士，官大理評事。家貧，所得俸給僅可糊口，布袍蔬食怡如也。嘗謂人曰：「慎勿妄語，此口一妄，彼雖不言而腹已誹矣。」

人攻其過，宜直受而改之。」澧陽周瑋稱其學術純正、人品剛方云。儼然有道之士。

## 楊學正公和

和，字節之，固安人。孝親睦族，人無間言。嚴重剛方，不愧暗室，絶口不言人非。晚登鄉薦，乞教授，歷遼州、青州、徐州，勤於訓誨，造就人才爲多。陞國子監學正，惟嚴於教子，爲海内聞人。長子維傑，正德丙戌廷試第二，次子維聰，正德辛巳廷試第一。按：公生平精力全在教子，而兩子俱及第，無愧科名，公有餘愜矣。因憶兩程子父晌令從學元公，而二子之成就如此，父之愉快更何如耶？

## 李文敏公國槽

國槽，字元治，高陽人。萬曆癸丑進士，選庶吉士。丙辰授檢討，晉諭德，管國子司業。熹廟幸太學，坐講《易》，發明天人大義。及以庶子充經筵日講官，講《尚書》每借經發明時政。枚卜閣員名在第八，上特簡入閣辦事。時璫患已張，公兩疏控辭，雖不與璫顯相齟齬，而處晦而明，卒不失其正。輦下建逆祠，不捐不謁。璫欲建坊於里，鐫忠臣印，勒天下概爲祠，遂有疏茅土不足封者。璫一一效莽新試天下，其乾子義孫輩亦無一不效美新，至令史臣撰述功德告廟，藏之金匱。以璫希召言假上傳，得公持不可而寢。璫既戮，上召閣部諸臣，令定附逆諸人之罪，初案無黃立極、施鳳來、張瑞圖三人之名。上怪，問之閣臣，對以諸臣無諂附實跡，上舉某以某票擬媚、某以某閣揭媚、某以善書爲其勒碑媚，何謂無實跡，獨不及公，而公固久鑑知於上矣。因國子生胡煥猷參論四相，四相相繼求去，公自訟曰：「昨年七月，先帝拔臣講席之次，適逆焰方張，謬謂忝跡鉉路，或可挽救，不謂竊柄銜憲，動借上傳以行。今年五月決意乞歸，值敵患孔亟，繼以先帝違豫，旋忽奄棄群臣。然引慝避位，腸一日而九廻。回思一年之內，猰貐與居，虺蝎與處，種種僭尤，人非鬼責，無地自容。」上溫旨諭留。又疏云：「自恨待罪臺司，上之不能如申屠嘉之困鄧通、韓琦之斥任守中，次之不能如蕭望之死於弘恭、陳蕃死於王甫，悱惻城社，薰灌力窮。妻死經年，歸骨下里，絶不徼求恤典，避遠權豎之私憐，其情可知也。」上仍溫旨慰留。崇禎元年二月，以病乞骸者二，三月力辭者四，四月五月具疏凡十有一，始得允放，遣行人護送，賜賚路費綵緞。地方官以時存問，給廩米輿夫。公在朝獻納頗多，其最者無如十事之疏：一曰「勵必爲之志」，二曰「務典學之益」，三曰「執總攬之要」，四曰「廣聽納之方」，五曰「謹内侍之漸」，六曰「崇節儉之德」，七曰「覈職掌之實」，八曰「精用人之術」，九曰「恤下民之苦」，十曰「修久任之法」。歸時薦韓蒲州、孫高陽，俱詔用。

歲寒老人曰：公初登第，爲鄉同年孫可甲立嗣，鹿忠節高其誼。狂生胡煥猷參論四相革巾，公瀕行疏及之，得旨優用，有休休之度焉。至欲轉小人爲君子，以孤陽涵育群陰，其心亦良苦矣。其師孫文正謂公「當皇路紛馳、群情沸鬱，獨能弄丸嚚競之場、握軸覆翻之會」，可爲知言。厥謚文敏，良有以也。

## 楊都尉公春元

春元，號明宇，固安人。神廟時尚榮昌公主，孤貞爲性，風裁自砥。如公主拜舅姑之禮，駙馬坐公主之右，一一據祖制以爭，即觸神皇帝之怒，罰國學習禮、多方以折之，弗恤也，務期得請而後已。羽翼光廟，委曲獨瘁，此其功固人所未及知。兩執親喪一秉家禮，初請歸葬其父，封章伏闕，竟以誠而動天；再遭母喪，飲血塌苦，終以毀而滅性。平生不陳奇玩，不赴俗筵，架上無非聖賢之書。對客高談，首揭忠孝兩字，一時朝士之正人人以爲迂闊、人以爲執拗、人以爲矯情好名，春元恬焉不辭，持益力，一任夫君子無不願爲交歡者。没數年，邑紳士請祀於學宫學院。左光斗批其牘云：「都君在朝廷當是龍、比一流，在聖門可入曾、閔之室。」時以爲知言。按：公之生平誠好名，然所好者忠孝節義之名。至於好孝之名，竟以毁而滅性，過誠過矣，誰能有此過者？得之戚畹更難。

## 路總督公振飛

振飛，字皓月，曲周人。進士，爲御史，著風裁。甲申總督淮上，值逆闖狂獗，京師震驚，振飛自三月朔至五月終，調度防河，兼顧漕運，鬚白顏枯，鼓舞義勇，竟使寇不敢犯、兵不敢嘩，保固危疆，功成於天下無主之時。淮人有《守淮日記》載之甚詳。清鼎定後，振飛以遁死。按：公守淮一事，當人心洶危、天下無主，公不向別處調一旅，不向户部請一餉，其爭留借貸皆東流逝波之不可問者，厥功豈渺小耶？劉宗周痛哭時艱，乃云：「路振飛將淮北一塊土拱手而授之賊。」非閣部史可法抗疏剖白，公之苦心反滋物議矣。卒以遁死，更見公之烈節。

歲寒老人曰：文貞公生平大概傳之記述，稱諸聞見，鬚眉傍日星已。間於念臺之言而致疑者，不知二公已而相證釋，劉深海其見之誣，無庸擾擾矣。誼切桑梓，夙未謀面，一日吾徵嗣君數百里郵甬致訊，且寄祠堂卷索題，老病文事不勝，但思未謀其面而祠中之面目常存，諸賢標詠面目又如新也，强志數語以當面對。

## 朱知州公用錦

用錦，號念嚴，滄州人。丁丑進士，泰安州知州，以病歸。值東虜犯畿輔，破名城如拉朽，錦鼓舞義勇守滄州，城竟無虞。歲荒，復率大姓醵金平糴，民皆德之。用錦氣識雄偉而貌清癯，苦志力學，下筆千餘言立就。

## 劉參政公思中

思中，號静軒，清苑人。進士，歷官參政。廉静寡欲，居官民懷其惠，居鄉人頌其德，孝友無間言，養老、慈幼，其天性也。生平無與人競爭之事，世趨巧僞，公守愚樸，其自作墓誌文數段皆曰「此予愚之一端也」。高陽孫文正、清苑陳士章爲諸生時延致其家，令諸子師事之。親友讌會嘗徒行，衣澣濯，食粗糲，恬焉甘之。按：予少時入郡，公老矣，簡出不會客，遂未得晤。諸長老爲予言其人大概如此。殁祀於學宫。

## 史孝子公五常

五常，内黄人。父萱，洪武間任廣東按察司僉事，秩滿將行，疾卒。時五常甫七歲，力不能扶柩還家，其母諭五常曰：「汝父殮時有大錢置柩中，汝謹識之。俟汝長，尋歸葬。」无常事母至孝，不去左右。及母死，乃入廣中求父櫬，歲久迷所在，五常旦夕號籲，見者無不流涕。已而諸寮聞之，命所司物色，竟獲骸骨并大錢如母言，遂以禮殮，官給舟車歸葬，計其父没時垂五十載矣。廬墓三年，正統間有司以聞旌表。按：《考》

中無「孝行」專門，謂人物必首孝行耳，無孝行豈稱人物哉！有特以孝行著者，故入「補遺」。

## 耿教諭公介

介，元城人。歲貢。篤學礪行，居喪一準古禮，受人託寄而不肯負，週人困乏而不責償，義舉多類是。教澤垂於兩地，實德感乎諸生，入蕭、徐兩處名宦。本邑祀鄉賢，邑人進士董復亨撰《高士傳》以寄仰止。按：耿公篤行君子也，五鹿爲立傳，並可以觀五鹿。

## 晁司業公瑮

瑮，字君石，開州人。少失恃，事繼母以孝聞。及長，博極載籍，工於詞賦。嘉靖辛丑進士，選庶吉士，授檢討，專制誥，修《會典》。習於典故，多所裁定。以父疾請歸養親，卒，哀毀盡禮。服闋，陞洗馬國子司業，卒於官。所著《鏡湖文集》足徵錄。次子東吴，弱冠官翰林，有文名。

張通判公師伊

師伊，大名人。少與申考功燧、晁司業瑮齊名，勤學禔行，相期以古賢聖之業，俱登嘉靖庚子鄉試。歷仕浮山、項城、淅川，俱有聲。遷黄州判，致仕。行李蕭然，惟圖書數十卷。即所居構一室，擁書其中，朝夕吟詠；絶跡城市，與田父話桑麻，當道尚其風。屏干旌，造廬祇一刺答報。生平恬澹寡欲而獨有書癖，所著有劄記、詩文若干卷。

撖舉人公大經

大經，字守道，廣宗人。正德丁卯鄉試。少聰慧，日記數千言。篤志於學，以聖賢自期。家貧無書，借讀即還之，曰：「吾已得其概矣。」以病尋醫京師，上書西涯，少師稱其才，曰：「海内人豪也。」甚禮重之。讀書郡東官舍，太守高其人。往見之，值母忌不出接。守怒，揚言欲以官舍與人，大經即移歸。守遣人謝之，不去；又召其弟兄謝，終不去。其介類如此。平生著述甚多，與人書惟勸以聖賢爲準。年三十二而卒。

趙員外公鼒

鼒，鷄澤人。以歲貢任户部司務。忠厚直慤，邃於理學，居常以清介自守。陞南刑部員外郎，操履益堅。有屬吏以金三百兩饋，𠻘却之。歸家行李蕭然，杜門養親。著有《詩經會意》等書。

## 張總制公泰

泰，字世亨，肅寧人。成化戊戌進士。以鄒平知縣擢御史，不爲奇絶之行，亦不爲物議之累。歷臬藩以至巡撫，俱能確守官箴，遷大理卿。時逆瑾竊柄，觸之者立見慘禍，泰不爲忤，以爲徒傷元氣、喪國禮，無益也，然確守自全，不入其黨。瑾亦不忌之。總制三邊軍務，行部過蘭，疏西郭故道以興水利，復開小渠以利城居者，餘悉由東郭出以達於川。甫彌月隍塹週滿，人沾其利。按：從來瑠禍人國，然亦行因激而成者，不能制馭小人，而謹躬守禮不爲小人所戕害，此非豪手不能。

## 福總兵公時

時，東安人。相貌奇偉，熟韜略。嘉靖二十四年，由世職歷官漕運參將。值黄河爲害，儹運八載，以軍法部置，日泛駕於洪流怒濤之中，艱苦萬狀。飛輓爲浙直。先時，身處膏腴，不私一錢，皭然不滓之操信於遠邇，相國徐階、本兵楊博極重之。晉挂印總兵，鎮淮安，總漕如故。世廟以「清不過福時、勇不過馬芳」稱之。

## 姜巡撫公璧

璧，字元卿，文安人。隆慶辛未進士，授欒安令。邑有大猾王彦飛者，聚黨横里中，以睚眦殺人，璧召其黨，語之曰：「若輩當死，能縛王自贖，當貸。」衆恐，願自效，即立斃於獄，威惠大著。擢御史，按淮上。時黄河入淮，淮大溢，總河與撫臣相掣肘，璧疏言：「大臣事權不一，難責成功，宜以事專歸撫臣便；又河口外高内下，開支河則引倒流之潮、闢私販之路，不若修范公廢堤，使内水不出、外水不入，外不損鹽竈之地，内不傷耕植之田。」疏凡數百言。部覆如議，有金幣之賜。按中州，宗室最衆，禄若不給，悍宗睦㮶輩聚衆稱亂。璧疾馳入大梁，捕其謀主袁東魯數人，疏陳首惡而釋其黨，中州宴然。璧常言：「治大猾宜緩，急則謀洩而易脱；平大衆宜急，緩則黨固而難安。」主計典無私毁譽，撫鄖陽一以寬大，雖蜚語歸忌者無得而中之。

## 米太僕公萬鍾

萬鍾，字二仲，京師人。萬曆乙未進士。丙申令永寧，丁艱歸。癸卯補銅梁，戊申調六合，庚戌爲廷評進計部郎，出藩浙江、觀察江西。彼時魏璫矯擅，黨禍大興，而江西爲甚。先是奉常黄中介以甲元疏請緩刑，小人以爲此熊江夏説客也，忌之，至是褫冠即訊，當公讞決，公曰：「璫猶狙也，請得以狙公之術制之。」乃曲列其辜，遂下死一等，奉常卒以是得不死。尋擢山東右轄。時璫焰愈烈，公居京師，璫目不知書而浮慕名士，求公書，不應，又屬其私人謂公即少曲，上卿開府可得也，公笑曰：「豈有三十年老共姜垂老獻媚者乎？」卒不應。璫怒，思中之。會公從江右歸，道經南京，時中貴守備於斯者方爲璫構祠尸祝，喜公至，奉幣求書，公拒益峻。璫嗾其門下御史倪文煥參公黨人魁也，削籍爲民。公遂不敢居京師，南北靡定。戊辰以新命牽復，又三年，始補太僕少卿。所著有《澄澹堂文集》十二卷、《詩集》十二卷、《易義》四卷、《石史》十六卷、《象緯兵鈐》十二卷、《琴史》八卷、《弈史》四卷、《篆隸考譌》二卷。

歲寒老人曰：公韻人也，而酷好石。故人有云：「事若可傳多具癖。」至不肯爲璫假借一字，則其過人遠矣。

阮文學漢聞

漢聞，字泰冲，京師人。積學嗜奇，留心當世之務。萬曆中妖書之事起，上求其人甚急，邏者四出飛捕，道路以目，漢聞遂避地汴梁。時西亭王孫素好客，館之邸中。王孫書籍極富，漢聞沉酣其中，學識益博。西亭殁，以尉氏阮故上也，遂從家焉，閉門著述。上有詔徵遺逸，按臣李日宣薦之於朝，卒不起。漢聞習兵家之學，素有請纓鳴劍之志。崇禎末，流寇蹂躪鞏雒，漢聞料賊形勢，川谷扼塞，圖其略上當事，刈寇以千計。寇掠尉氏，百計攻之，必欲生致，漢聞時病卧，據床駡賊而死，年七十餘。

## 崔文學子忠

子忠，字道毋，順天府學諸生。文翰之暇留心丹青。居京師闤闠中，蓬蒿翳然，凝塵滿席，蒔花養魚，杳然遺世。少時師事萊人宋繼登，因與其諸子同學，而玟及應亭尤契合。應亭官銓司，屬一選人以千金爲壽，子忠笑曰：「若念我貧，不出橐中裝餉我，而使我居間受選人金，同學少年尚不識崔子忠何等面目耶！」玟居諫垣，數求畫不應，强索之，即强應之，終碎之而去。史公可法自皖撫家居，一日過其舍，見蕭然閉户、晨炊不繼，乃留所乘馬贈之，徒步歸。子忠售白鏹四十，呼朋舊轟飲，一日而盡，曰：「此酒自史道鄰來，非盜泉也。」其賦性孤峭如此。生平好讀奇書，六經無所不窺，尤深於《戴禮》，發爲古文詩歌，博奥不遜李長吉。寇亂，潛避委巷，無以給朝夕，竟飢死。

## 余文學之祥

之祥，字鳳梧，宛平人。剛方篤學，於書無所不讀，至於折衷要領必手錄裝釘，立志以前哲自期。治家嚴整，子弟僕役莫敢嬉笑，敦倫睦姻，閭閈重之。其戚有孤女遺之者，爲製粧擇婿。有友窘於用，持券求貸，則曰：「緩急通融，此常事也，何以契爲！」父喜山遊，隨備肩輿餚具，竭力以得父之歡心。兄病，日延醫調治，親視湯藥，没則躬備棺殯。盛暑炎蒸，竟以勞瘁感舊疾卒。所著有《羲經統旨》、《葩經宗旨》，以國變遂失原稿，有《四書宗旨要言》刻行。

歲寒老人曰：三文學趣各不同，皆有人所不可及者。往聞之汴人謂阮有睥睨一世之意，高曠人也；都人士謂崔有不忘溝壑之志，介癖人也；余則庸庸言行，所稱孝悌姻睦任恤其人者殆庶幾焉！

## 趙尚寶公養蔚

養蔚，號青城，灤州人。弱冠登萬曆庚子鄉試，喜談兵。當神廟時，武備久弛，養蔚尋戚少保繼光壁壘遺踪，不禁灑酒悲歌。己巳遵永不守，榆關道塞，邱禾嘉以兵部司官提一旅駐開平，糧芻匱乏，蔚拮据五閱月，按口而給。間道三走山海關，謁孫愷陽閣部，痛陳機宜，東西合師，四畢翠舉。論功擬以司農郎酬之，蔚辭，仍欲會試，授中書。丙子畿輔再被兵，閣樞臺省交口推轂，改職方郎，持節監昌、薊、密三鎮軍務。役竣膺上賞，兩功並論，晉尚寶少卿。僉議欲試之邊撫，未幾，以勞瘁不起。閣部悼惜，請恤疏云：「畿輔兩用兵，多望風逃竄，一切城守急需，動仰給於有司。奈倉庫空耗，疾呼修城繕器，莫應。開平獨屬冲繁，危若累卵，趙養蔚一孝廉也，乃力砥狂瀾，毁家急難，正宜褒勞瘁九載。於兹雖三遷京職，俱未歷任，歿於王事，膚功未酬。目今邊隅多故，賜祭死以愧生，相應特示優異，鼓勵天下。」事聞，再贈尚寶卿，貤封三代如其官。半壇。

歲寒老人曰：養蔚，余庚子年友也。生平僅兩識其面。鹿忠節從孫文正於關門，極服其實心做事，破家急公。文正請恤疏，蓋實錄也。蔚素志雖未得盡展，積勞雖未得盡酬，然得此兩賢之知，亦可無恨矣。

## 跋

先生容城人也，爲畿輔儒宗。與先大司馬湛虚公結道義交，稱莫逆，晚年講學蘇門。所訂《中州人物考》已偕諸著作行世，其未授梓者藏於家。丁卯冬先生九世孫士佩復出《畿輔人物考》藏本，將付剞劂，以通家故，囑綴數語。式受書讀之，竊見旁搜遠紹，凡畿輔豪傑之士自内聖外王以逮忠孝節義之一行可欽者，雖與《中州考》言人人殊而異事同功。上可以知人論世，次不失廉頑立懦之師，畿輔爲有光矣。

滏陽世後學張金式謹跋